Le Corbusier

勒·柯布西耶 1957～1965年

勒·柯布西耶全集

第7卷·1957~1965年

Le Corbusier Complete Works

Volume 7 · 1957~1965

[瑞士] W·博奥席耶 编著

牛燕芳 程 超 译

中国建筑工业出版社

著作权合同登记图字：01-2004-4349 号

图书在版编目（CIP）数据

勒·柯布西耶全集. 第7卷, 1957~1965年/（瑞士）W·博奥席耶编著；牛燕芳，程超译. —北京：中国建筑工业出版社，2005（2024.4重印）

ISBN 978-7-112-07286-6

Ⅰ. 勒… Ⅱ. ①博…②朱…③程… Ⅲ. 建筑设计－理论 Ⅳ. TU201

中国版本图书馆 CIP 数据核字（2005）第 021386 号

Copyright © 1995 Birkhäuser Verlag AG (Verlag für Architektur), P.O. Box 133,
4010 Basel, Switzerland
© Fondation Le Corbusier, 8, Square du Docteur-Blanche, 75016 Paris, France
All rights reserved.
Le Corbusier Complete Works/W.Boesiger (Ed.)

本书由瑞士 Birkhäuser Verlag AG 出版社授权翻译出版

策　　划：张惠珍
责任编辑：孙　炼
责任设计：刘向阳
责任校对：刘　梅

勒·柯布西耶全集

第7卷·1957~1965年

Le Corbusier Complete Works
Volume 7·1957~1965

[瑞士] W·博奥席耶　编著
牛燕芳　程　超　译
*
中国建筑工业出版社出版、发行（北京西郊百万庄）
各地新华书店、建筑书店经销
北京云浩印刷有限责任公司印刷
*
开本：889×1194 毫米　横 1/16　印张：15　字数：500 千字
2005 年 8 月第一版　2024 年 4 月第七次印刷
定价：58.00 元（全套 8 卷　总定价：396.00 元）
ISBN 978-7-112-07286-6
（13240）

版权所有　翻印必究
如有印装质量问题，可寄本社退换
（邮政编码 100037）

目　录

《致我的巴西朋友》	8
勒·柯布西耶	9
序言	10
巴西利亚法国大使馆方案，1964~1965年	11
苏黎世的一个展览馆，1964~1965年	21
拉图雷特修道院，埃沃，1957~1960年	31
哈佛大学视觉艺术中心，马萨诸塞州坎布里奇，美国，1961~1964年	53
昌迪加尔：旁遮普的新首府，1950~1965年	67
奥利维蒂电子计算中心，米兰－罗城，1963~1964年	115
斐米尼青年文化中心，1960~1965年	129
斐米尼－维合特居住单位，1960~1965年	134
斐米尼－维合特的圣皮埃尔教堂，1960~1965年	135
新威尼斯医院，1965年	139
斯特拉斯堡国会大厦，1964年	151
爱伦巴赫国际艺术中心，美因河畔法兰克福附近，1963年	163
斯德哥尔摩展览馆（Ahrenberg宫），1962年	177
东京国家西方美术馆，1957~1959年	181
巴西学生公寓，巴黎大学城，1957~1959年	191
《一个世界的终结》	199
居住单位	207
巴黎－奥赛，1961年	219
柏林城市规划国际竞赛，1961年	229
勒·柯布西耶全集　8卷总目录（按年代排序）	237

在巴黎塞维大街35号事务所内

巴黎塞维大街35号事务所内

柯布在朗吉瑟大街的事务所（塞纳河畔布洛涅）

图纸和模型均由巴黎塞维大街35号事务所的成员完成，他们是：

朱利安

塔卫

乌布里雷

安德烈伊尼

雷布达多

伽迪昂

勒·柯布西耶

秘书：让娜·爱普丝

让纳特·迦碧拉

亨利·布律沃勒

《致我的巴西朋友》

今天，我要向我的巴西朋友说再见。首先，我要向这个我初识于1929年的国家——巴西——道别。对于我这样一个痴迷的旅行者，这里是一方特别的土地——层峦之间，一条大河东流入海，哺育着两岸的高原和草场——大方好客的巴西乐于让人称其为朋友。

巴西利亚业已落成，我看到了一座新城的崛起，一座动人心弦的城市。它所体现的创造、勇气和乐观都无与伦比。这是我两位挚友，两位多年来处于同一阵营的战友——卢西奥·科斯塔（Lucio Costa）和奥斯卡·尼迈耶（Oscar Niemeyer）——的杰作。在现代世界，巴西利亚是绝无仅有的。在里约热内卢，有国家教育及公共卫生部大厦（1936~1945年），有Reidy的作品，有战争纪念碑，还有许许多多典范之作……

我的声音是一个旅行者的声音，一个世界与人生的旅行者的声音。巴西的朋友，请允许我向你们致谢！

勒·柯布西耶

1962年12月29日于里约热内卢

勒·柯布西耶

第一次接触柯布的作品是在里约热内卢的国家建筑学校求学期间。就是自那时起，我们开始翻阅他的书籍，研习他的作品，努力理解他的想法，试着去领会他笔下每一根线、每一处弯曲的建筑的意图。甚至在结束了在校生涯之后，他的作品也常常为我们所参阅，并继续指引着我们前进的方向。仍记得我们团结在他的周围，加入他发起的为了捍卫他的原则而进行的不妥协的抗争。人们不理解他的原则，甚至阻碍他那些优秀方案的实施。面对那些卑劣可耻的桎梏，我们义愤填膺，它们令文明世界无法拥有最美的建筑作品。

第一次与柯布见面是在1936年，应当时部长古斯塔夫·卡帕尼玛（Gustavo Capanema）先生的邀请，柯布与我们朝夕相处了几日。也就是在那时，我得以使自己成为一名对他有所帮助的绘图员，为他拟定的方案绘制一些透视图。我对他同我们讲话时的热情洋溢至今记忆犹新。在柯布回到法国后写给卢西奥·科斯塔的一封信中，居然提到了我——一段无关紧要的插曲，但这对于当时刚刚从学校毕业的我无疑是个莫大的鼓励。当我业已成熟，在技艺上日臻完善之时，我与柯布在纽约有了一段更长时间的会面。那是在联合国总部大厦方案的拟定期间。很高兴我有机会向他表示我们对他的尊敬与景仰——在工作进展的全过程，我始终与他站在同一阵营；我拒绝荣誉，因为我知道那只属于他。

今天我仍在阅读他的书籍，尽管已经相当熟悉，但面对如此美丽而富创造性的著作，每一次总能给我带来新的冲击：《走向新建筑》、《住宅——宫殿》、《十字军东征》、《当大教堂是白色的时候》、《精确性》、《光辉城市》、《人类的家》……多么美好，多么非凡的著作！它们是理想主义与专业信念的典范！它们代表着永不妥协永不懈怠的抗争！而他所为之抗争的作品不再仅仅属于他自己，它们已经成为全人类共享的财富！明明知道它们太过超前无法被平庸之辈所理解，却依然奋不顾身地捍卫着，这需要怎样的激情与狂热！我翻开他的作品全集——其中包涵了多少教益！我又看到了他从前的方案……在苏维埃宫面前我停了下来，那是他最杰出的作品之一，其中悬挂观演大厅顶棚的拱是如此完美，这一解决方案不知被多少后来者效法——我也是其中一个，在里约热内卢国家体育馆的方案中，我采用了同样的拱。最近，又看到让·佩蒂编辑的新书。我不得不承认我再次被打动了——虽然已是75岁的年纪，可他还是那么年青，那么朝气蓬勃。他以他20年前同样从容的方式创作了朗香教堂和昌迪加尔！去年在巴黎再次见到柯布，我惊讶地发现他还是那样饱含激情，还是那样精力充沛——这是他生命的特质：永远保持昂扬的斗志，如果需要，随时准备继续作战；就像一位得胜的战士，孤身一人，凛然屹立在战场上，抖擞精神，准备投入新的战斗。

还记得柯布与我在巴西利亚的散步。我面前是一位慷慨泰然的长者，看不到丝毫岁月的痕迹（种种艰辛的磨砺，以及人们的不理解）。这一次他于我是不同的，不仅仅是一位万人仰慕的大师，而且是一个对他周围所有的人都表现出宽宏大度的实实在在的人。

我激动地从卢西奥·科斯塔手中接过柯布的道别信。他的文字清晰、准确，字里行间充满了他对巴西朋友的挚爱与深情。

这就是我所知的柯布。可以肯定的是，他的作品与精神那不可抗拒的影响力已经跨越了国界，跨越了欧洲，延至美洲、亚洲、非洲以及遥远的东方。

奥斯卡·尼迈耶
1963年1月22日于巴西利亚

序 言

大约40年前，当《勒·柯布西耶全集》（本书简称《全集》）第1卷出版的时候，没有人，就连编者、出版者，甚至柯布本人也没有想到，他的作品集有一天会出版到第7卷。这要归结为两方面的因素：

首先在于柯布自身，他的才华使他的作品具备令人难以置信的丰富性。翻阅这7卷作品集便可以饱览大量的方案（实现的或未实现的）、思想、学说，以及艺术作品，实在令人无法想像，这繁多的作品竟出自一人之手。

其次，《全集》的出版还要归功于W·博奥席耶，他当时还是一位满怀热情的青年建筑师。在柯布事务所实习1年之后，1929年，凭着一股青春活力，他自发地承担起向世界介绍柯布作品的任务。他同他的朋友O·斯通诺霍一道对这位可敬的师长（柯布当时42岁）的作品进行搜集整理，并由我刚刚成立的出版社出版发行。怀着对引人入胜的冒险的热诚，《全集》的出版工作展开了。继而是第2卷，第3卷……博奥席耶丝毫不计较个人利益，他以巨大的耐心和忘我精神投入到这项工作中来。在此，我要向博奥席耶先生致以深深的谢意。

在一卷压缩版《全集》（1910~1960年）的引言中，柯布这样写道："竟已完成了如此之多的工作，多少有些难以置信。"又5年过去了，今天这一卷中丰富多样的作品将再次令人大吃一惊。虽已78岁高龄，但他作品中渗透的新鲜、果敢与创造力却丝毫不减。这一卷（1957~1965年）再次肯定了柯布在第6卷引言中提出的座右铭——"问题在于透过错综复杂达到简单朴实；历经生活的磨砺，追逐狂热的梦想——没有人可以永远年青，但可以变得年青。"

这一卷的完美呈现多亏了苏黎世建筑出版社的精诚合作。今后《全集》的出版任务将由他们承担起来。在这段前言的最后，请允许我向他们表示最诚挚的感激。

就在今天，1965年8月27日，当此卷即将开始印刷之际，我被一个噩耗惊呆了：柯布在燕尾海角游泳时心脏病突发导致死亡。

这第7卷也便成了最后一卷。就在许多美好的方案即将实现的时候，柯布走了。他的不辞而别符合这位先驱的建筑与艺术大师凛然的高洁与伟岸。别了这样的一位先师不能不令人悲恸，但我们得以在大师生前悉从他的授意完成《全集》第7卷的编撰，想来多少也是一种安慰。

汉斯·吉思博格（Hans Girsberger）

巴西利亚法国大使馆方案，1964～1965 年

柯布受法国政府委托，承担起巴西利亚法国大使馆的设计任务。

巴西利亚是巴西的新首都，这是一座全新的城市，它的规划师与建筑师是卢西奥·科斯塔和奥斯卡·尼迈耶。

柯布对巴西这个国家怀有深厚的情意。1929 年、1936 年以及其后的岁月里，他曾几度来到这里。巴西内务部长曾对柯布说："尊奉您的理论，我们决心一如既往地发扬我们现代事业的特质，为此，您已在里约热内卢国家教育及公共卫生部大厦的建设中为我们作出了表率。"

1 大使住所
2 使馆办公楼
3 游泳池
4 停车场
5 门房
6 后勤服务

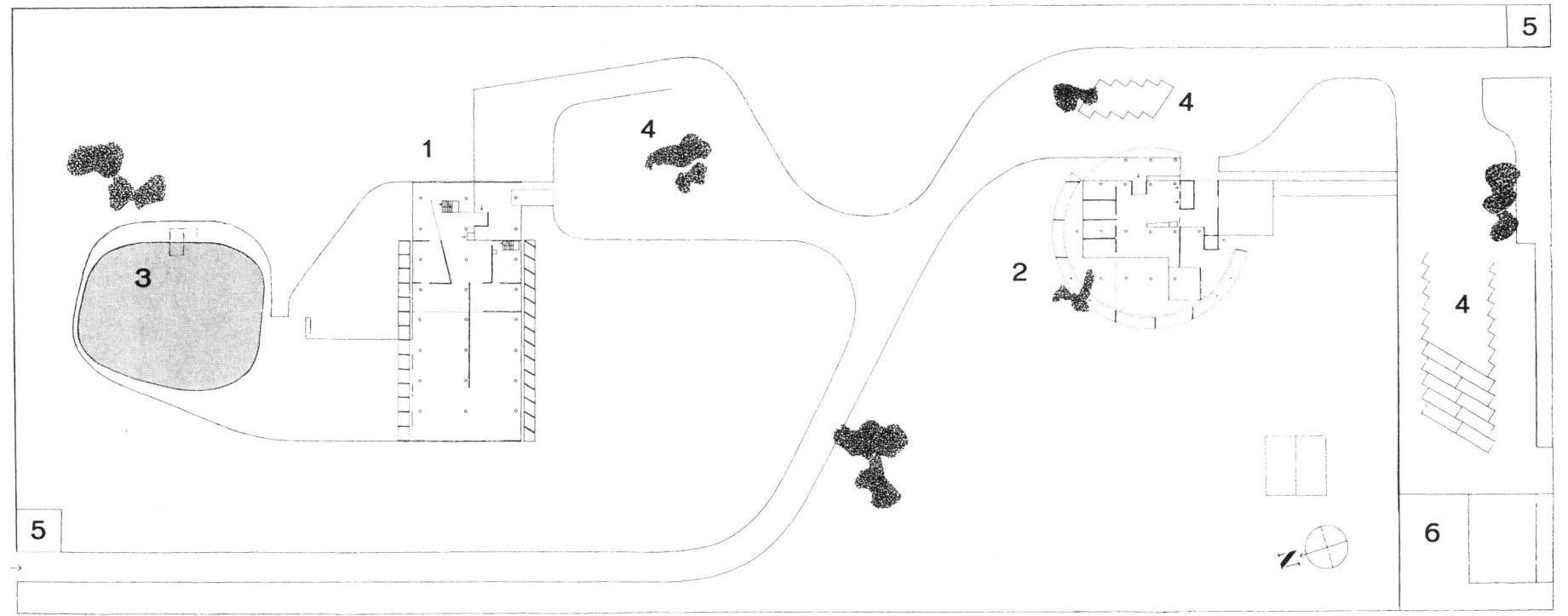

12　巴西利亚法国大使馆方案，1964～1965年

柯布于1936～1945年间与卢西奥·科斯塔和奥斯卡·尼迈耶合作在巴西里约热内卢建造了国家教育及公共卫生部大厦

巴黎塞维大街35号柯布西耶事务所。前景是巴西利亚法国大使馆模型；后上方是昌迪加尔议会大厦中那个双曲薄壳的结构模型；背景是柯布绘制的一幅壁画。这个柯布自1922年启用的事务所曾经是修道院的一段走廊

巴西利亚法国大使馆方案，1964~1965年

1　入口
2　服务台
3　电梯
4　前厅
5　小客厅
6　主客厅
7　大坡道
8　主餐厅
9　小餐厅
10　配餐室

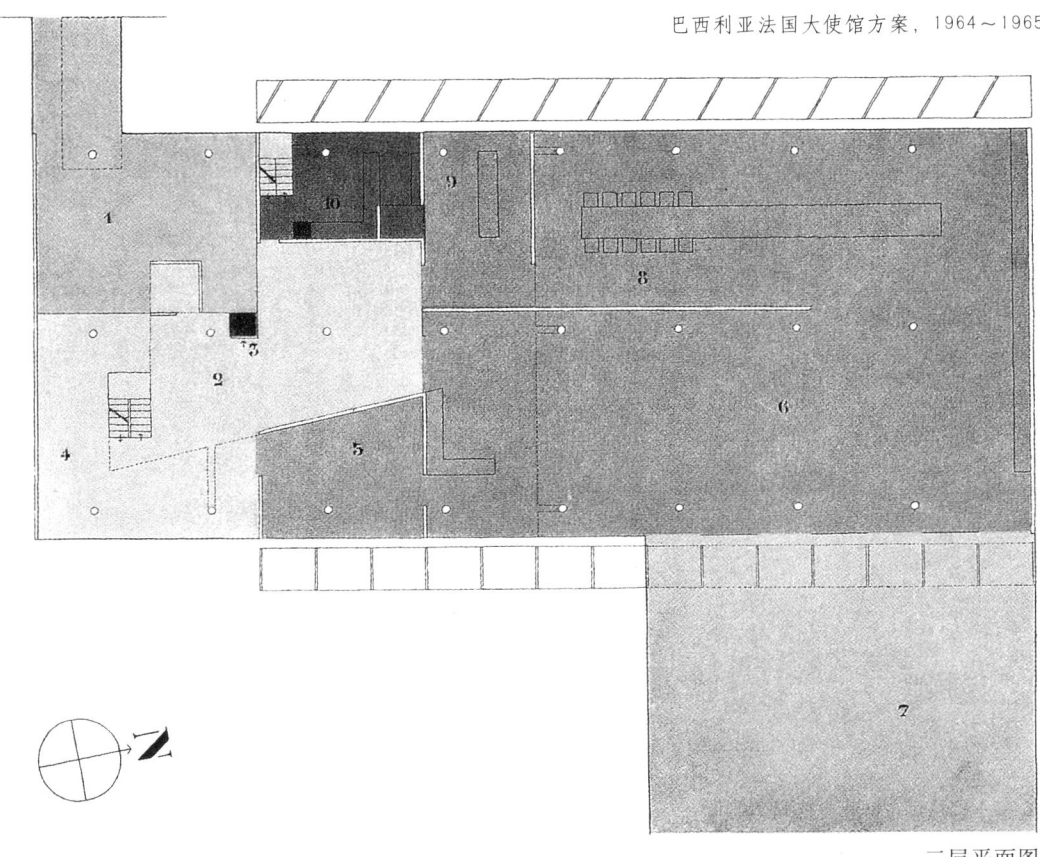

二层平面图

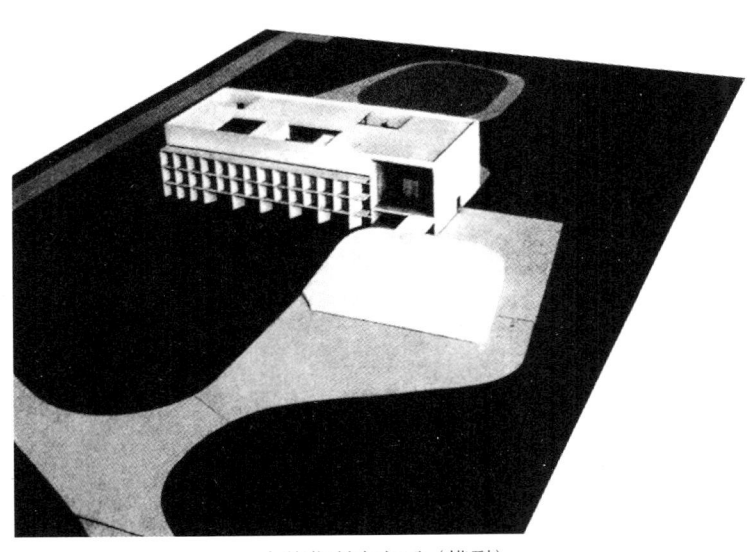

大使住所南立面（模型）

1　入口
2　前厅
3　厨房
4　货梯
5　仆人房
6　衣帽间

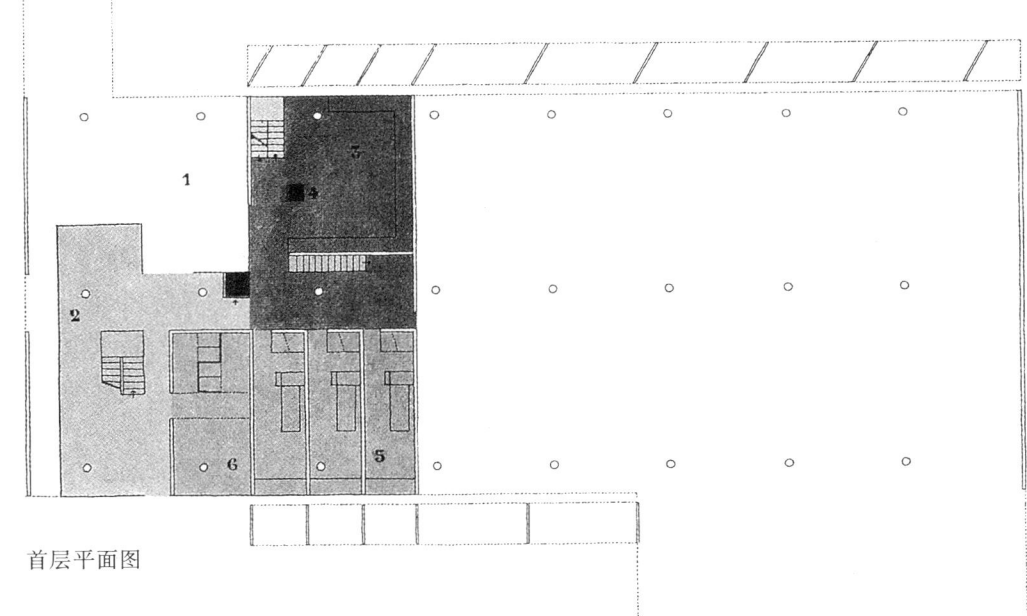

首层平面图

14　巴西利亚法国大使馆方案，1964～1965年

大使住所北立面（模型）

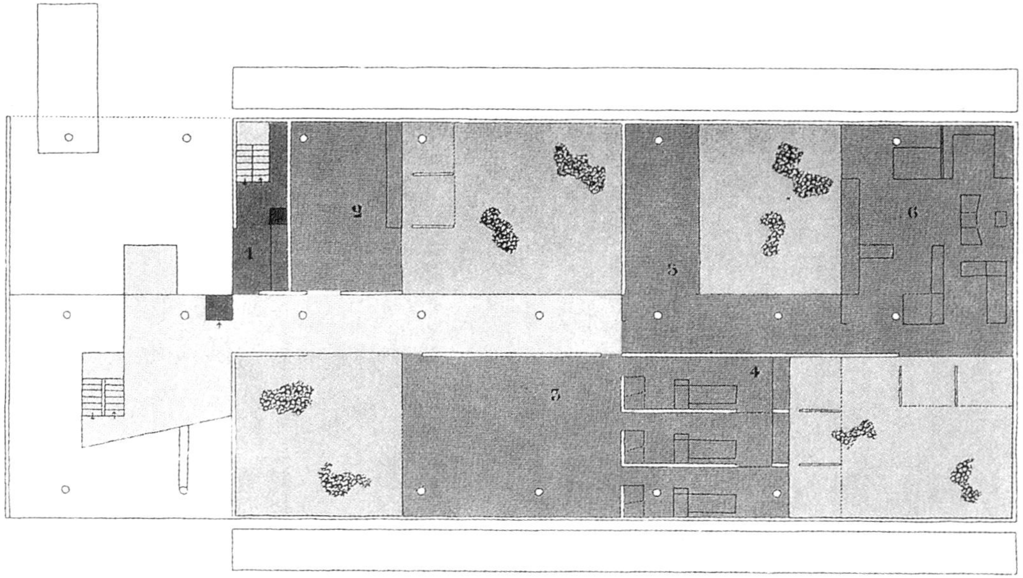

四层平面图

1　配餐室
2　小客厅
3　儿童娱乐室
4　儿童房
5　书房
6　大使套房

三层平面图

1　配餐室
2　小客厅
3　单人套房
4　双人套房

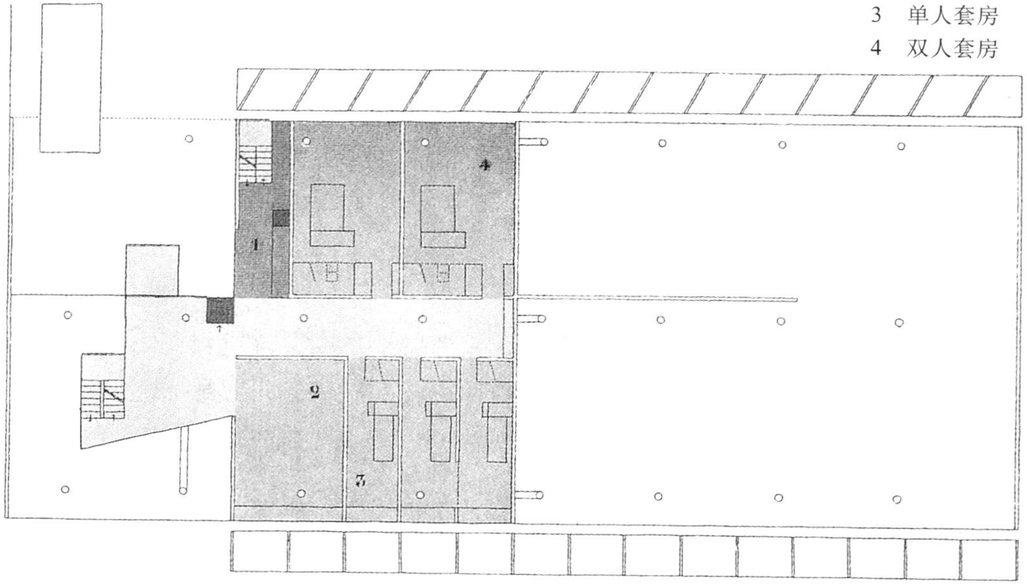

巴西利亚法国大使馆方案，1964～1965年

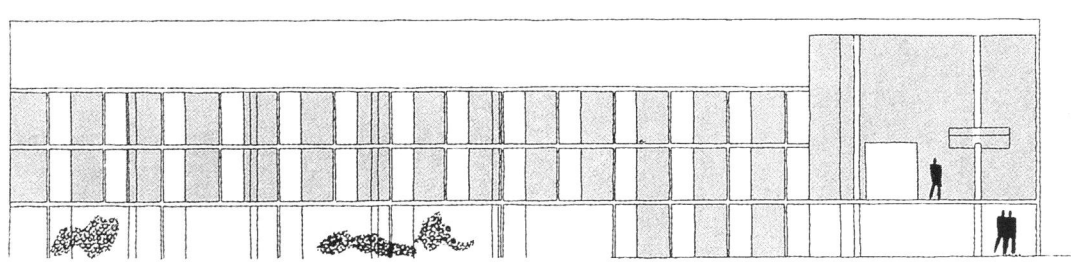

南立面图　　　　　　　　　　　　　　　　　入口门厅横剖面图

大使住所北侧的两个视角（模型）

纵剖面图

北立面图　　　　　　　　　　　　　　　　　餐厅横剖面图

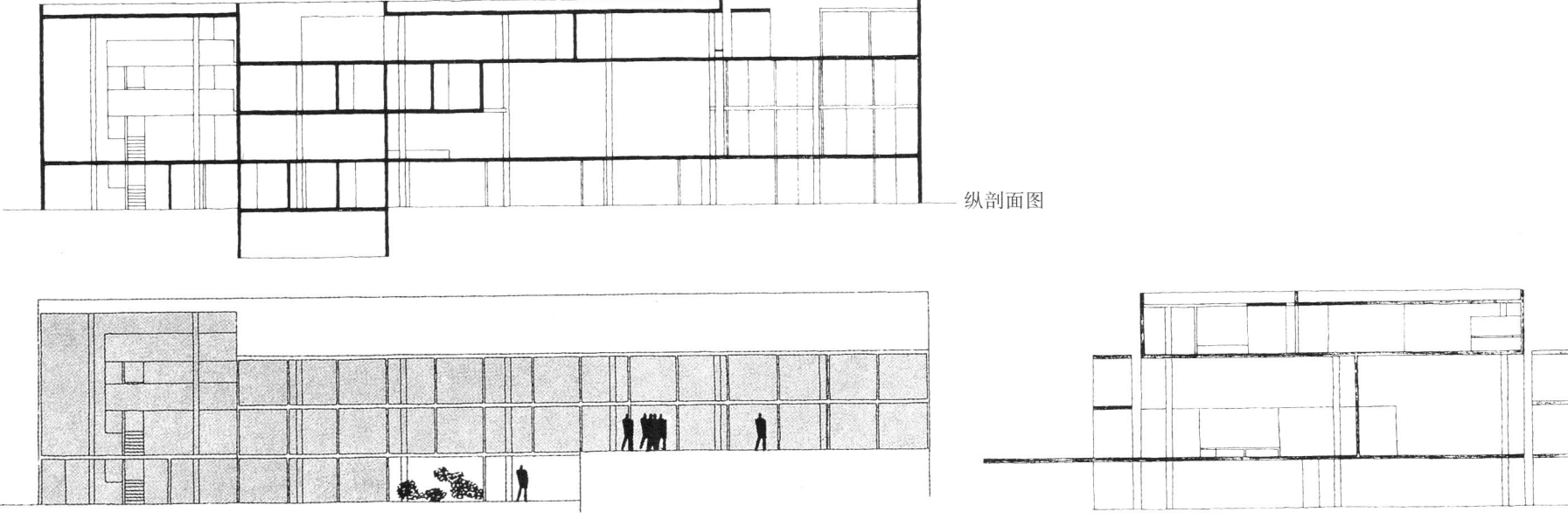

16　巴西利亚法国大使馆方案，1964～1965年

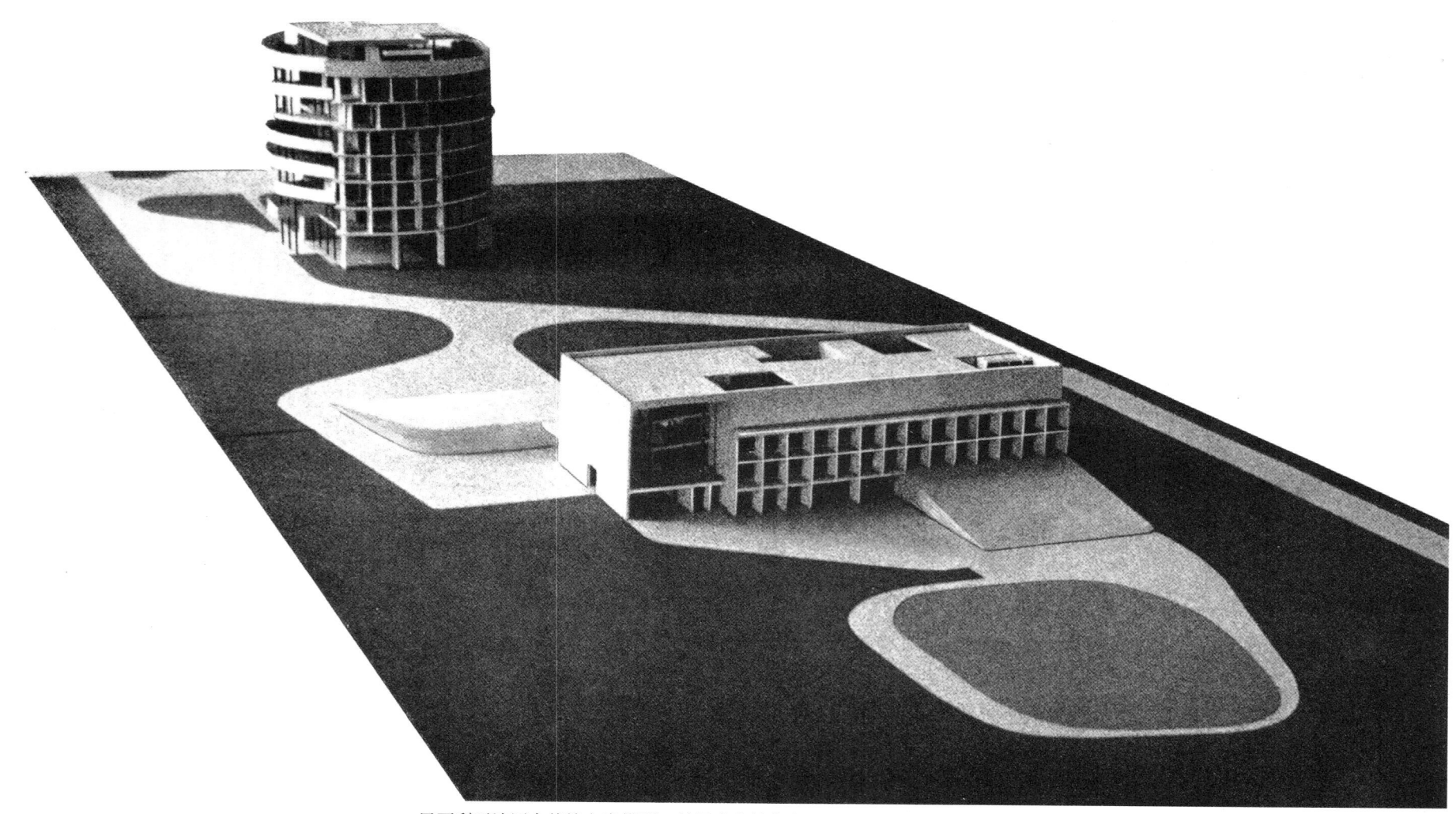

巴西利亚法国大使馆方案模型：前景为大使住所，后景为7层高的使馆办公楼

巴西利亚法国大使馆方案，1964～1965年

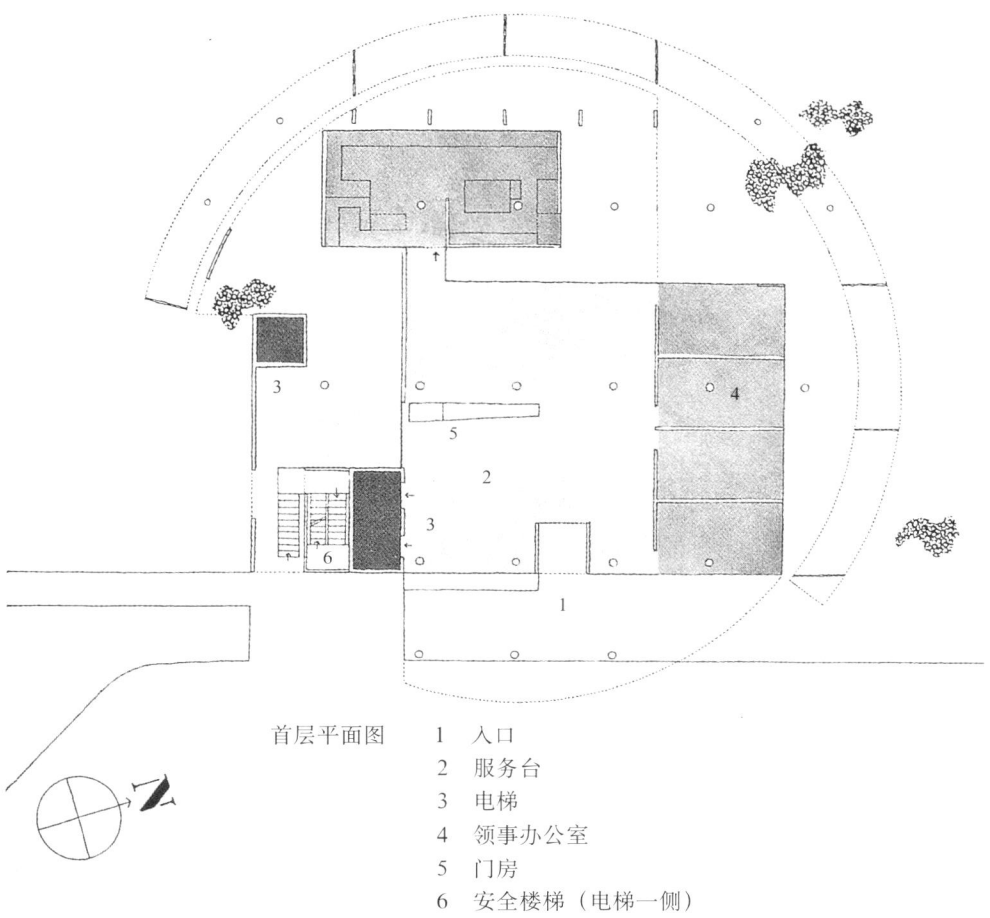

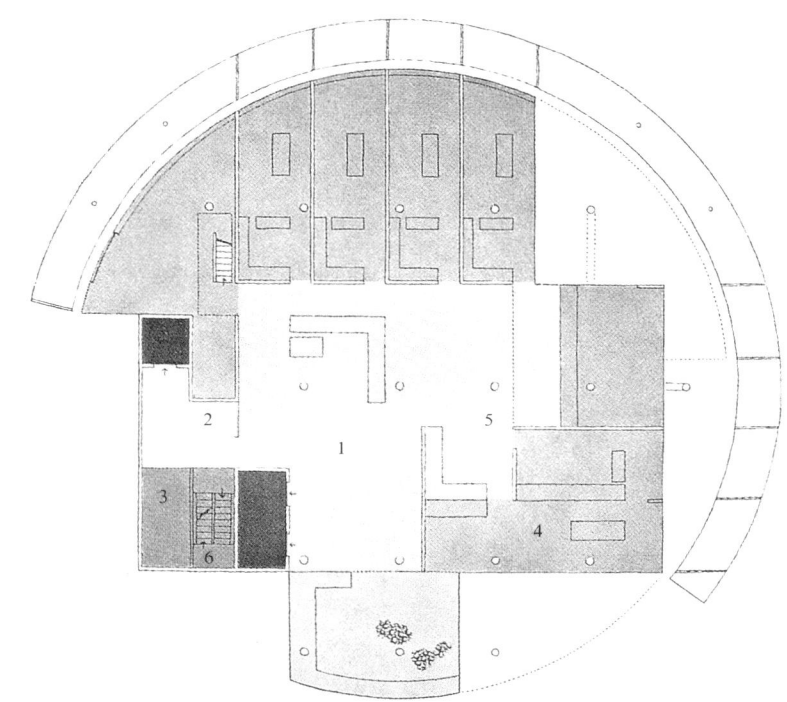

首层平面图
1 入口
2 服务台
3 电梯
4 领事办公室
5 门房
6 安全楼梯（电梯一侧）

二层平面图
1 候见厅
2 前厅
3 卫生间
4 商务参赞办公室
5 办公室（位于高处）
6 安全楼梯

使馆办公楼

使馆办公楼东侧（模型）

使馆办公楼北侧（模型）

18　巴西利亚法国大使馆方案，1964~1965年

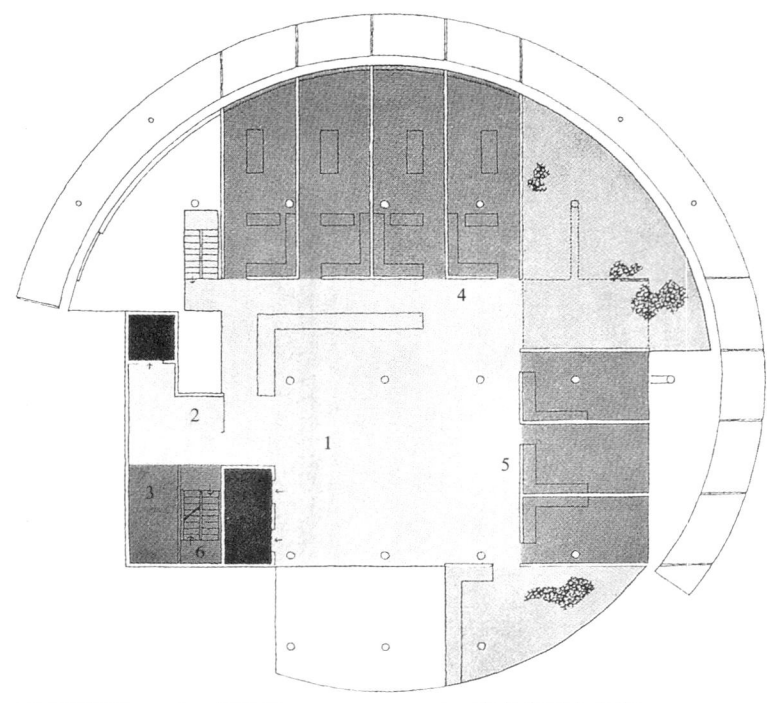

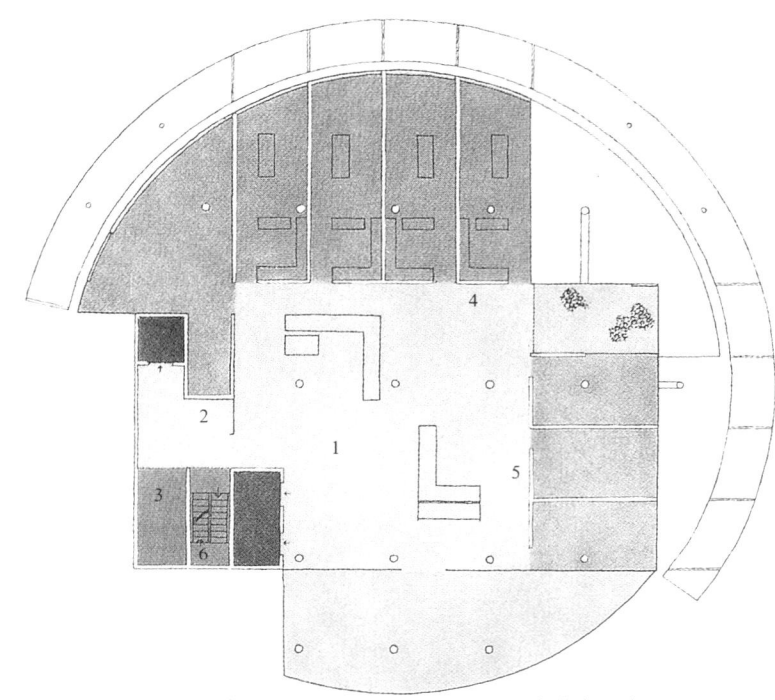

三层平面图	1 候见厅	4 商务参赞办公室
	2 前厅	5 财政参赞办公室
	3 卫生间	6 安全楼梯

四层平面图	1 候见厅	4 文化参赞办公室
	2 前厅	5 可自由支配的房间
	3 卫生间	6 安全楼梯

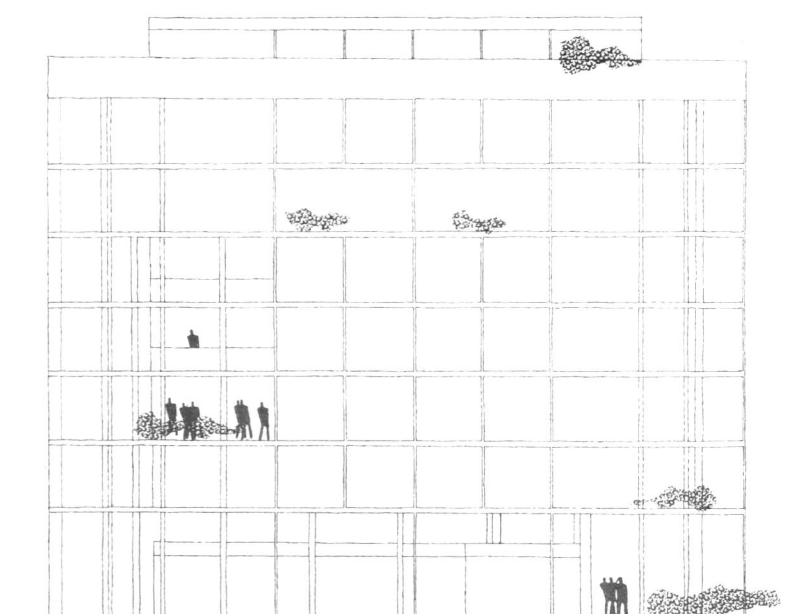

西立面图

使馆办公楼北侧（模型）

巴西利亚法国大使馆方案，1964~1965年　19

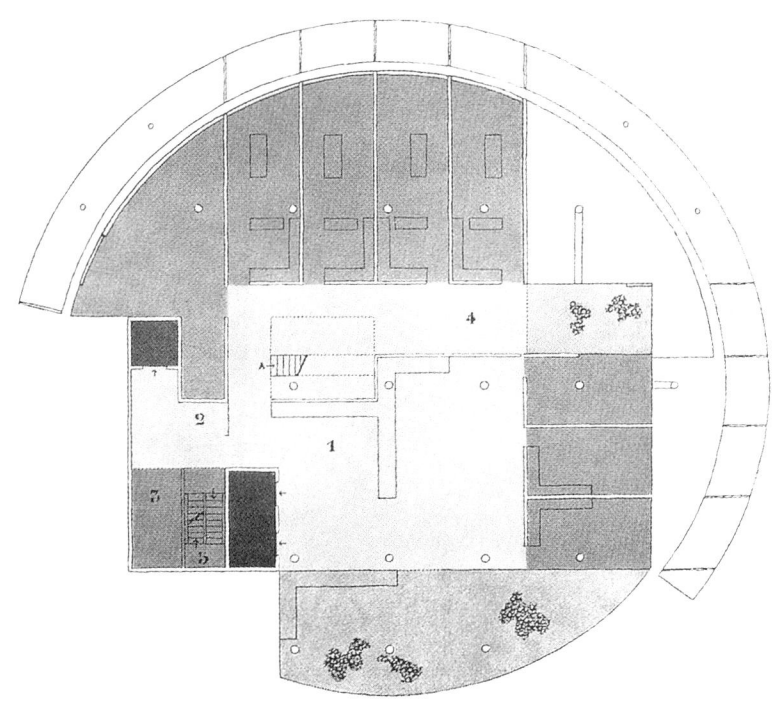

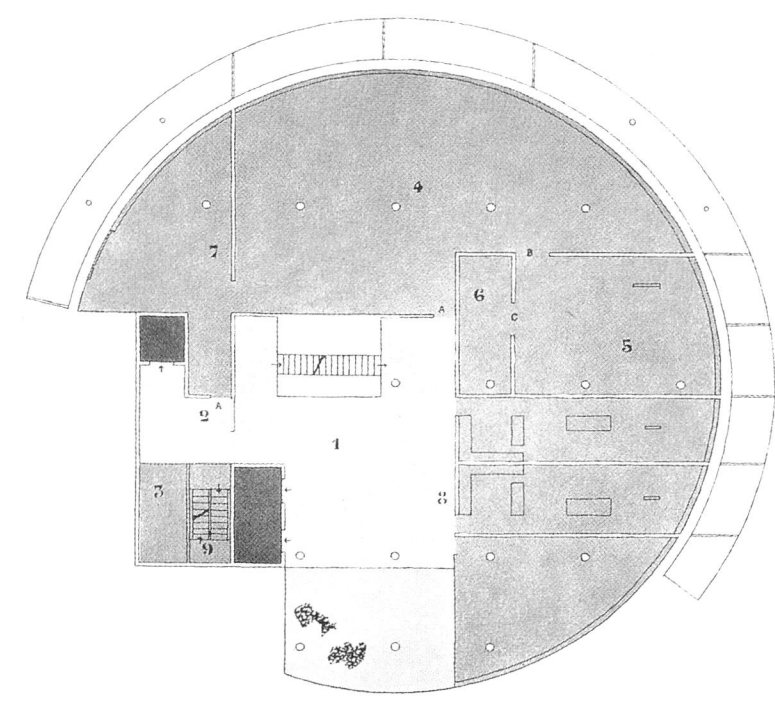

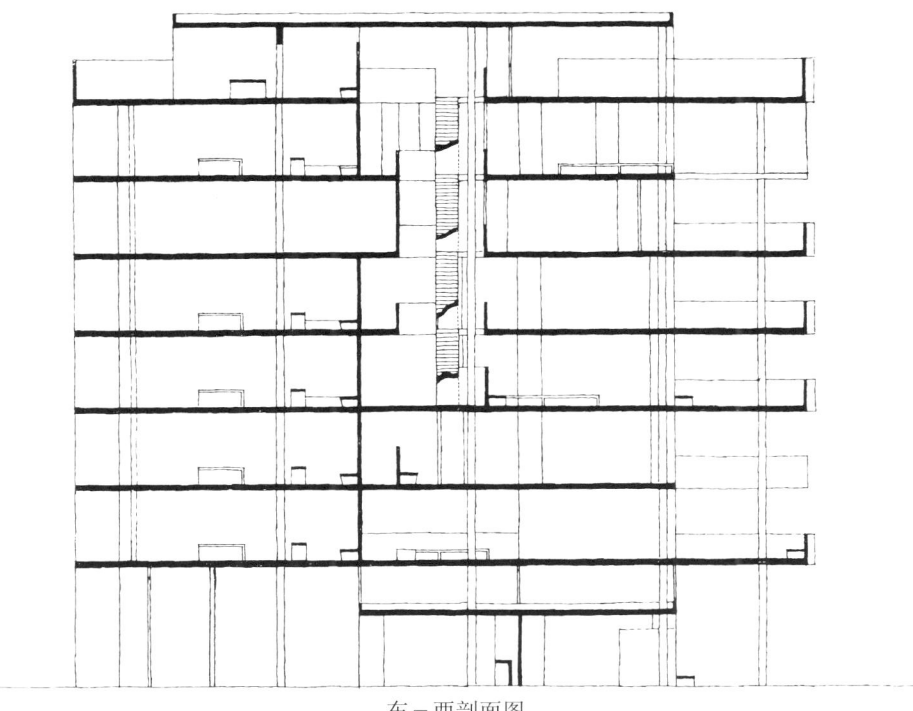

五层平面图
1　候见厅
2　前厅
3　卫生间
4　军事参赞办公室
5　安全楼梯

六层平面图
1　候见厅
2　前厅
3　卫生间
4　档案室
5　译电处
6　保密室
7　邮电通信处
8　办公室
9　安全楼梯

东－西剖面图

巴西利亚法国大使馆方案，1964～1965年

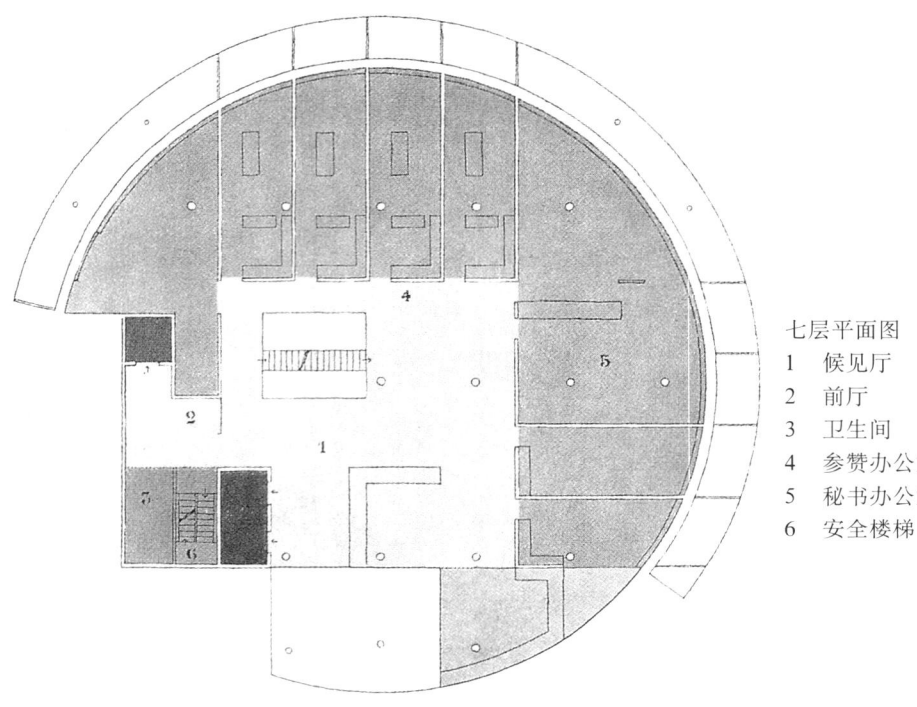

七层平面图
1 候见厅
2 前厅
3 卫生间
4 参赞办公室
5 秘书办公室
6 安全楼梯

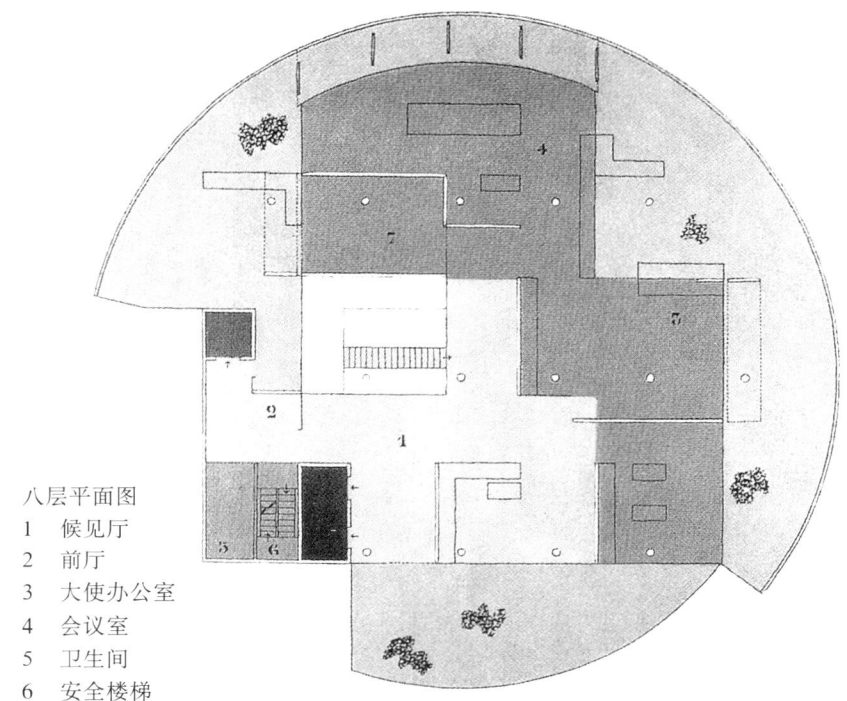

八层平面图
1 候见厅
2 前厅
3 大使办公室
4 会议室
5 卫生间
6 安全楼梯
7 秘书办公室

东立面（模型）

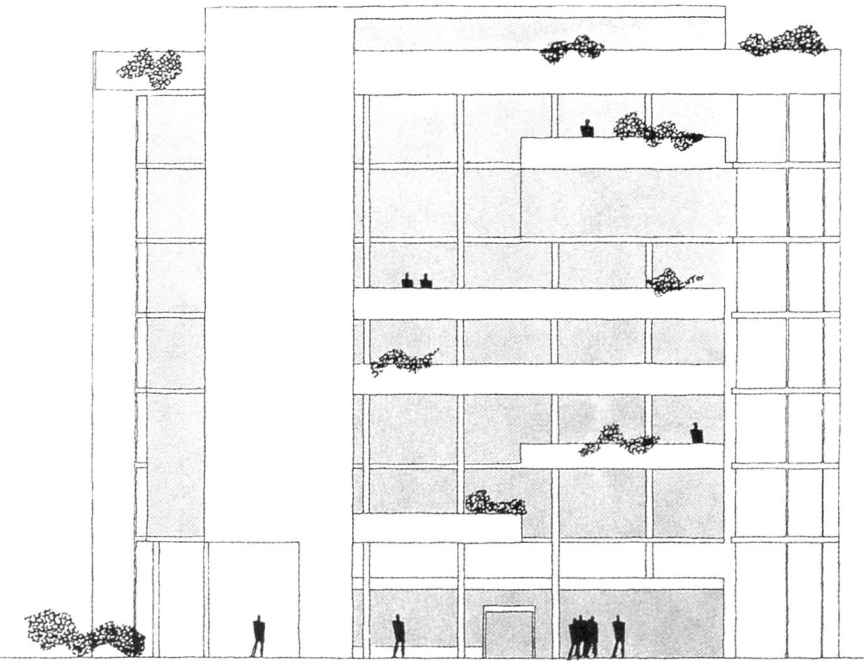

东立面图

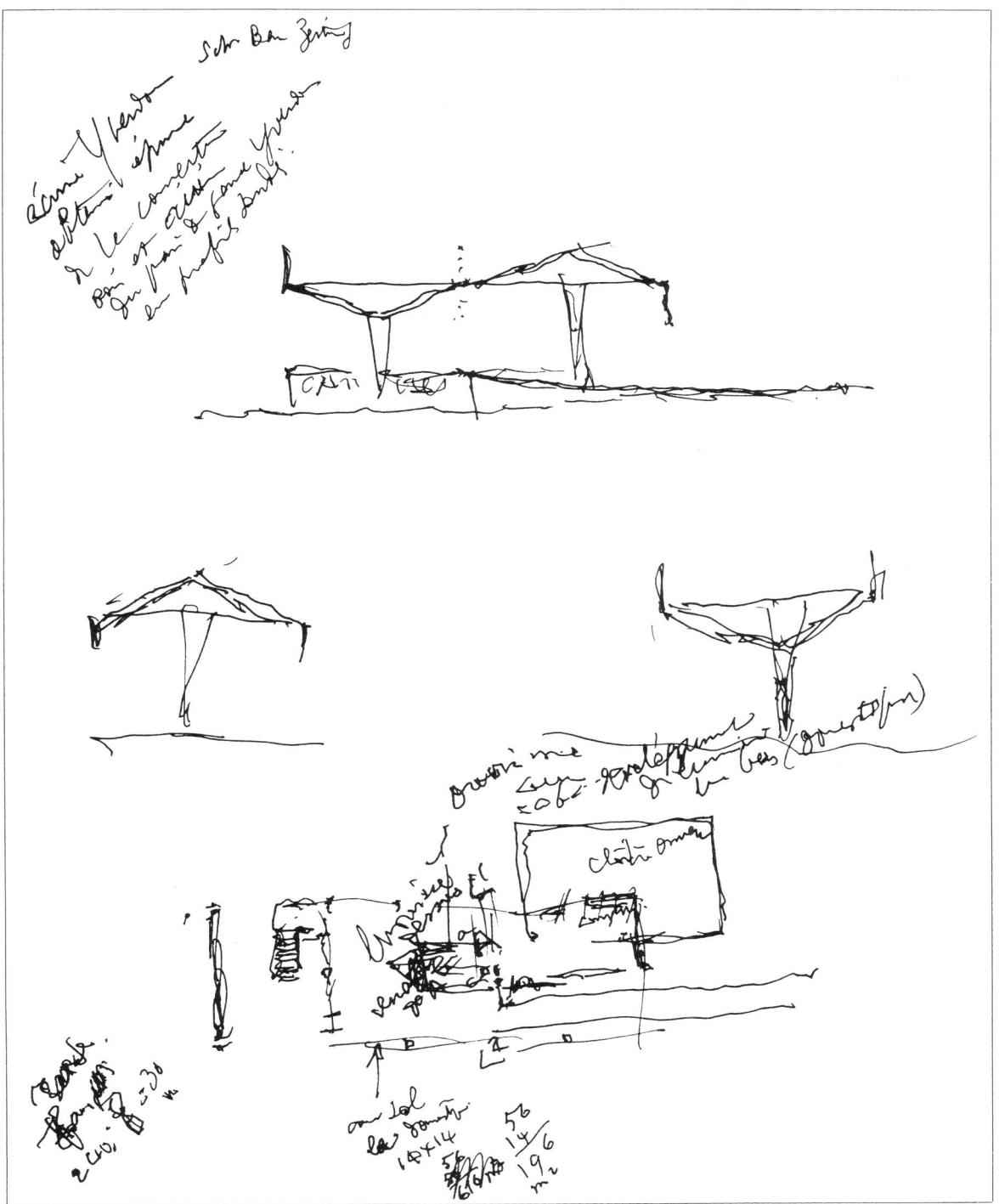

苏黎世的一个展览馆,1964~1965年

要为海蒂·韦伯女士在苏黎世角公园内建造一座标志性的房屋。这座房屋要满足双重功能:它既是一个私人收藏馆,同时又作为一个展览馆,向公众展示柯布的绘画(油画、版画、蚀刻画)、雕塑及其出版的著作。展览馆将以一栋适度的现代游牧民住宅形式出现,既符合"人体尺度",又避免了常规"展览空间"可能的随意性。

借此机会,将为观者奉上一件建筑作品:居住主体安置于屋顶构架下方,彼此保持结构上的独立。

屋顶构架以4mm厚的钢板焊接而成,涂以"舰艇灰"。居住主体的设计以先前的研究为基础,尤其是基于一种名为"226 × 226 × 226"[1]的蜂房式建筑体量,用它可以实现丰富多样的组合。

居住主体的外立面将由铝板或彩色釉面钢板这类坚固耐久的材料构成;内部将呈现装配式建筑创造性应用的前景及其造型上的潜力。

苏黎世市政委员会同意将这座建筑安放在苏黎世角公园临湖的一块基地上。

柯布在东京美术馆建造之时,于随身携带的小本子上勾勒出左侧这张草图。这种建筑形式的雏形可以上溯到1939年针对列日的"水季"展所作的研究[参见《勒·柯布西耶全集(第3卷·1934~1938年)》]

---

[1] 原文未标出计量单位名称,按内容分析推测,应为厘米(cm)。下同。——编注

苏黎世的一个展览馆，1964～1965年

入口一侧的立面（模型）

屋顶鸟瞰

西北立面（模型）

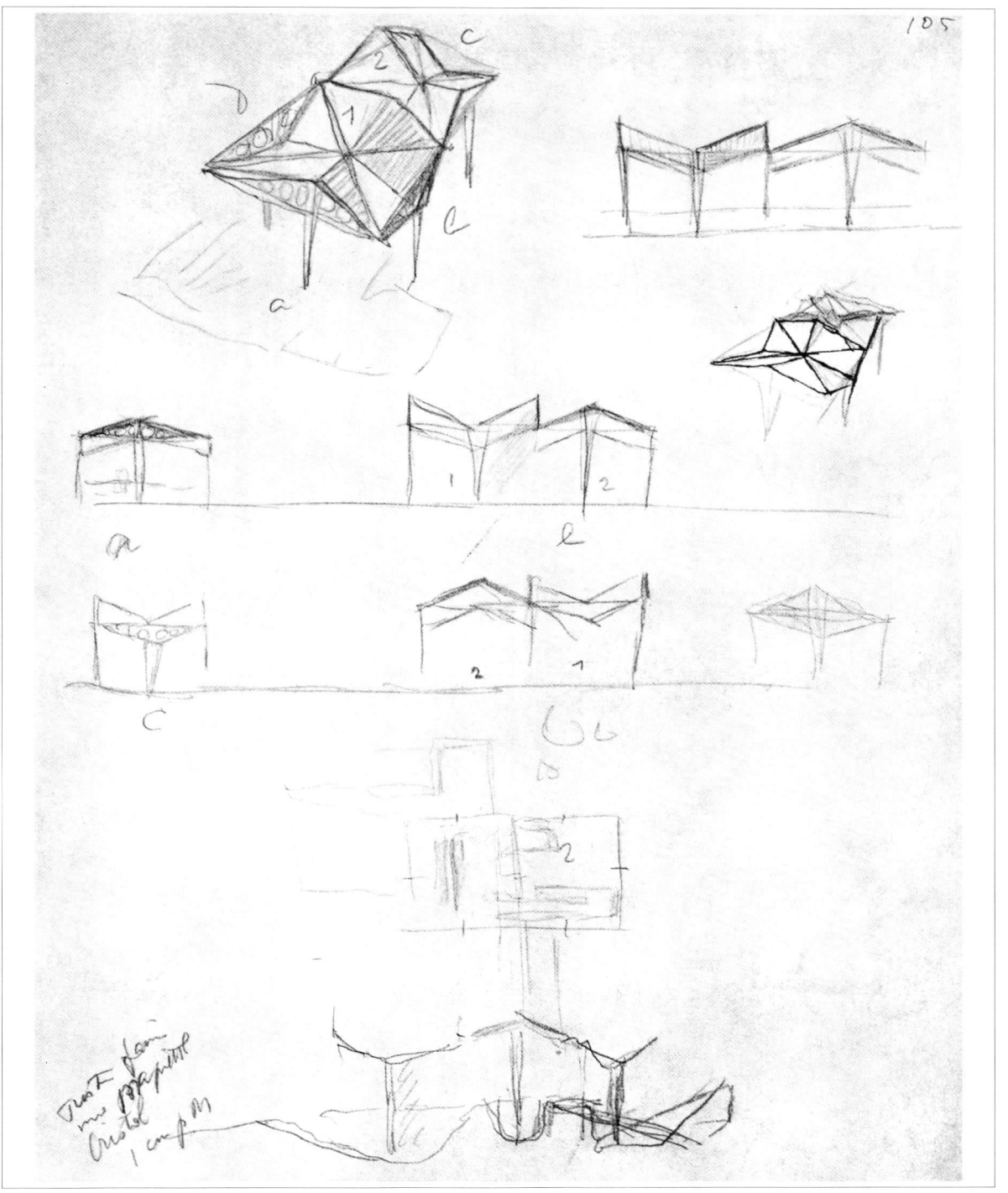

绘于小本子上的草图

苏黎世的一个展览馆，1964~1965年

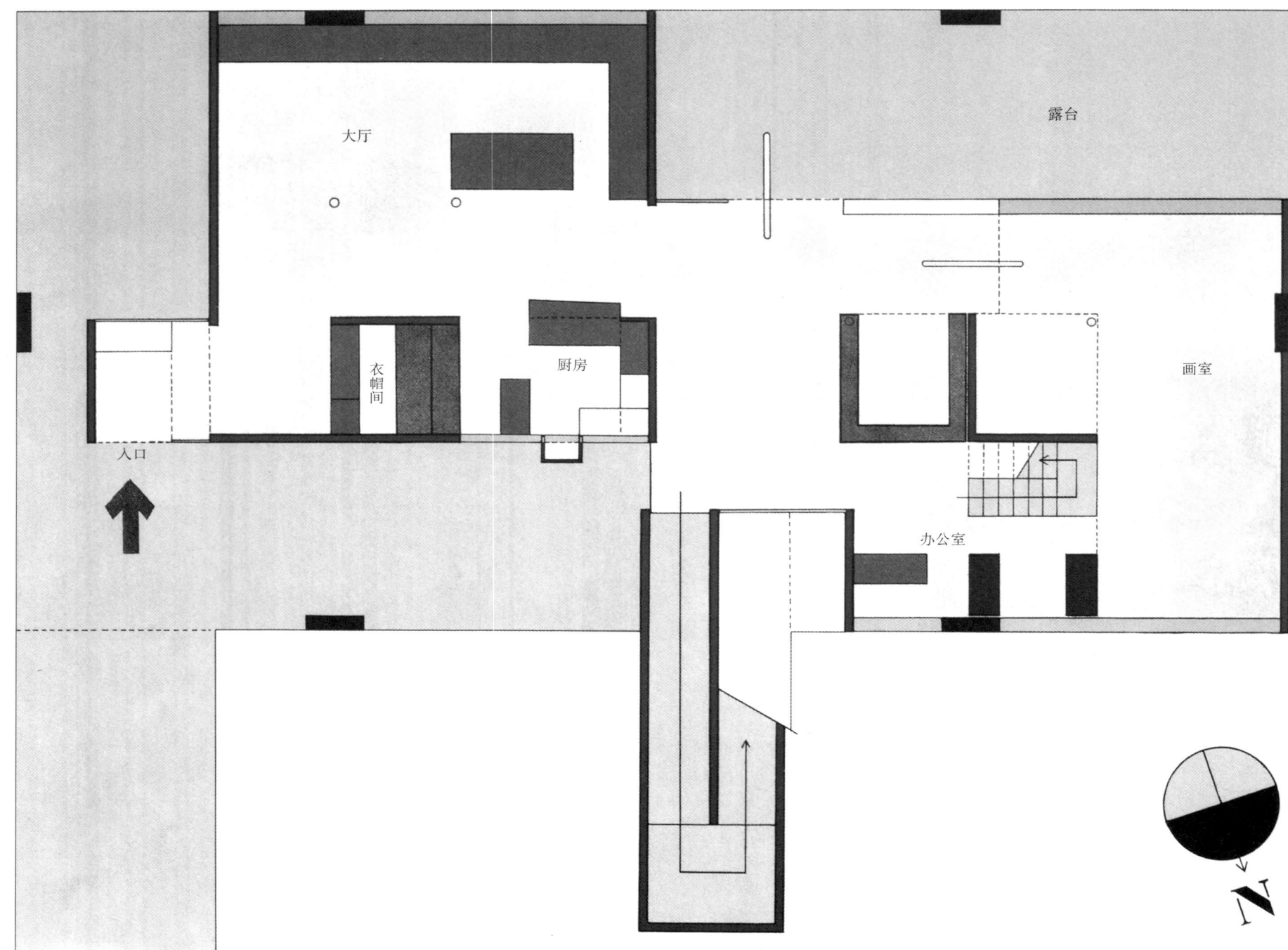

首层平面图

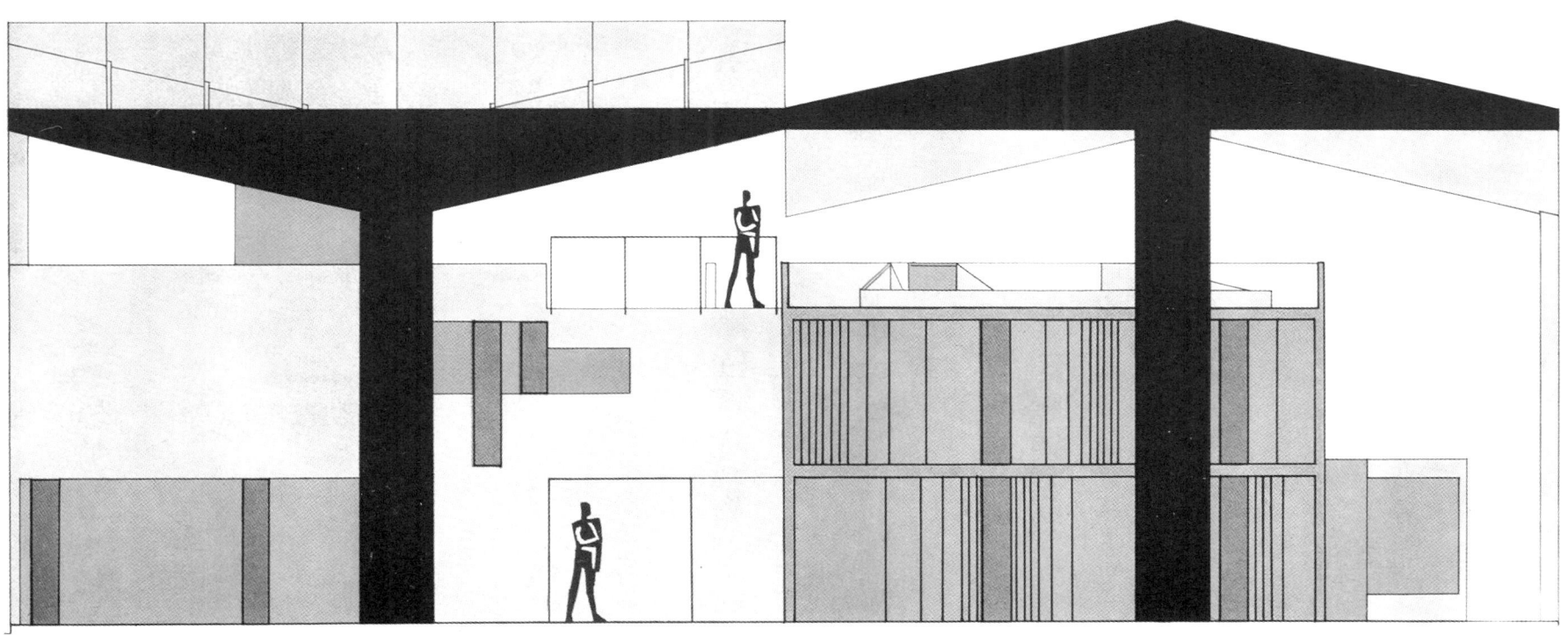

临湖立面图

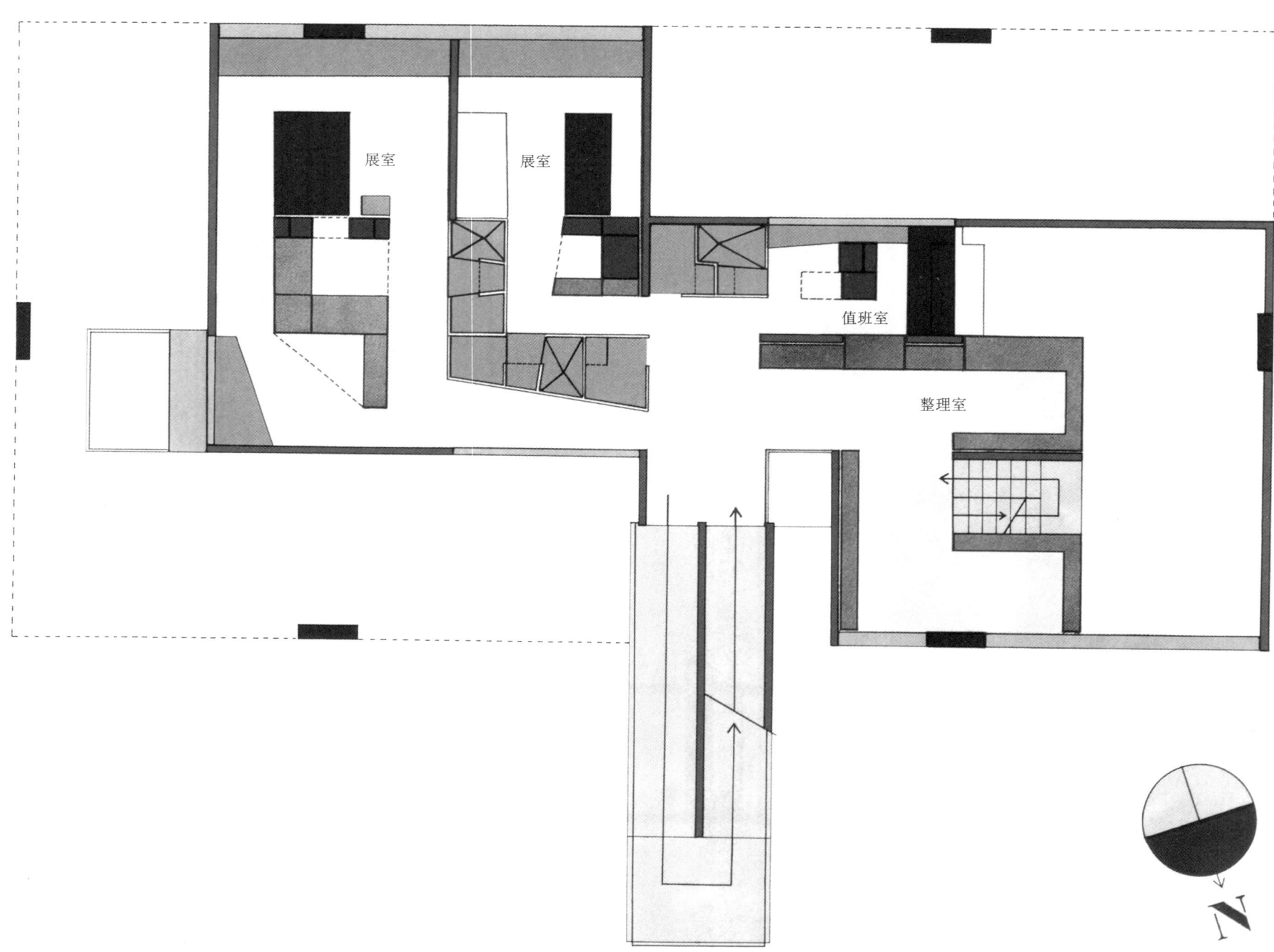

二层平面图

苏黎世的一个展览馆，1964～1965年

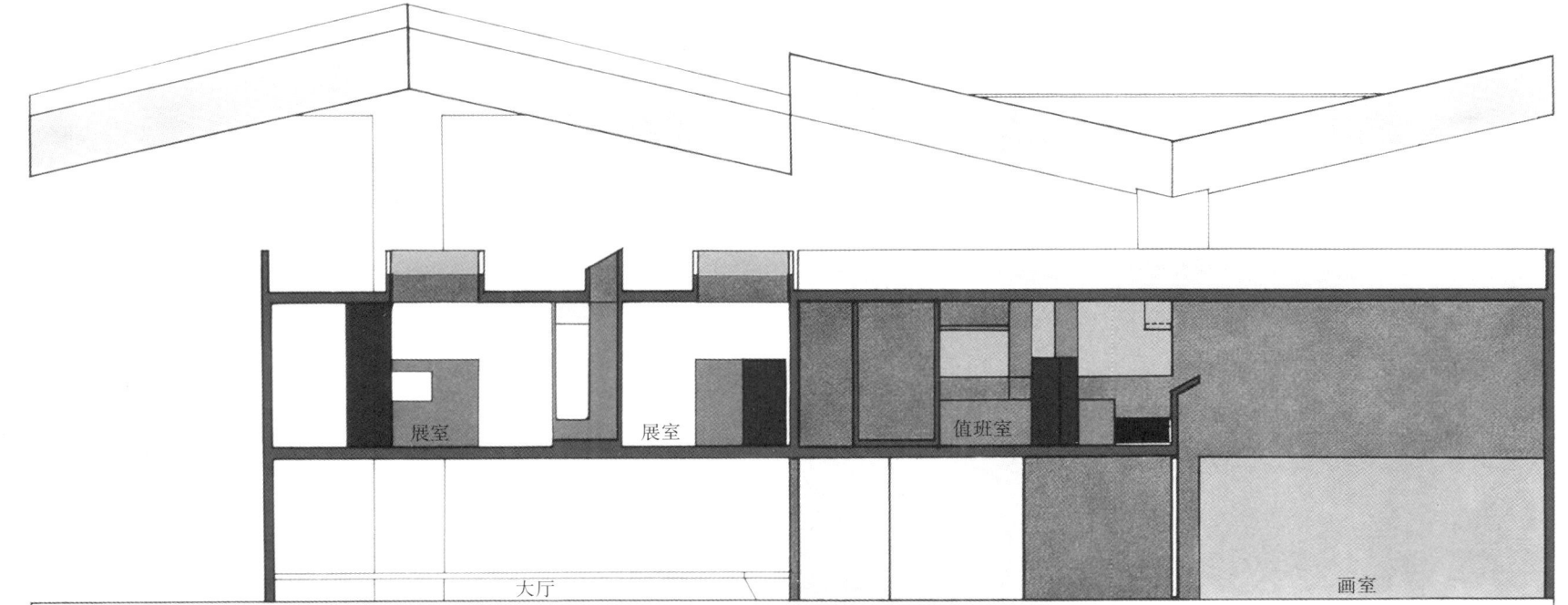

入口一侧的立面图

纵剖面图

展室　　展室　　值班室

大厅　　画室

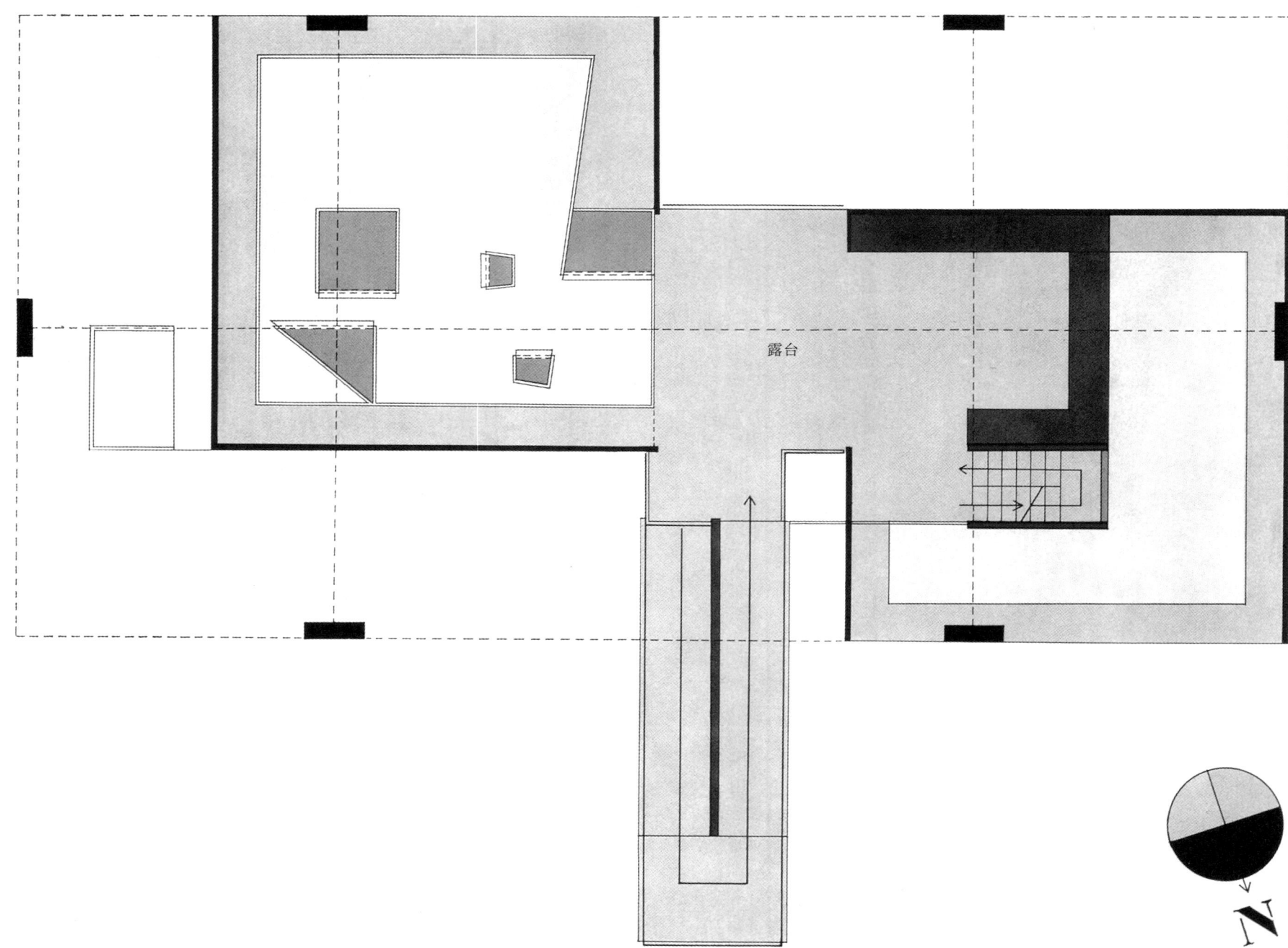

屋顶构架下方露台层平面图

苏黎世的一个展览馆，1964～1965年

东立面图

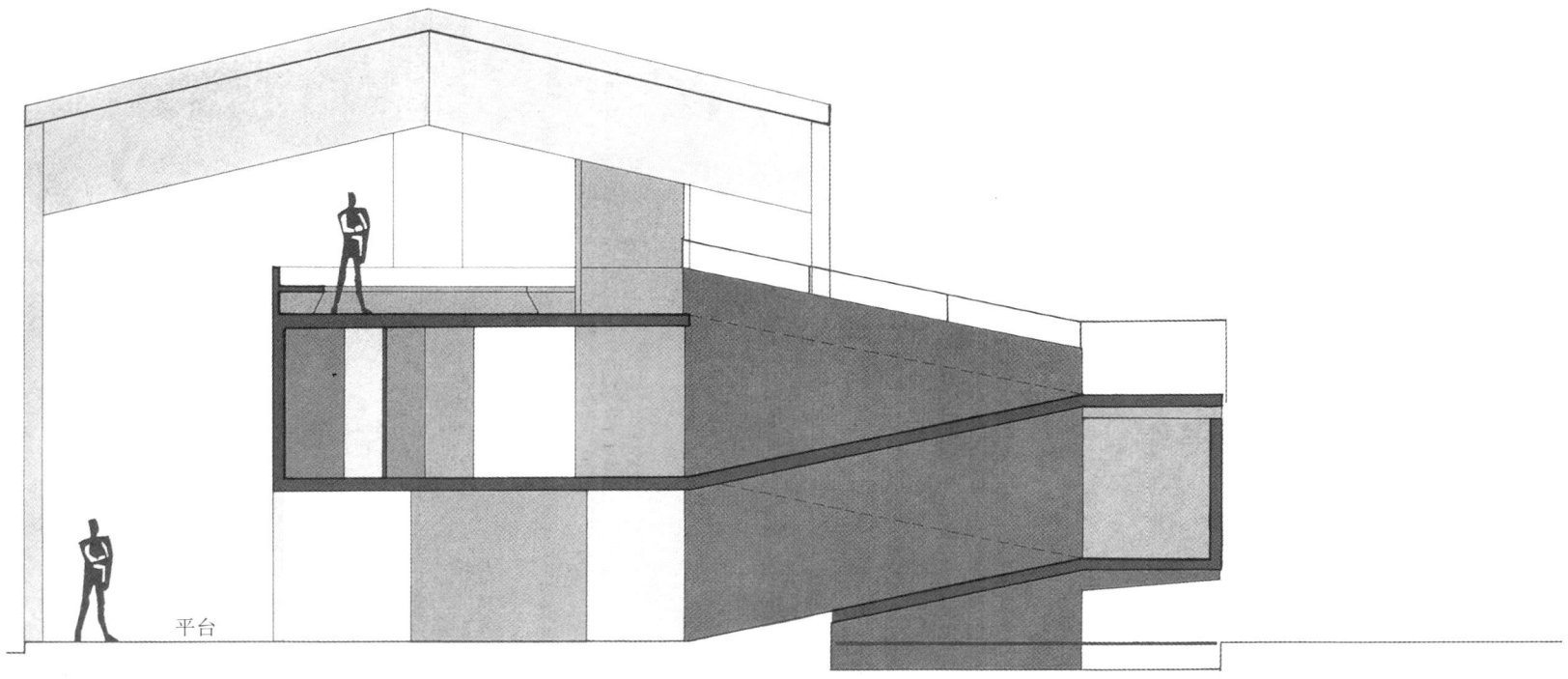

平台

横剖面图

苏黎世的一个展览馆，1964～1965年

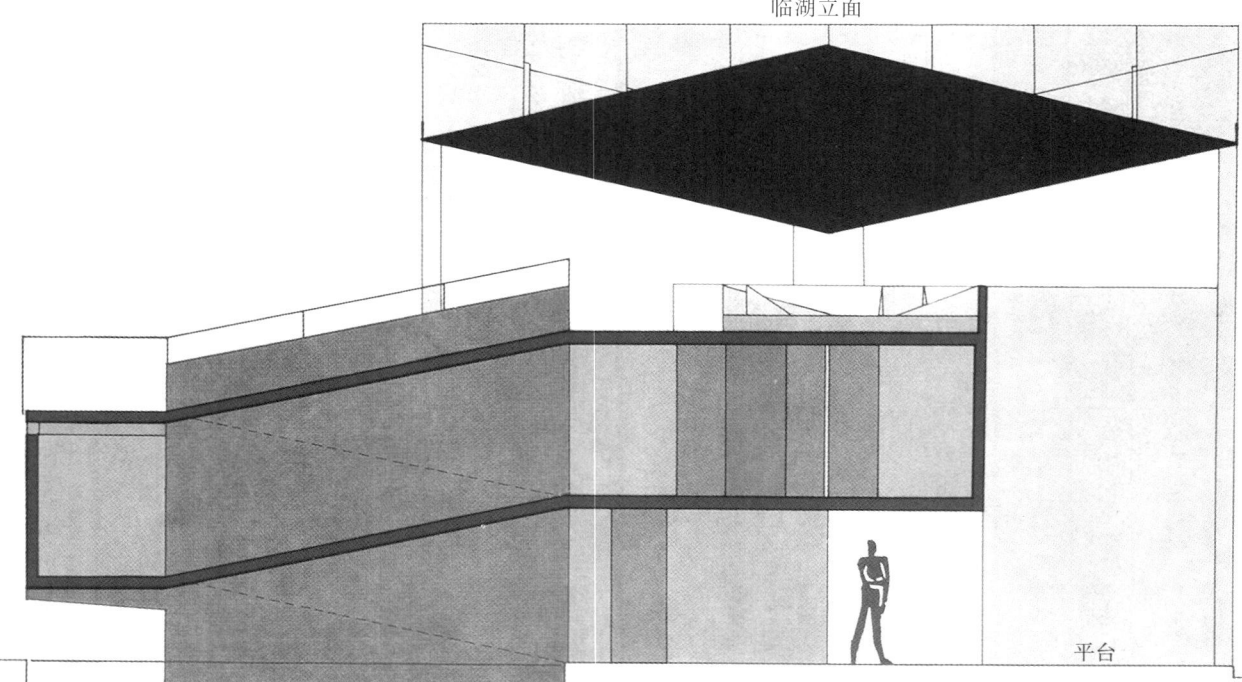

临湖立面

坡道剖面图

拉图雷特修道院，埃沃，1957～1960年

"将虔心祈祷和修行的人安置在僻静之所，并为他们建造一座教堂——这便是1952年在尊敬的库蒂里艾神父的推动下，由里昂圣多米尼克修会委托给柯布的设计任务书。修道院建筑群将包括：教堂、回廊、教士集会厅、教室、图书室、百余间修士小室、餐厅以及厨房。

方案的研究始于1953年末；1956年8月，在里昂附近阿尔布莱斯勒的埃沃破土动工；1957年7月1日，修士进驻修道院。

如果说朗香教堂是一种声音，它似乎有些势单力薄。那么拉图雷特修道院的落成则确定无疑地标志着宗教建筑的一个新的阶段，因此，这也成为柯布最具意义的创作之一。在此之前，柯布很少有机会充分展现他对光与空间的卓越驾驭——不可言喻的空间；于此回应的不仅仅是物质的需求，还有精神的需求，这是对隐修传统的尊重。拉图雷特修道院构成一处真正的精神的居所，一个活的有机体，迥然相异的各个部分紧密地联系在一起。

从1907年意大利艾玛-查尔特勒修道院的启示到尺度相当的居住单位，柯布的创作构成一个连贯的整体；而拉图雷特修道院的出现则是对这一过程的一种对抗与综合。柯布在他创作的全盛时期为圣多米尼克修会的修士们奉上了一件饱满的作品，其所体现的和谐、严密与大胆总能令我们感到震惊。

也会有人试图将这座修道院纳入一个狭隘的公式，（朗香教堂刚刚落成时，不也有人把它同巴洛克扯上关系吗?!）然而这样的作品实在难以归类……即使有人拒绝承认作品中所体现的那股创造的力量，那也绝非居住在这座现时代的修道院之中的修士们最终的判断，他们发现这个作品神圣的特质通过一种自发且自觉的方式自我证明着！"

[让·佩蒂：《勒·柯布西耶的一座修道院》，巴黎活力（Forces-Vives）出版社]

钢筋混凝土的骨架直接裸露。在3个外立面上首次实现了所谓"波动的玻璃墙面"系统。相反，朝向内部庭院一侧的墙面则由大块的由楼板直抵顶棚的混凝土构件组成；这些混凝土构件局部透空安装玻璃，彼此的间隙构成"通风机"——一种设有活动百叶，以防蚊金属纱窗封闭的竖向缝窗。

修道院被安放在一处人迹罕至的自然中，静静地面对着山林和草场。立面保持混凝土的本色，局部的填充部分涂以白色石灰乳。教堂部分的墙体由混凝土浇筑而成。

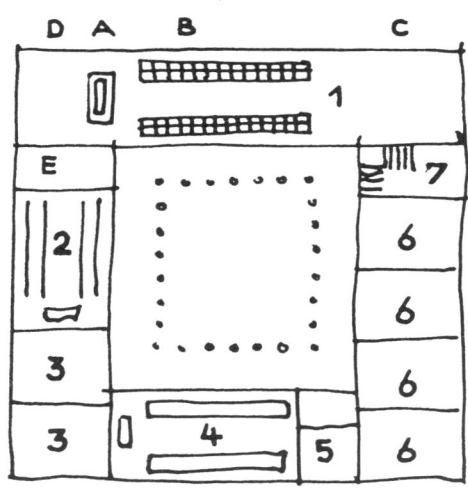

(1) 新修道院所在地
(2) 前修道院所在地

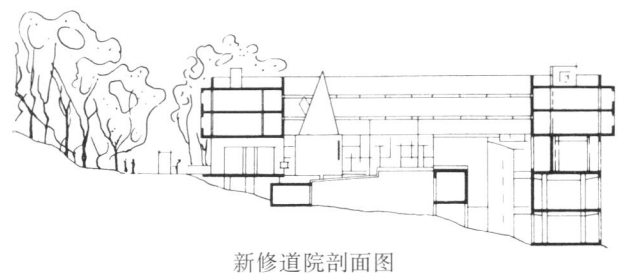

新修道院剖面图

多米尼克修道院传统平面示意图

新修道院鸟瞰

拉图雷特修道院，埃沃，1957~1960年

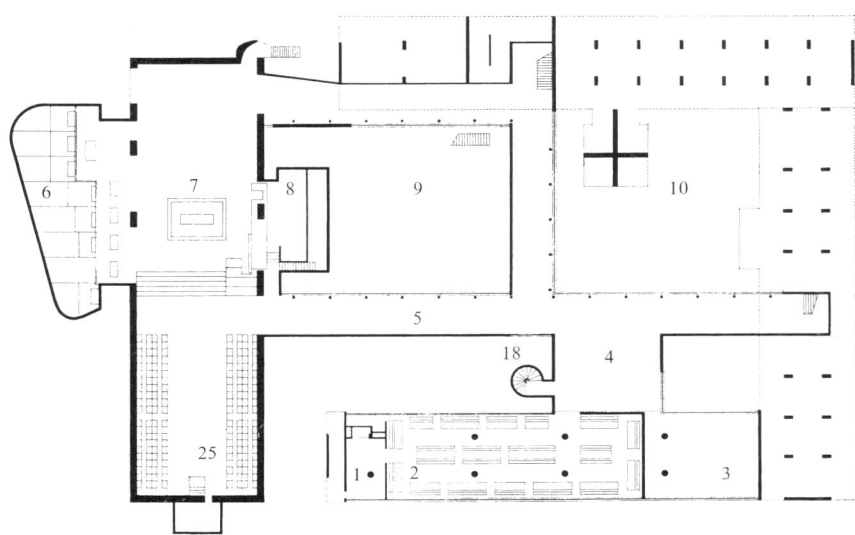

首层下层平面图	首层平面图	三层平面图
1 备餐室	1 接待室	1 病号小室
2 餐厅	2 门房	2 医务室
3 教士集会厅	3 杂务－修士公共厅	3 客房
4 中庭	4 学生－修士公共厅	4 教师－神父小室
5 廊道	5 祈祷室	5 学监－神父小室
6 北侧偏祭台	8 图书室	6 学生－神父小室
7 主祭台	9 教室 A	8 学生－修士小室
8 南侧偏祭台及圣器室	10 学生－神父公共厅	9 杂务－修士小室
9 内院	11 教室 B	10~12 卫生间
10 内院	12 教室 C	25 教堂
18 通达首层的楼梯	13 神父公共厅	
25 教堂	14 教室 D	
	18 通达中庭的楼梯	
	21 长廊	
	22 短廊	
	23 中庭屋顶	
	24 卫生间	
	25 教堂	

首层下层平面图

教堂及主入口

柯布来到工地

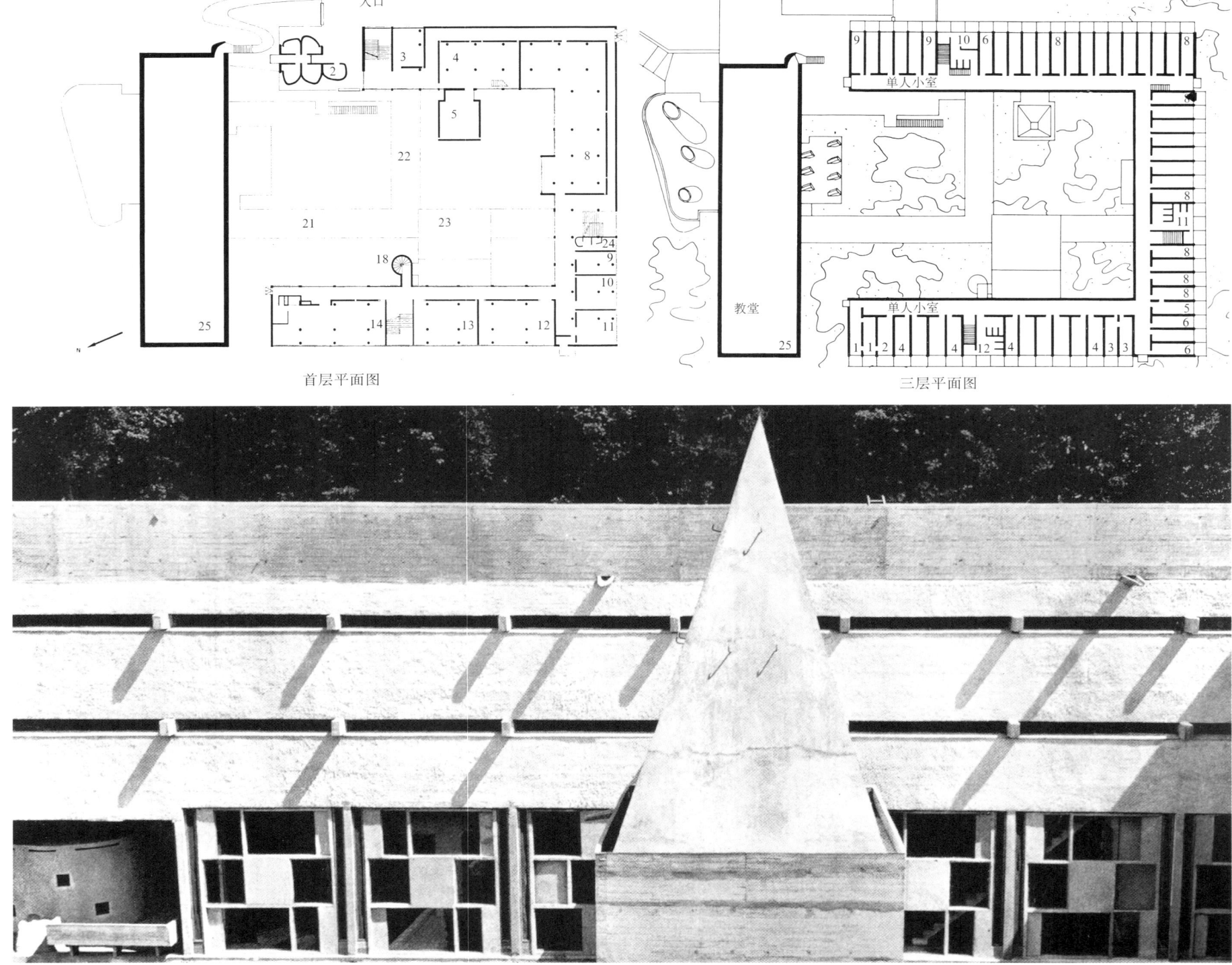

首层平面图　　　　　　　　　　　　　三层平面图

修道院东侧一翼及祈祷室的尖顶

内院一隅,水平狭窗为连通修士小室的走廊提供采光

拉图雷特修道院,埃沃,1957~1960年

修道院的构成自上而下,布局合理的楼层抵着山谷的凹面。底层架空柱支承着建筑的主体

拉图雷特修道院，埃沃，1957~1960年

南立面左翼

拉图雷特修道院,埃沃,1957~1960年

最上方两层为修士小室;下方为"公共服务",包括餐厅、教室、图书室等

拉图雷特修道院，埃沃，1957～1960年

内院一隅：祈祷室外观

"波动的玻璃墙面"

由混凝土构件构成的"波动的玻璃墙面",省去了活动窗扇的制作安装

修道院(及高耸的烟囱)与教堂脱开的间隙

屋面覆土植草,可以避免混凝土急剧的热胀冷缩;从屋顶可以上达钟楼

拉图雷特修道院，埃沃，1957~1960年

建筑一角

设于修士小室前的凹阳台"遮阳"

修士小室

连通修士小室的走廊（净高2.26m）

拉图雷特修道院，埃沃，1957～1960年

餐厅对外一侧的立面上采用了"波动的玻璃墙面"

44　拉图雷特修道院，埃沃，1957～1960年

面向山谷的主立面（西立面）

拉图雷特修道院，埃沃，1957~1960年

图书室内的楼梯

图书室

46 拉图雷特修道院,埃沃,1957~1960年

经费的匮乏导致极度的拮据。一日,一位访客向修道院负责人(省修会会长)宣称:"先生,我可以为您修道院的立面铸一个雕塑作为礼物。"会长先生答道:"立面在哪里?"

对页中可以看到从北侧偏祭台上方伸出的采光筒;P49 可以看到位于首层下层的偏祭台

教堂北侧的偏祭台,顺应地势逐级起台

教堂内部,面向主祭台

教堂内部极为朴素,毫无虚饰,拆模后浇筑混凝土直接外露。这里几乎见不到直射的光源,每一处采光都经过精心设计。教堂的简朴是动人的,这种简朴于宁静中将人引入沉思

教堂主祭台

自南侧偏祭台上方伸出的采光筒

北侧偏祭台

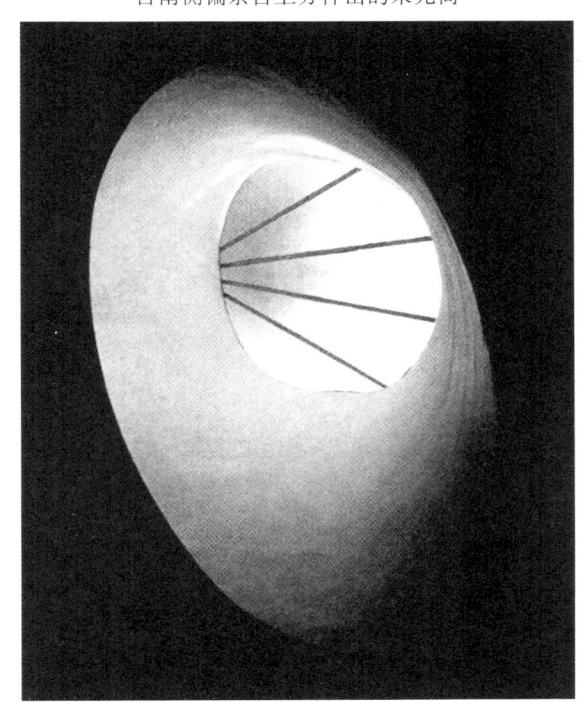

北侧偏祭台上方的一眼光源

50　拉图雷特修道院，埃沃，1957～1960年

教堂内部水泥现浇的地面采用了以模度为依据的"理想铺地"；祭台下方的地面以粗糙的板岩铺砌

祈祷室的尖顶

通往屋顶的楼梯间

52　拉图雷特修道院，埃沃，1957～1960年

通往屋顶的楼梯间的混凝土墙面及开窗

哈佛大学视觉艺术中心，马萨诸塞州坎布里奇，美国，1961～1964年

哈佛大学视觉艺术中心坐落在一块相当狭小的基地上，周围是些佐治亚风格的建筑。方案由约瑟·刘易斯·塞特（Jose Luis Sert）及其马萨诸塞州的合作者负责实施。任务书是基于已知条件的全新创造：营建一处场所，使校内的学生们在穿越这条基本路径时可以看到室内，如有需要便可以进入，报名参加这里的活动（包括雕塑、模型、剪纸、壁画等二维及三维艺术）。视觉艺术中心面向所有学生敞开（无论他就读何种专业），这里惟一的目的就是培养当代青年的鉴赏力以及将手与脑的工作结合起来的欲望——这正是柯布最迫切的社会愿望。问题在于创建交通及活动场所，获取充足的面积和阳光。要将这一切安排在如此狭小的一块基地上，绝非易事。

混凝土和玻璃的建造是柯布理论的表达，他许多独到的思想得以在此呈现：相互渗透的内外空间，裸露的混凝土，经过第三层将两侧的道路连接起来的坡道，各个楼层的独立支柱，以及"遮阳"。

值视觉艺术中心落成典礼之时，举办了"柯布西耶作品展"。展览完整地展示了他的艺术创作，其中包括10幅油画、12幅水彩画和素描、55幅石版画、一张挂毯，以及他的一些出版物，这些展品均出自美国的收藏；此外，还展出了一批由柯布构思，巴塞罗那官方建筑师协会监制的照片壁画。

1 入口门厅
2 服务台
3 报告厅
4 工作室
5 大教室
6 主任办公室
7 坡道
8 展厅
9 办公室
10 屋顶花园

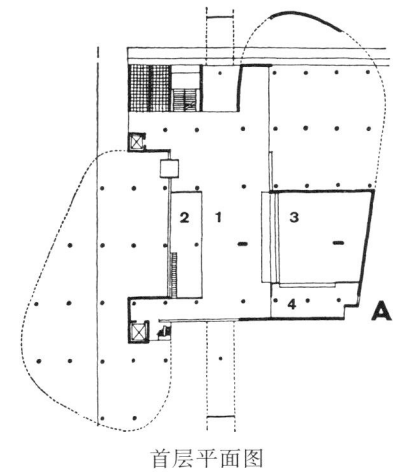

首层平面图

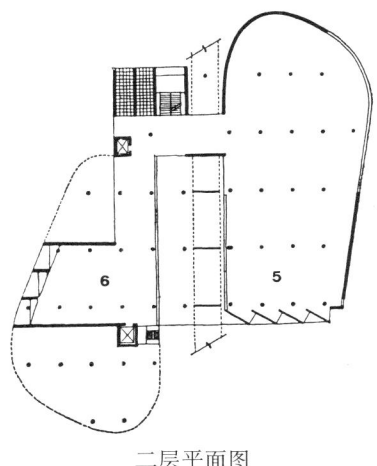

二层平面图

54 哈佛大学视觉艺术中心,马萨诸塞州坎布里奇,美国,1961~1964年

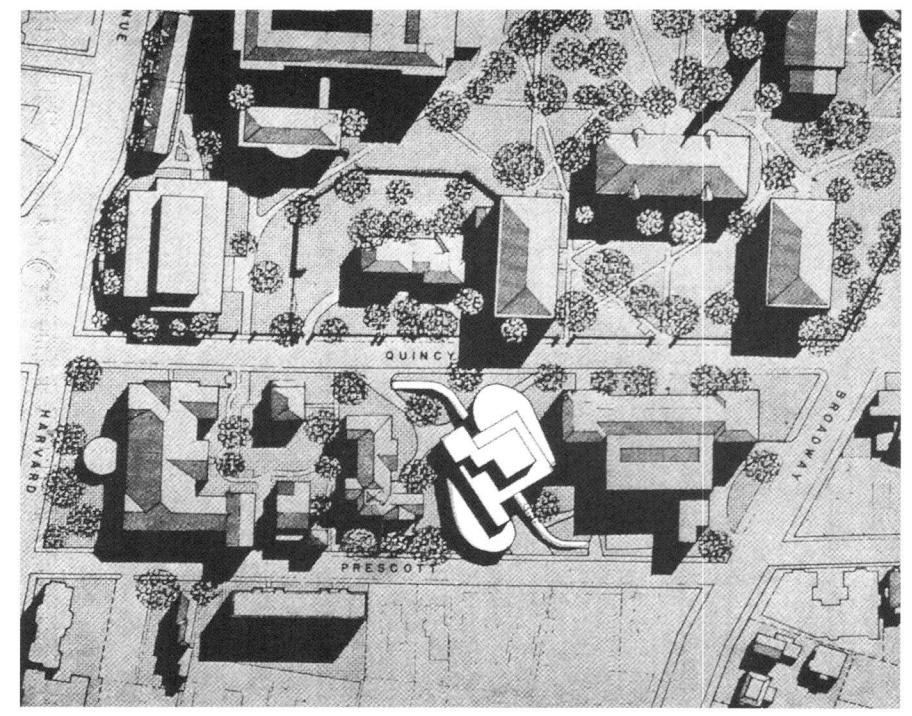

哈佛大学视觉艺术中心是柯布在美国建成的第一个作品。
这座新建筑坐落在佐治亚风格的建筑之间

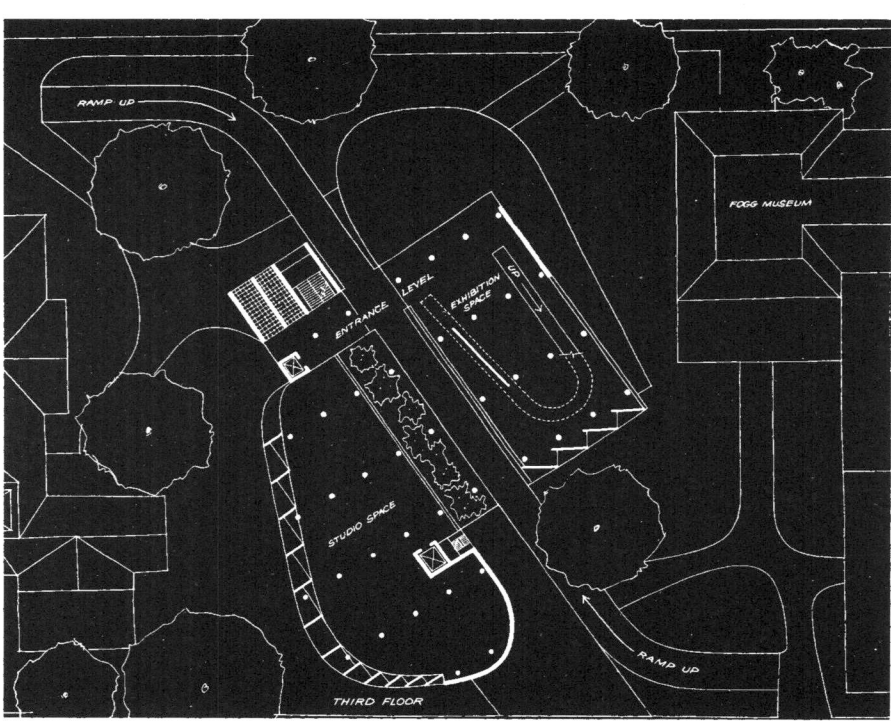

三层设有特征鲜明的坡道

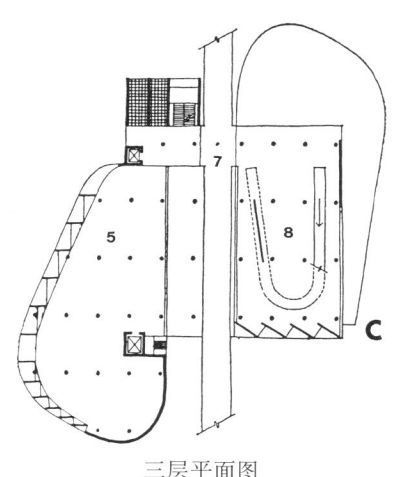

三层平面图

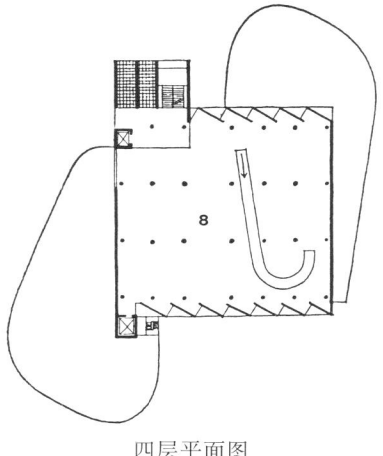

四层平面图

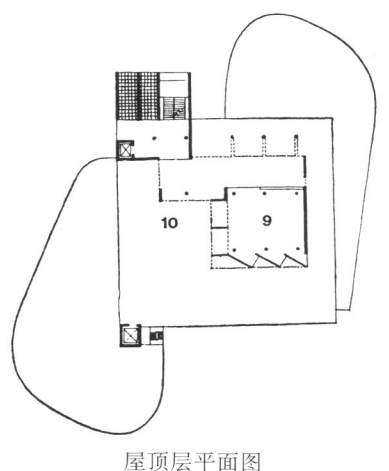

屋顶层平面图

哈佛大学视觉艺术中心，马萨诸塞州坎布里奇，美国，1961~1964年

屋顶层

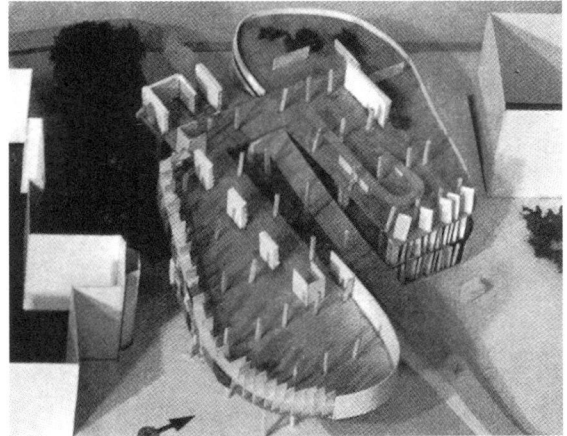

三层及坡道

首层

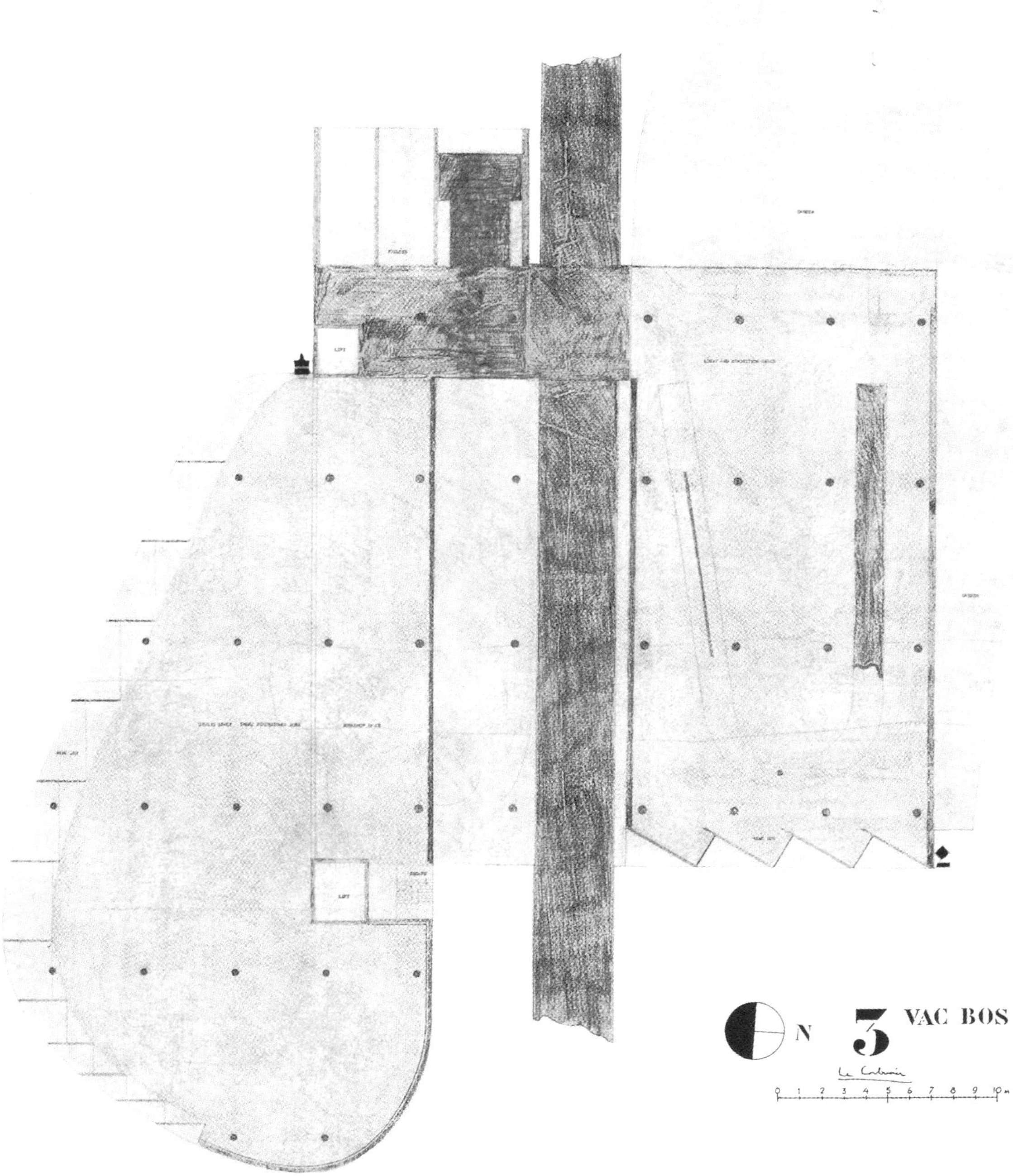

三层平面图，在三层展厅内设有导向四层的坡道（柯布西耶事务所研究方案）

哈佛大学视觉艺术中心，马萨诸塞州坎布里奇，美国，1961～1964年

东立面

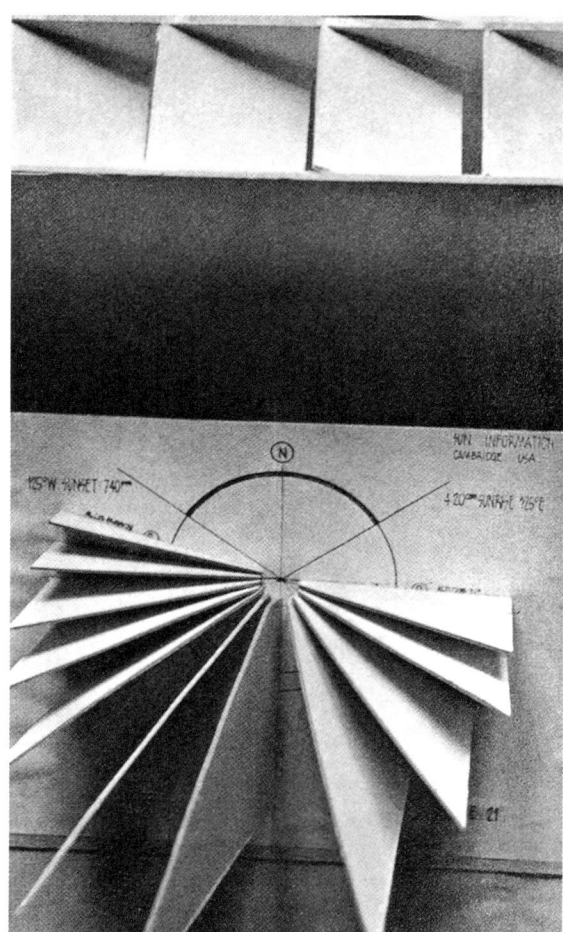

根据坎布里奇地区所处的纬度来确定"遮阳"的方向和深度。"遮阳"的建造极其简单，采用混凝土支柱结合无肋实心板

哈佛大学视觉艺术中心，马萨诸塞州坎布里奇，美国，1961~1964年

南立面图

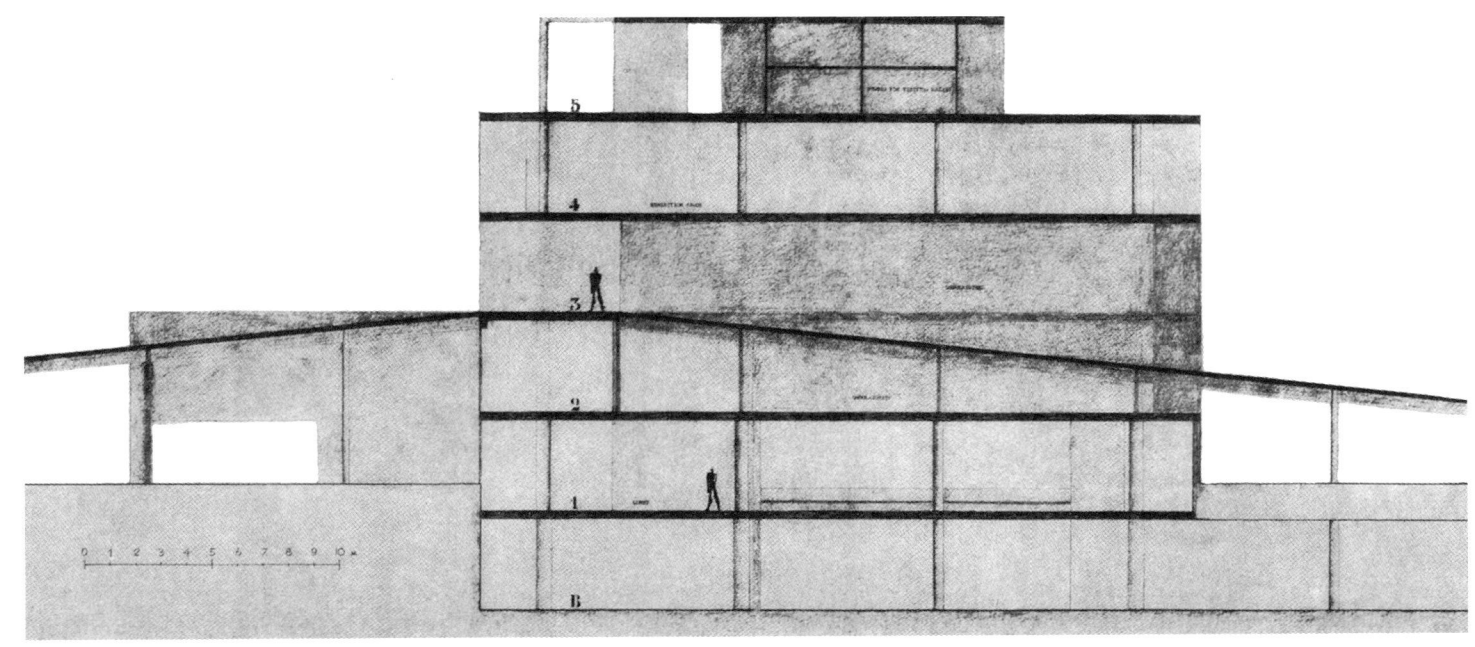

东－西剖面图

哈佛大学视觉艺术中心，马萨诸塞州坎布里奇，美国，1961~1964年

北立面图

南侧的大教室，以"遮阳"控制光线的进入

东立面及坡道图（柯布西耶事务所研究方案）

东立面外观，坡道连接普雷斯科特（Prescott）街和昆西（Quincy）街

自坡道望普雷斯科特街

哈佛大学视觉艺术中心，马萨诸塞州坎布里奇，美国，1961~1964年

坡道导向东立面

自东面望，坡道通达第三层

哈佛大学视觉艺术中心,马萨诸塞州坎布里奇,美国,1961~1964年

西立面

哈佛大学视觉艺术中心，马萨诸塞州坎布里奇，美国，1961～1964年

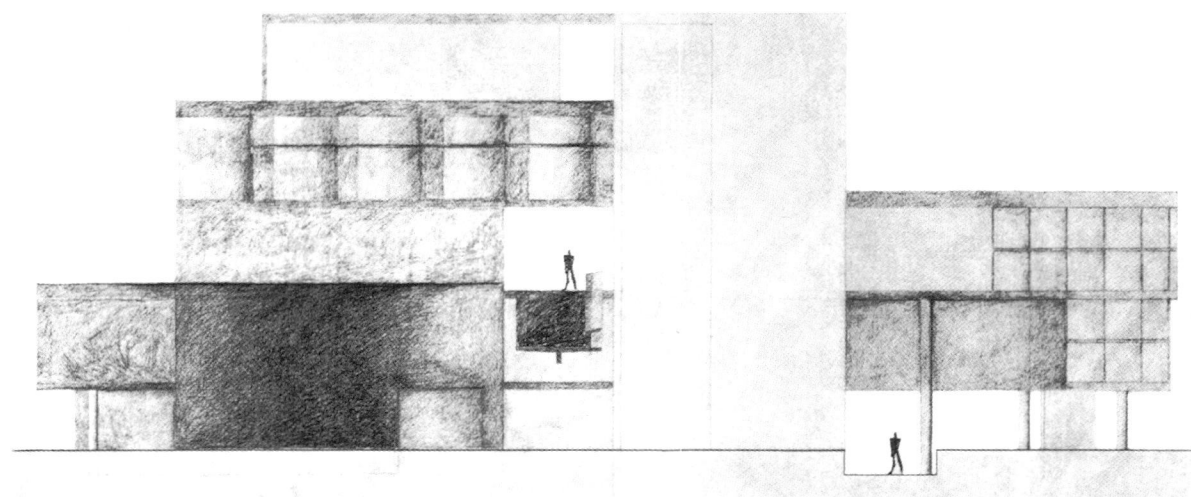

西立面图

建筑西北侧，位于二层的大教室设有"波动的玻璃墙面"

哈佛大学视觉艺术中心,马萨诸塞州坎布里奇,美国,1961~1964年

"遮阳"

坡道导向三层,展厅位于大教室上方

哈佛大学视觉艺术中心,马萨诸塞州坎布里奇,美国,1961~1964年

西立面细部,三层为设"遮阳"的大教室

哈佛大学视觉艺术中心,马萨诸塞州坎布里奇,美国,1961~1964年

大教室中的采光天窗

东立面的"遮阳"

二层的大教室，北侧立面设有"波动的玻璃墙面"

值视觉艺术中心落成典礼之时举办的"柯布西耶作品展"

昌迪加尔：旁遮普的新首府，1950～1965年

1950年11月，作为旁遮普新政府的代表，国务活动家P.N.萨帕与总工程师P.L.瓦尔玛来到塞维大街35号柯布西耶的事务所。他们此行的任务是寻求建设东旁遮普新首府的有效方法（西旁遮普及其前首府拉合尔割让给了巴基斯坦）。一份来自旁遮普政府的电报随之而至，授权这两位代表任命柯布为政府建筑顾问，负责新首府的建设。

另外受聘的还有3名建筑师：来自伦敦的CIAM成员，建筑师夫妇，马克斯韦尔·弗赖（Maxwell Fry）和简·德鲁（Jane Drew）；以及来自巴黎的柯布从前的合伙人皮埃尔·让纳雷（他与柯布的合作中止于1939年）。1951年2月（除了3个月后到来的简·德鲁女士），所有人都集结在喜马拉雅山脚下这片广袤的高原上。就是在这里，将矗立起旁遮普的新首府。

1951年3月，以全新的现代理论为依据，柯布拟定了昌迪加尔的城市规划方案：城市以800m×1200m的"区"为构成单位。作为对现代交通问题进行深入思考的结果，柯布创建了7V（道路交通循环）规则，为各种可能出现的公路交通问题提供了解决之道。

V1：连接城市与城市的高速交通主干道，贯穿行省、国家及大洲。

V2：负有特殊职能的城市干道。如政府广场大道、火车站大道、学府大道等等。

V3：为整个城市提供给养的高速机动交通循环网络，起到划分"区"的作用。V3高速机动车专用道路两侧是草坪和整齐的行道树，沿途4000余米将看不到一扇朝其开启的门，只在每个"区"的四边各设有1个通向区内的主要开口。

V4：横向贯通各区的商业街。道路两侧建有商店、手工艺作坊、剧场、电影院、图书馆……

V5和V6：V5自V4导出，以清晰的路线将缓行的车辆引入各区内部；V5在各区的长边和短边上都设有出入口。V6极其纤细，是循环的毛细末端，它可以通达各家各户的门前。

V7：这是在由花草树木构成的宽阔的绿化带中间展开的道路，连接着沿途散布在绿化带中间的学校和运动场地。V7通过V5在各区短边上的出口纵向贯通各个区。

一切都安排妥当……但在印度又面临新的问题：自行车。自行车导致了专为这种交通工具服务的V8的出现——"两个轮子"是"四个轮子"的敌人，它们不该占用同一条车道。

在昌迪加尔，7V规则确定了一张极为清晰的路网。多亏P.L.瓦尔玛先生过人的控制力，这一高效的道路交通循环系统才得以落实。（同样的V3高速机动交通循环网络也出现在我们为波哥大所做的城市规划方案中……当地产商得知要开辟宽阔的机动车大道的消息后，便决定在道路两侧建造7～13层的大厦。大量资本的涌入使当局无法坚持原方案的已知条件——波哥大将继续在平庸的泥泞中挣扎）

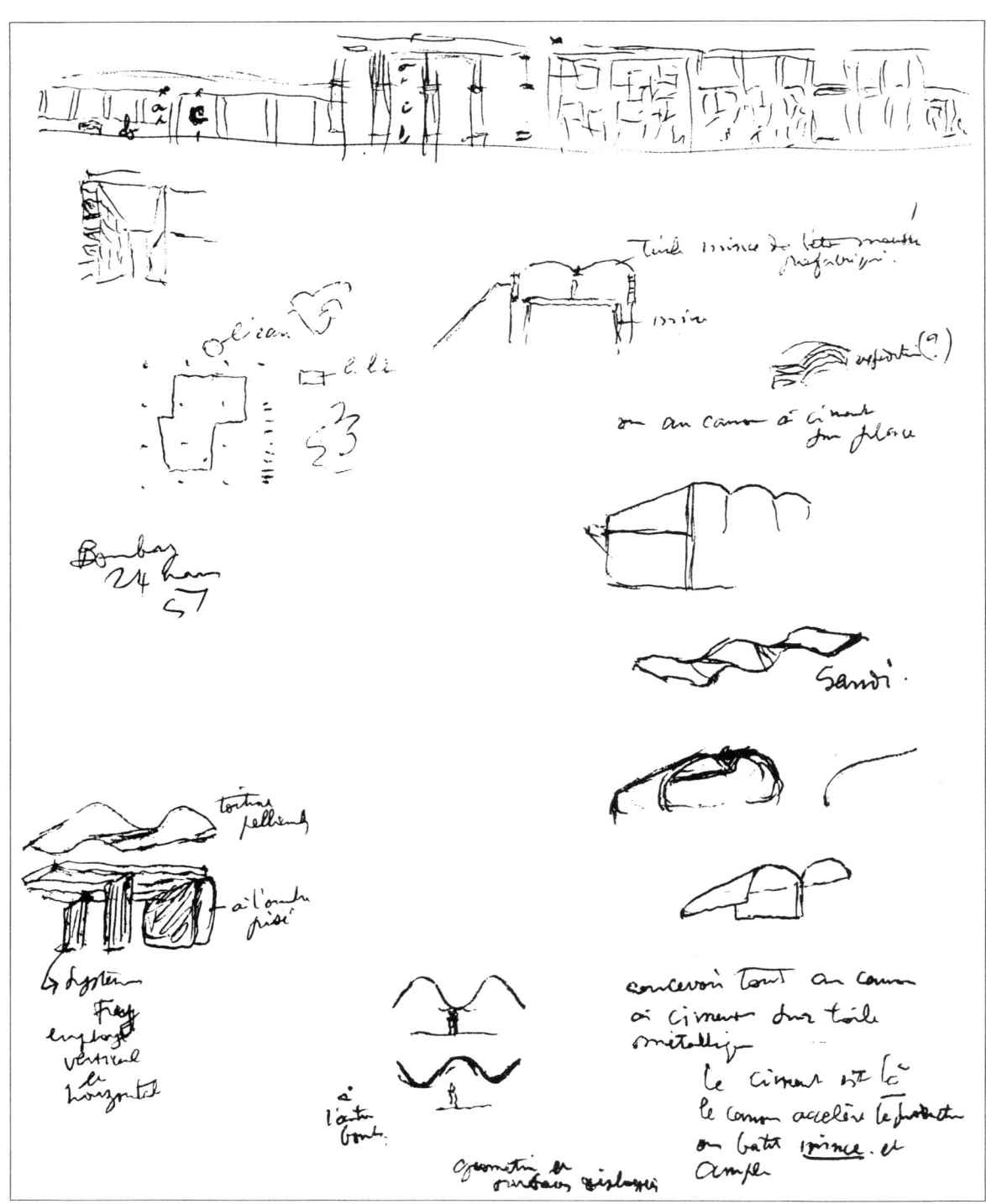

1951年初的研究：标准的垂直构件，"遮阳"，屋顶阳伞，住宅平面，以及对空气流通所作的研究（每个夏天的夜晚，印度人总爱将床扛到草地或屋顶上过夜）。
为了抵抗炎热，最初的构思是屋顶和外墙均采用喷浆混凝土建造的用以绝热的薄壳结构（1951年3月24日，于孟买）

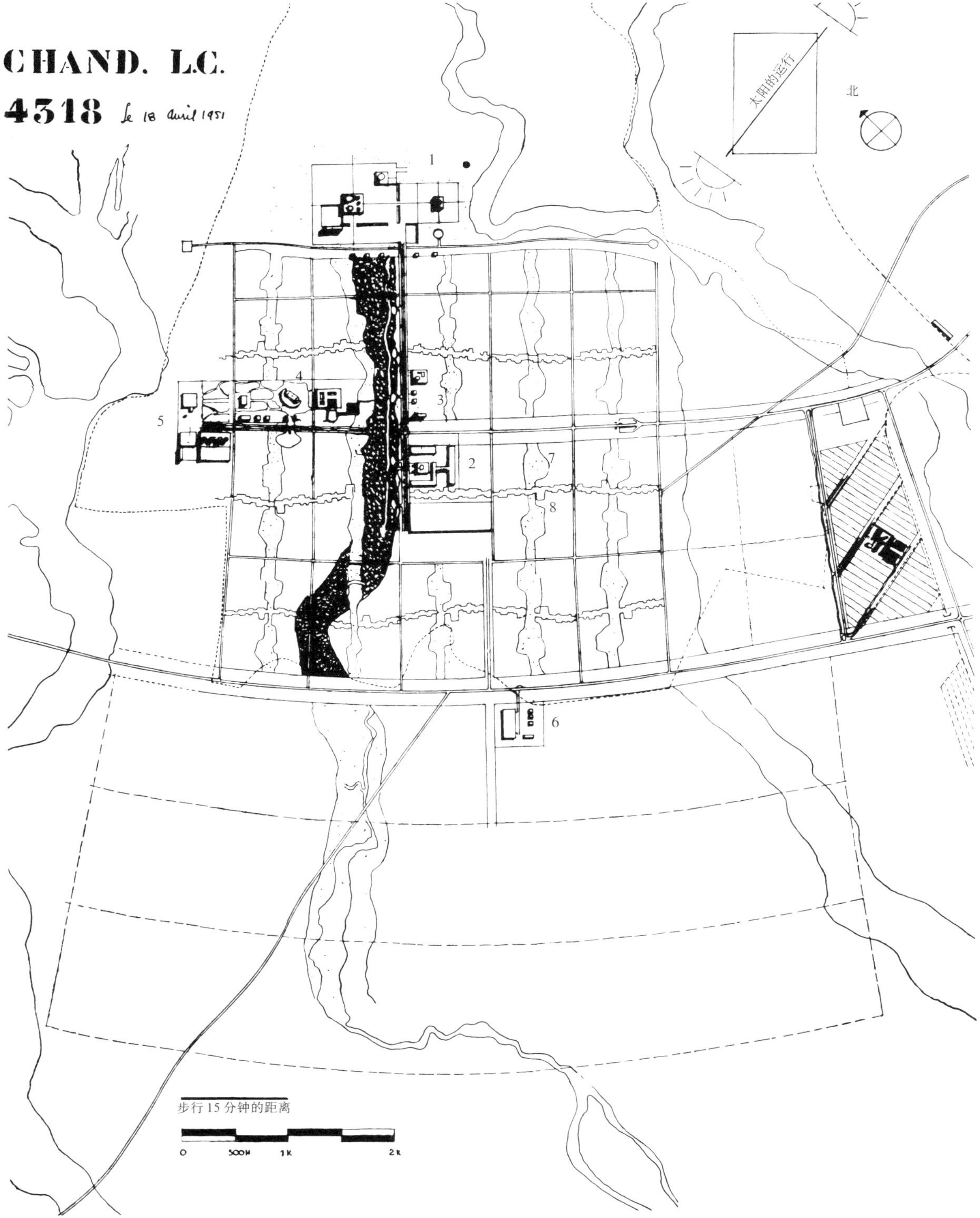

昌迪加尔：旁遮普的新首府，1950～1965年 69

昌迪加尔城市规划平面图。总体布局保持不变，但分区的原则在实施过程中有所改变

1 政府广场
2 商业中心
3 旅游服务设施（旅馆，餐厅等）
4 认知博物馆，体育场
5 大学
6 市场
7 绿化带（其中设置学校，俱乐部，运动场等）
8 商业街（V4）

市场以外，是城市未来扩建的预留地（城市将共计拥有50万人口）

深灰色的水牛和白色的母牛

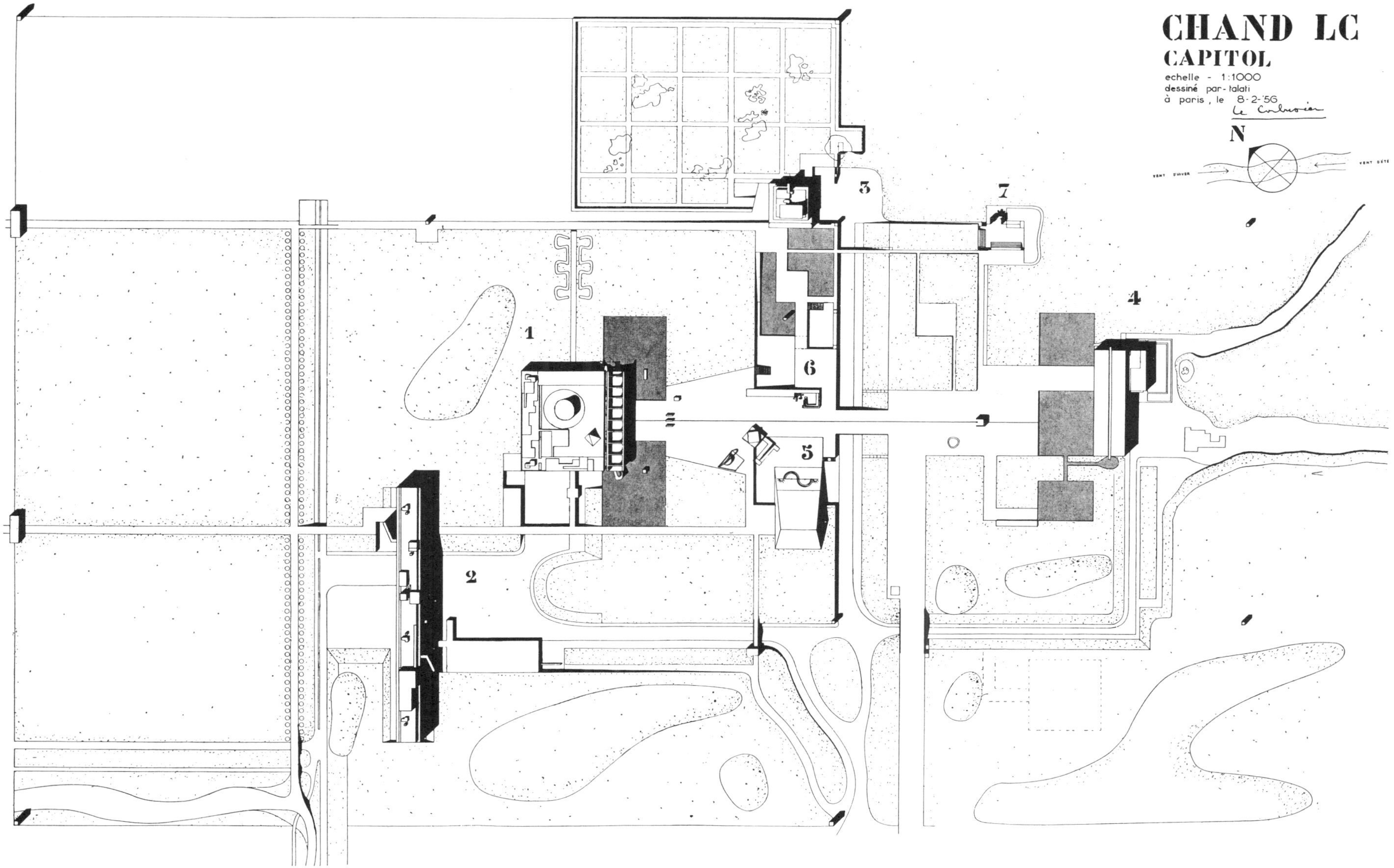

昌迪加尔：旁遮普的新首府，1950～1965年　71

政府广场平面图及实景

秘书处　　　　　　　　议会大厦　　　　　　　　大法院

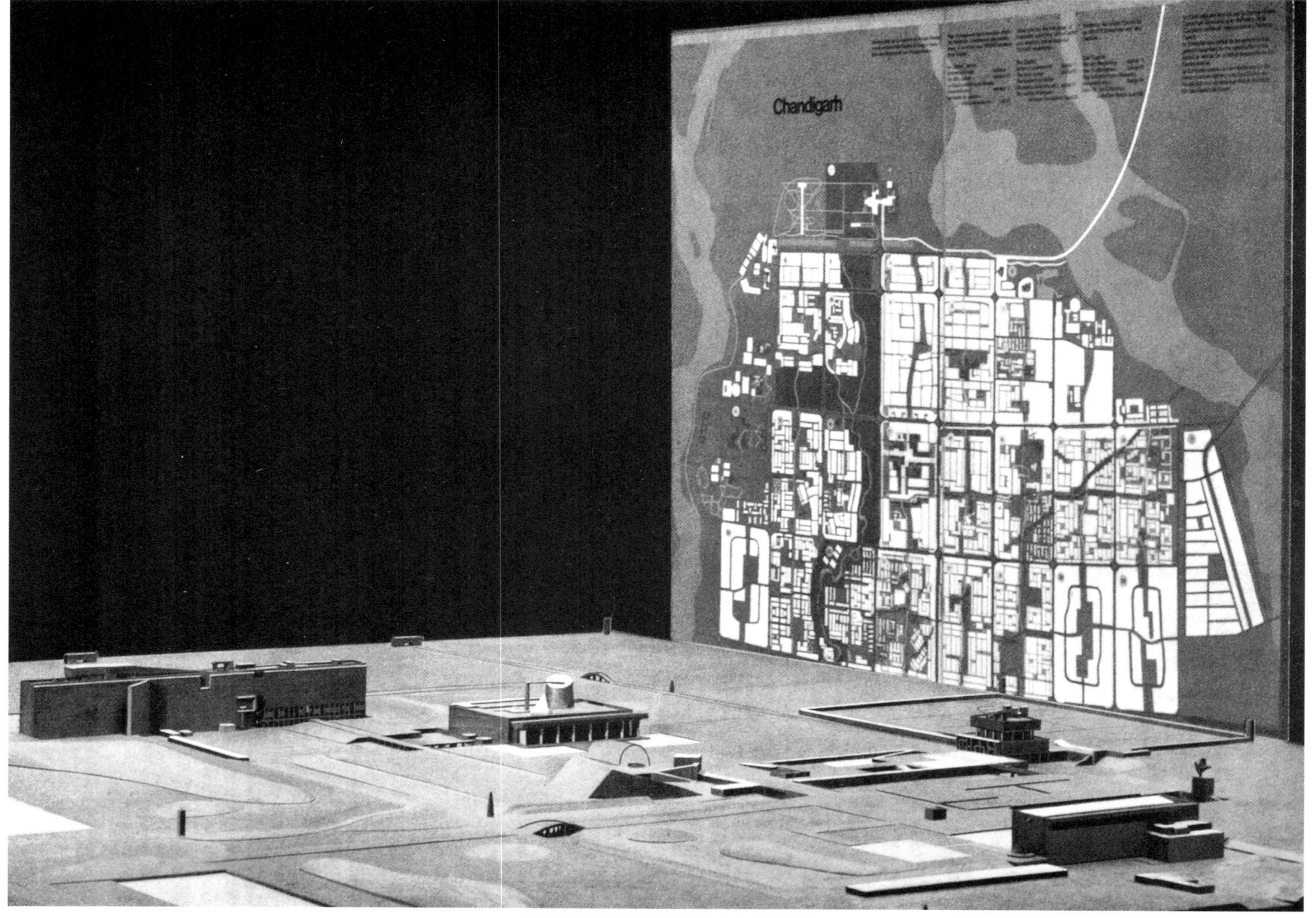

一位锡克工匠用纤维板制作的政府广场模型

昌迪加尔：旁遮普的新首府，1950～1965年　73

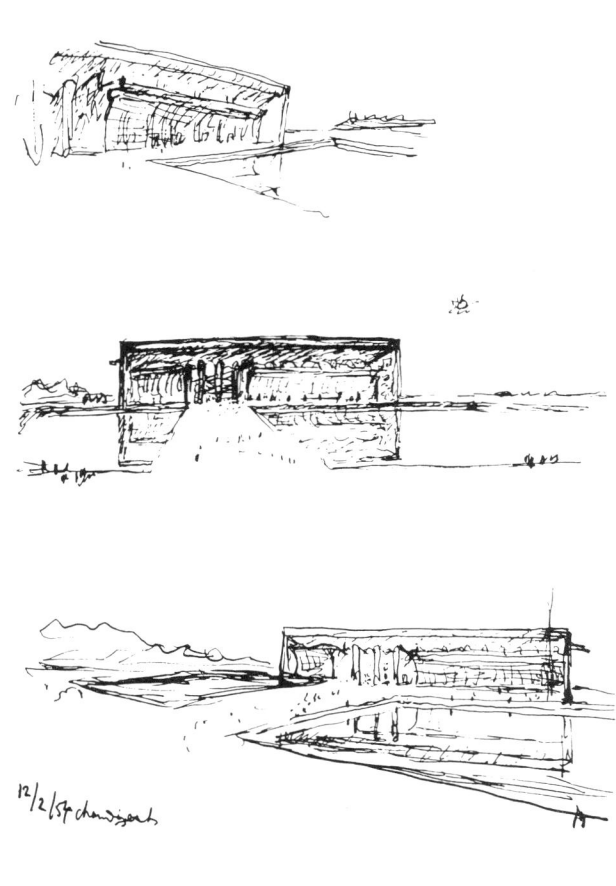

大法院门廊

大法院及3个大水池中的一个（右侧为混凝土蓄水池，盛接屋顶阳伞收集的雨水）

昌迪加尔：旁遮普的新首府，1950～1965年　75

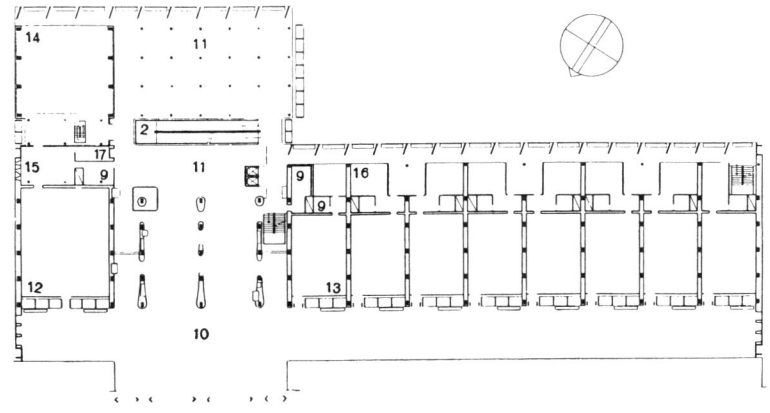

首层平面图：大法庭及敞厅

大法院示意性剖面图（实施方案）：模度确保了各个局部在构成上的统一

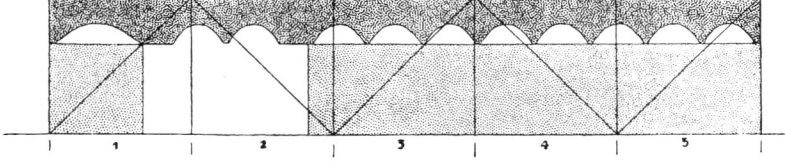

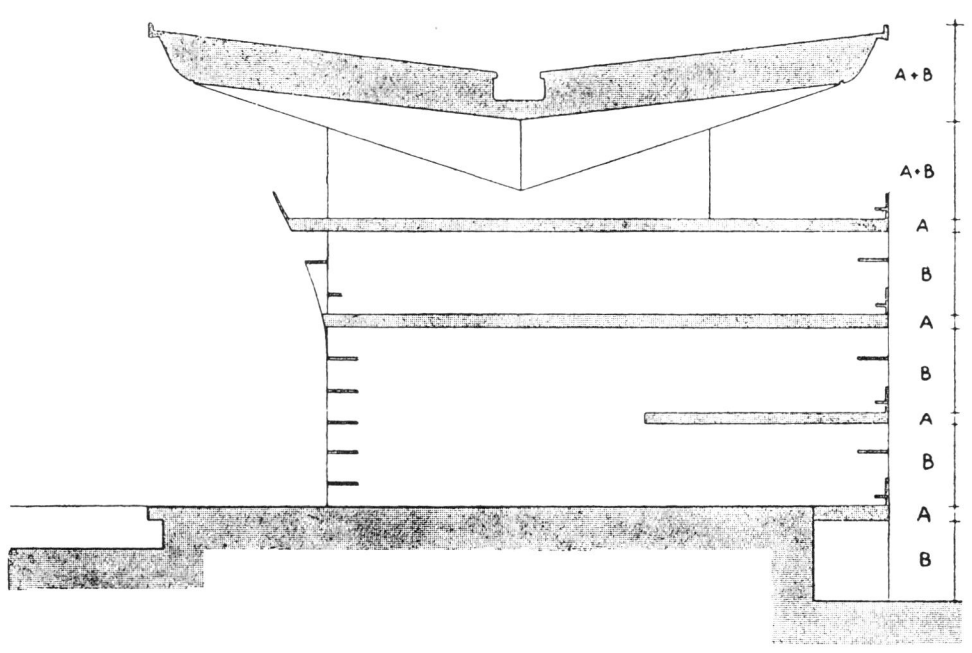

建筑横剖面图。（表明办公室及法庭的"遮阳"设置）

大法院

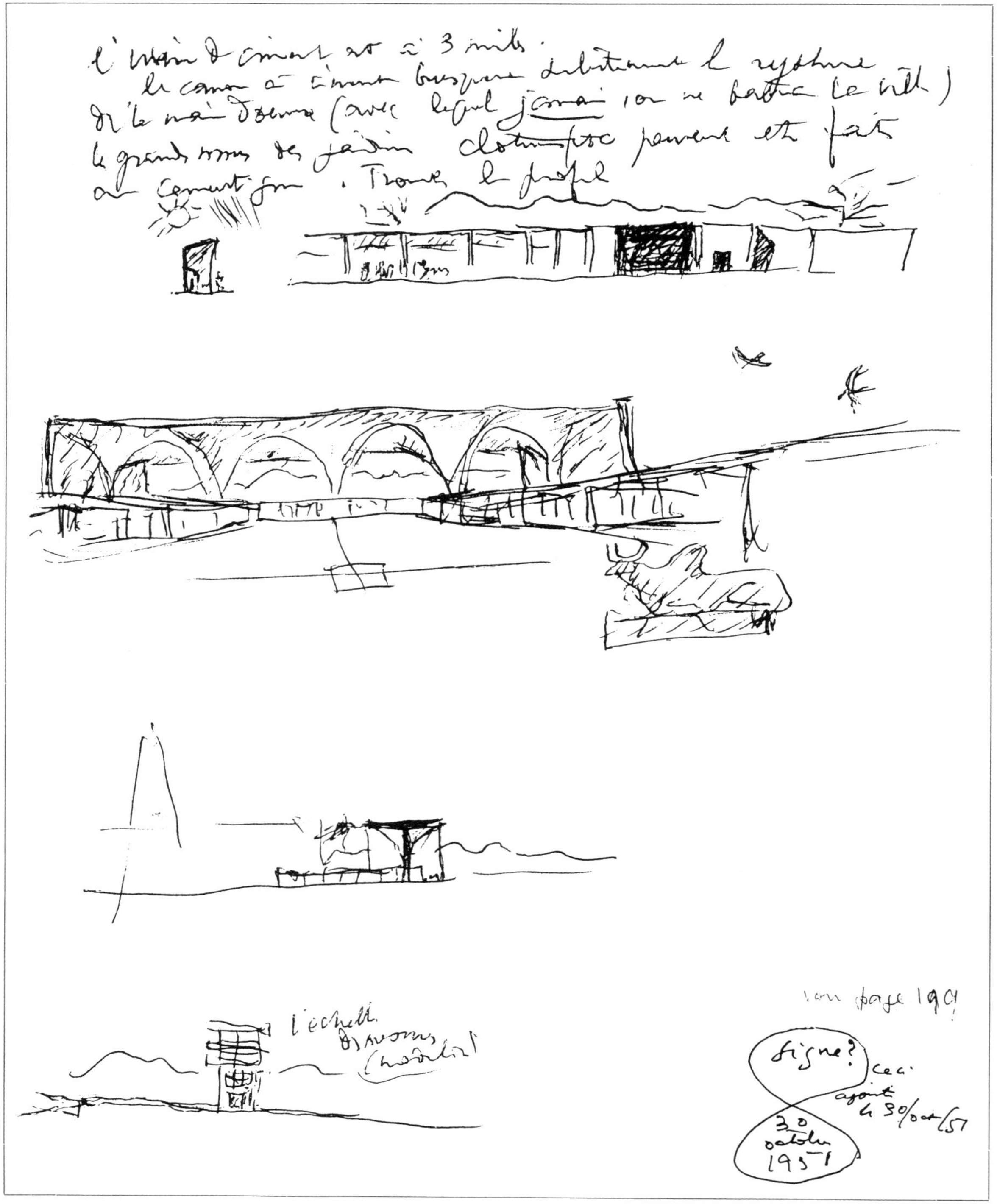

柯布初到昌迪加尔时绘制的草图：分区的围墙

议会大厦雏形

多层居住建筑雏形

议会大厦、"张开的手"及秘书处的雏形（1953年1月19日）

自大法院门廊遥望秘书处和议会大厦

政府广场轮廓。秘书处（部委所在地）是一个254m长、8层高的建筑

西北立视图

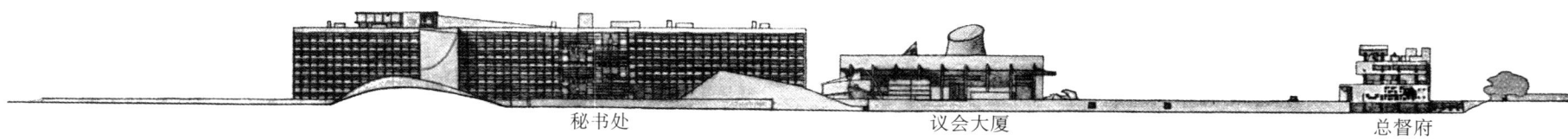

秘书处　　　　议会大厦　　　　总督府

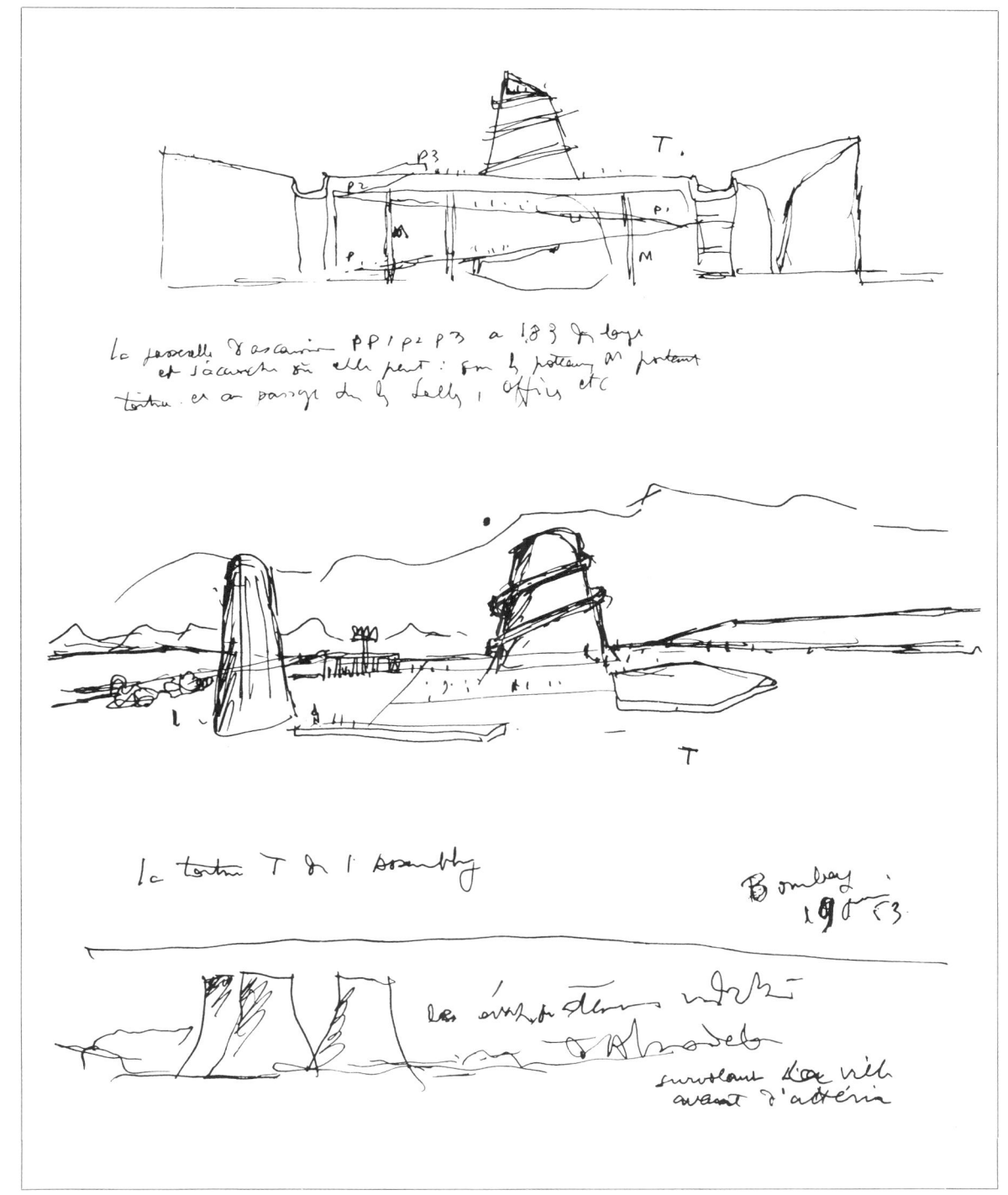

议会大厦(1953年6月着手进行研究):特征鲜明的剖面图和屋顶建筑

议会大厦门廊

对页：议会大厦入口门廊，背景为喜马拉雅山

议会大厦构成要素的细致划分:

  集会大厅涉及声学与视线的问题;

  "广场"是议员们私人会谈、协商与和解的重要场所;

  门廊向着喜马拉雅山壮丽的风景敞开,这是一处庄严肃穆的场所,国家的代表"人民的公仆"由这里进出;

  办公室以及各种后勤服务;

  可上人的屋顶与自然保持充分的联系;

  必需的"遮阳"保护着建筑的主体;

  建筑内部不设楼梯,设置了坡道

覆以彩釉钢板的议会大厦正门（内侧）

覆以彩釉钢板的议会大厦正门(外侧)

议会大厦门廊,混凝土由木模板和金属模板浇筑而成

昌迪加尔：旁遮普的新首府，1950～1965年　87

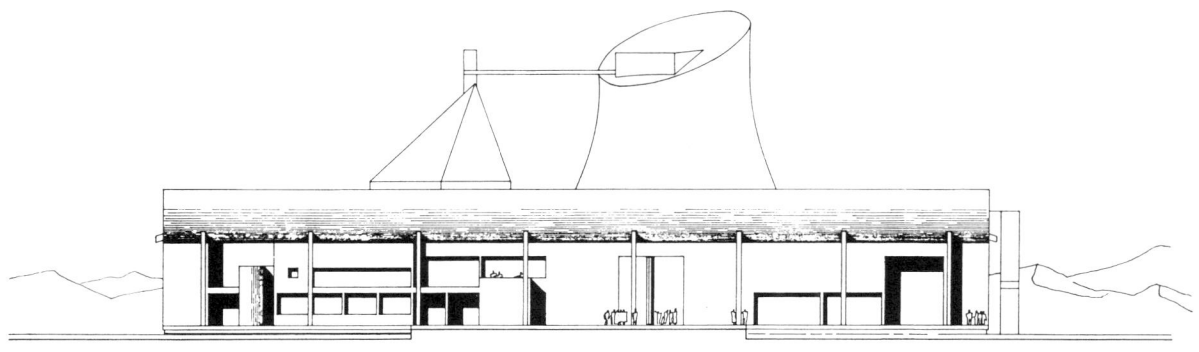

议会大厦东南立面图

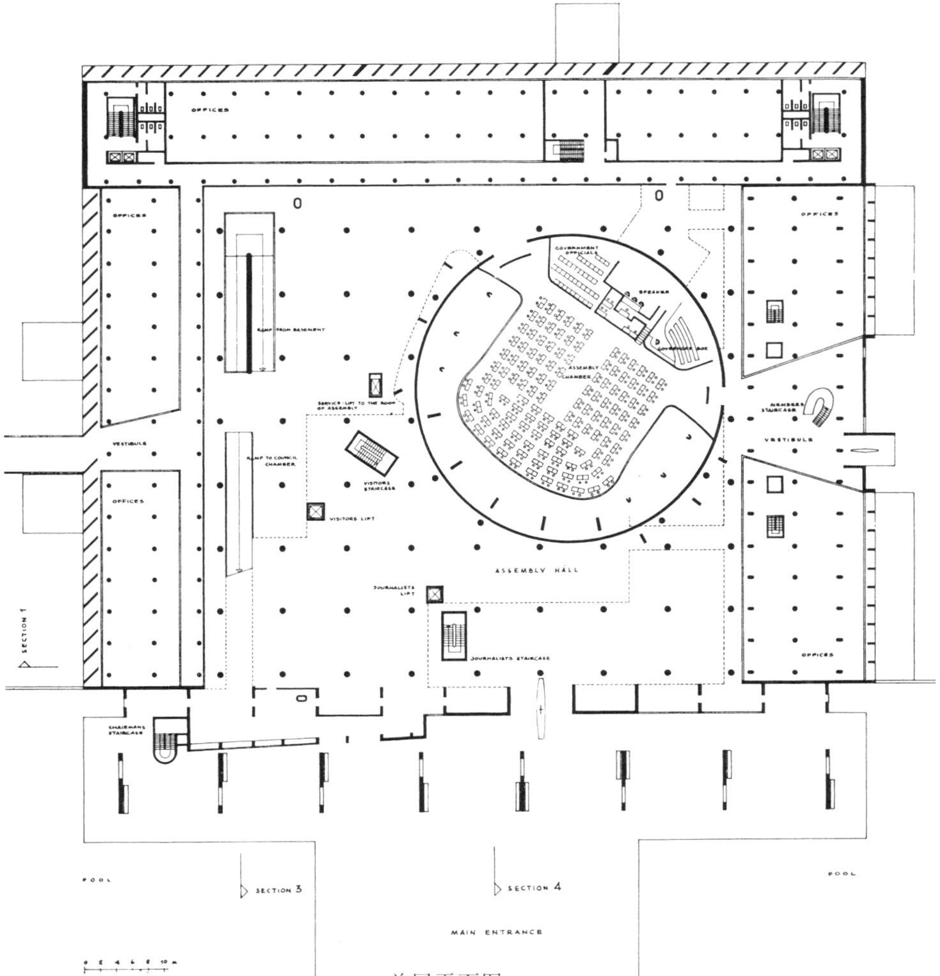

首层平面图

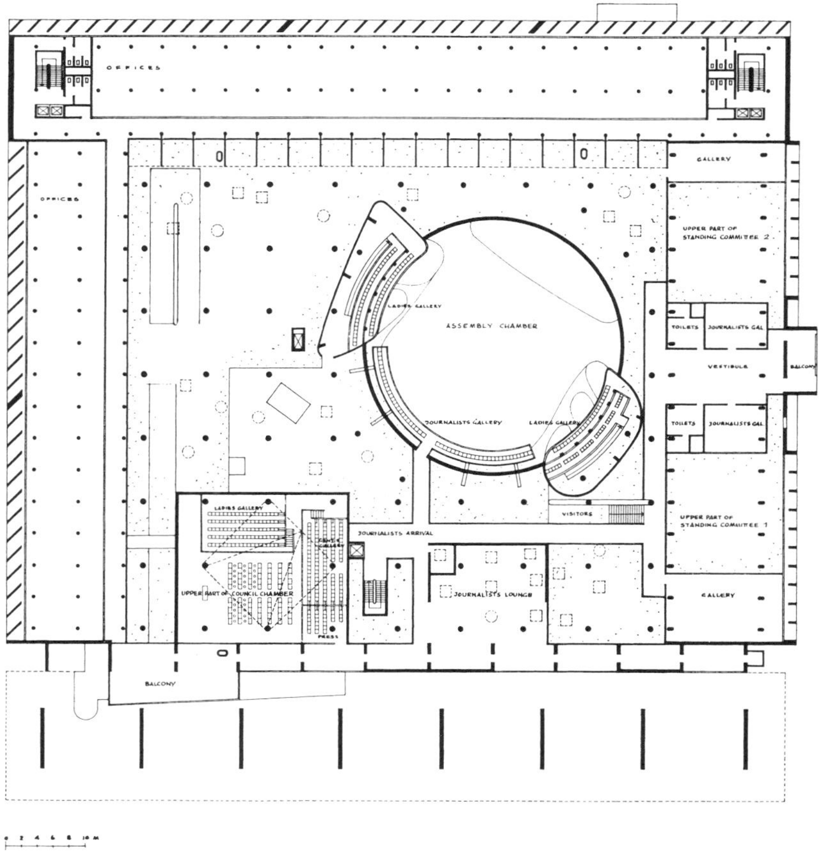

三层平面图

昌迪加尔：旁遮普的新首府，1950～1965年

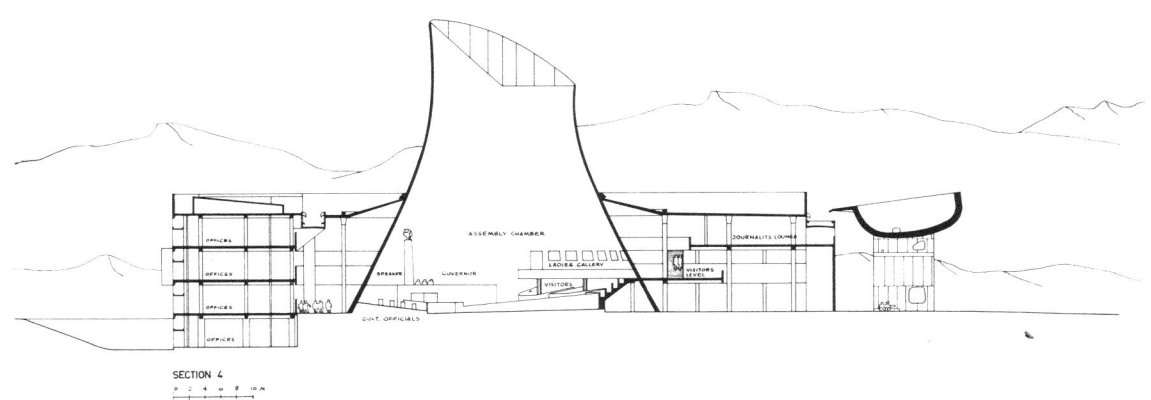

众议院集会大厅剖面图

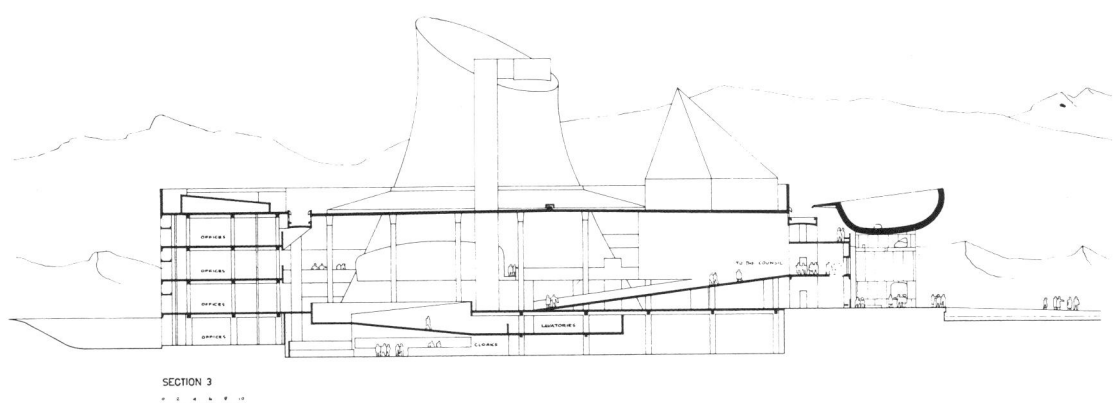

敞厅剖面图

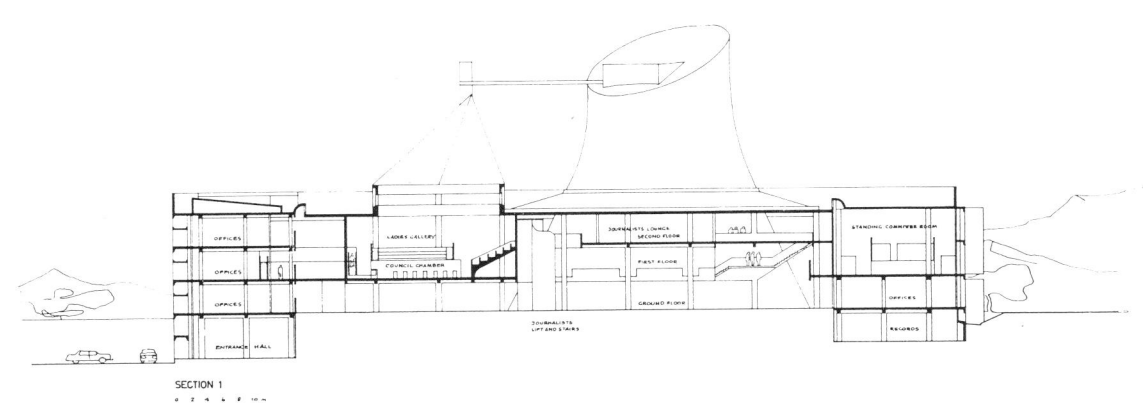

参议院集会大厅剖面图

建造中

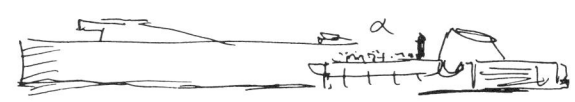

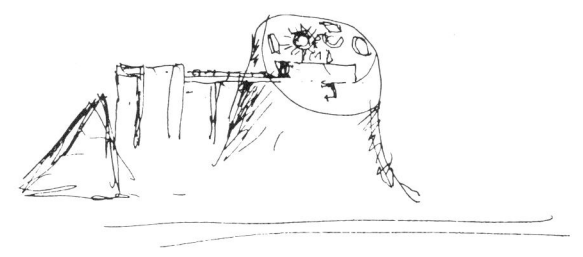

模型

众议院集会大厅：在敞厅和集会大厅内的两个视角

众议院集会大厅采用了以冷却塔为原型的双曲薄壳结构，壳体厚度均匀，约为20cm。剖面呈现空间丰富的变化：单倍层高，2层通高，3层通高。外形特征鲜明的支柱扮演着重要的角色。双曲薄壳的采光顶棚既可以遮挡夏日的骄阳，又可以在冬天将阳光引入；在春分和秋分的时候，通过内壁的反射，阳光可以达到双曲薄壳的底部

针对众议院集会大厅进行了极为精确的声学研究：反射，吸声，以及电子音响设备的应用。没有专门设置演说者的讲台，每位议员可以直接在他的座位上发言（音响设备与飞利浦公司合作）

二层楼面

坡道

首层敞厅

敞厅内景

94　昌迪加尔：旁遮普的新首府，1950～1965年

议会大厦东北侧

秘书处，右侧为议会大厦

左为议会大厦,右为秘书处(西北侧)

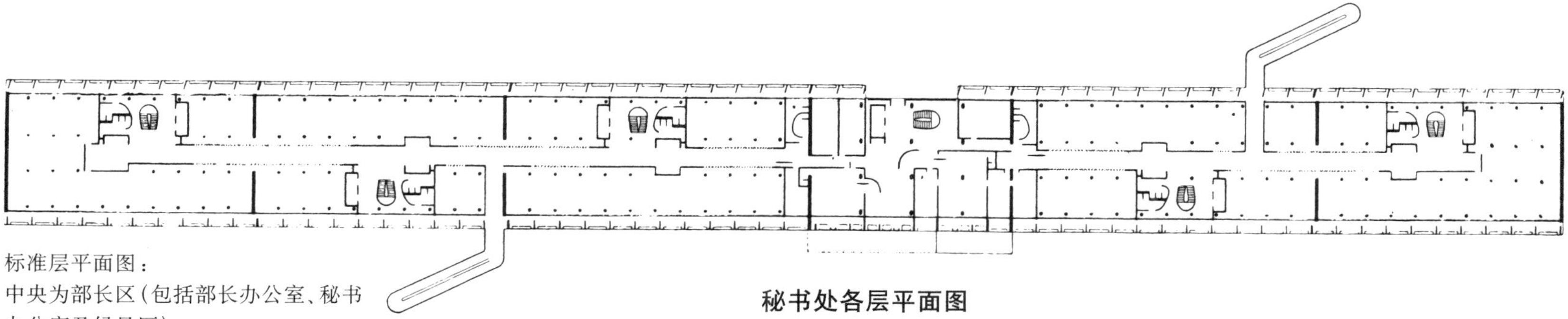

标准层平面图：
中央为部长区（包括部长办公室、秘书办公室及候见厅）
东北翼和西南翼为各部委办公室

秘书处各层平面图

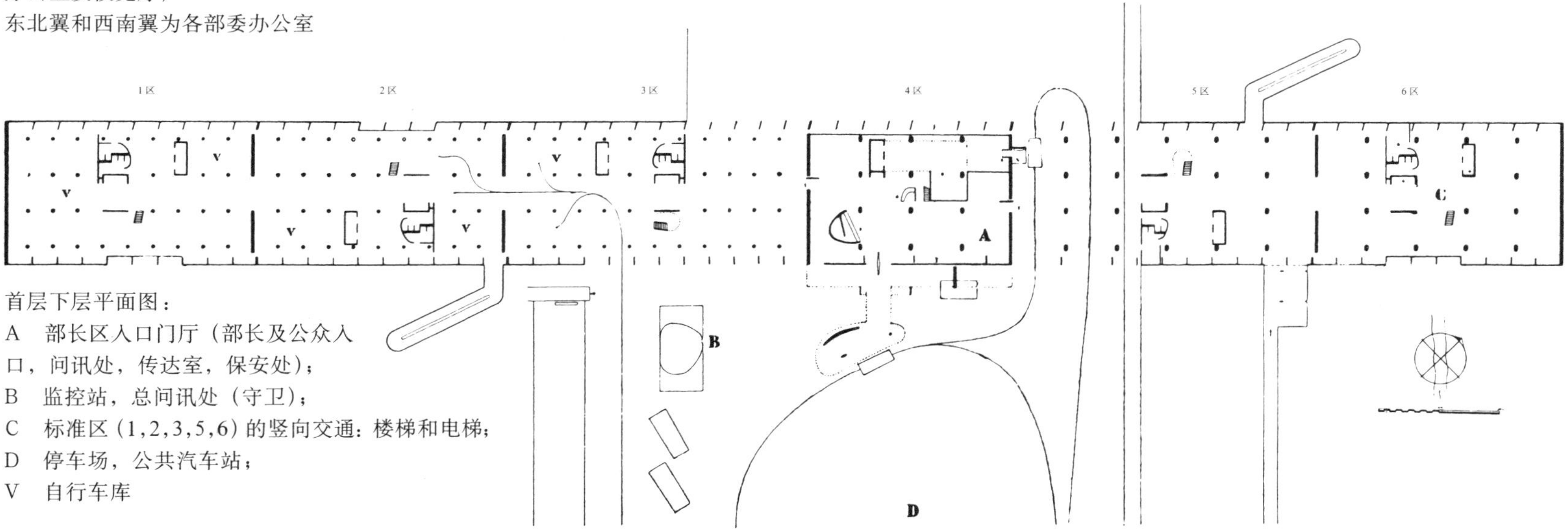

首层下层平面图：
A 部长区入口门厅（部长及公众入口，问讯处，传达室，保安处）；
B 监控站，总问讯处（守卫）；
C 标准区（1，2，3，5，6）的竖向交通：楼梯和电梯；
D 停车场，公共汽车站；
V 自行车库

剖面图呈现出受"遮阳"保护的净高为3.66m的标准办公室。部长办公室采用了两倍于此的层高。这样一种卓越的解答在使用者心中唤起了敬畏之情。比例之庄严令人震惊，而这庄严正是部长的特权

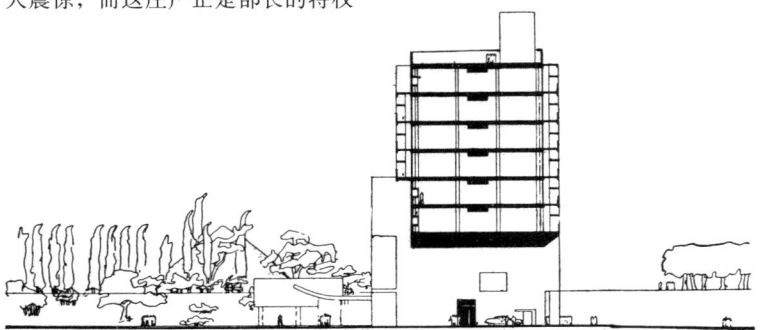

两层通高的底层架空柱部分的剖面图

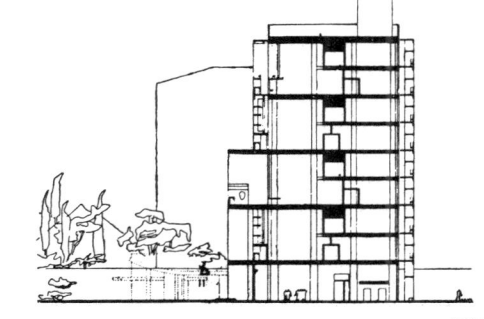 

部长区剖面图

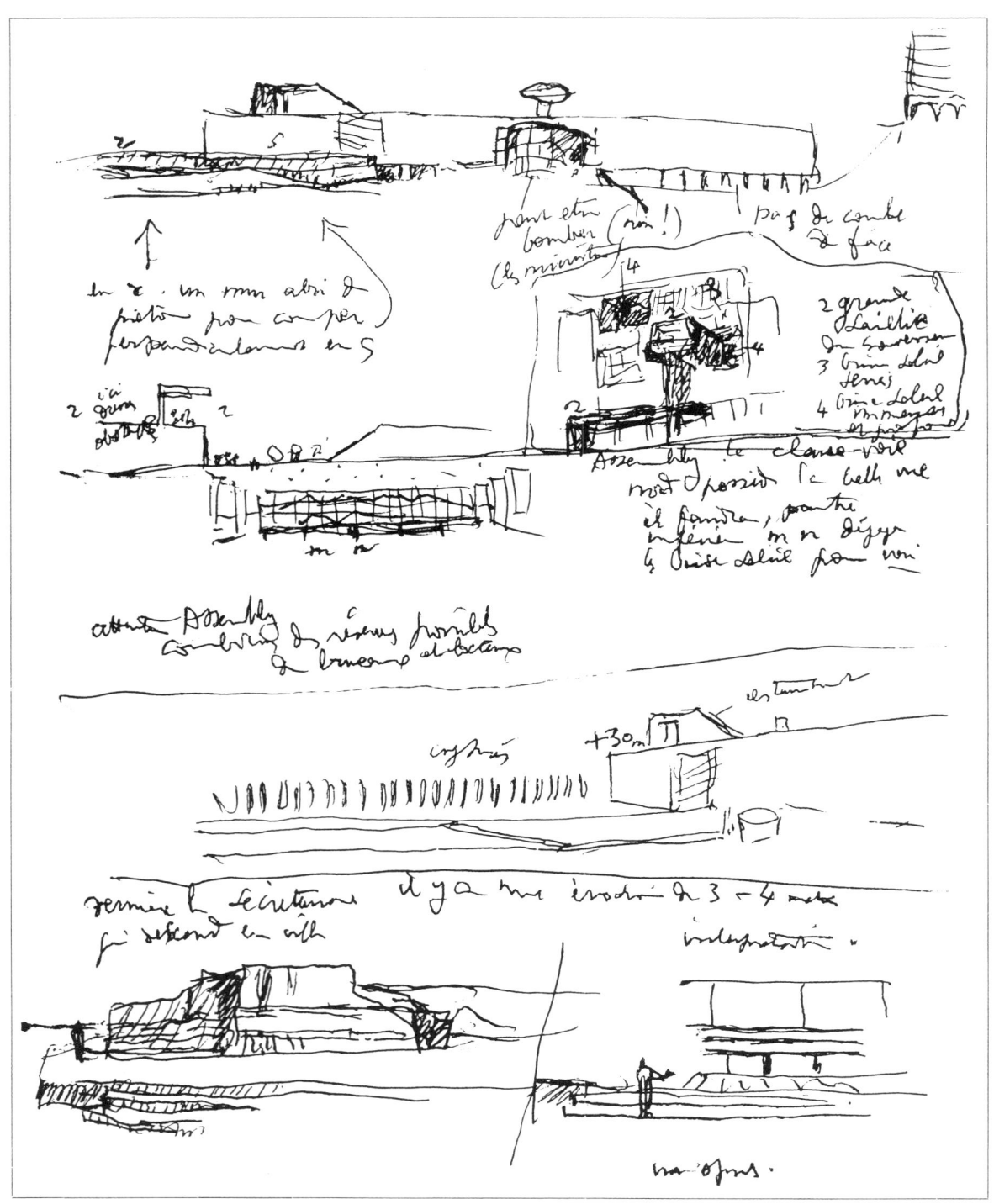

草图阐释了建筑取法自然的一例：河水冲刷覆盖地表的深厚黏土层，形成了印度典型的侵蚀地貌。有理由认为这种因侵蚀作用而形成的构图被印度建筑师借鉴，用以确定印度庙宇特征鲜明的基座

"波动的玻璃墙面"的发明旨在削减制作和安装活动窗扇的开支,与此同时,关于窗的基本功能的问题被提了出来:采光,通风,鼓风。

采光:由楼板直抵顶棚的透明或半透明的大面积玻璃构成玻璃墙面,直接嵌在混凝土中,不可开启。(参见哈佛大学视觉艺术中心,美国马萨诸塞州)

通风:由楼板直抵顶棚的宽 27~43cm 的竖向缝窗构成"通风机"。其纵贯的活动百叶可以随意调节,利用立面之间单位体积空气重力的差异(这种差异源于太阳方位造成的两个立面的温差),促成自然的空气流通。

鼓风:盛夏高温时段,可以通过安置在楼板或顶棚上的风扇来制造强气流,以缓解温度高于正常体温的灼热空气造成的不适。

从今往后,传统的窗将被淘汰。玻璃墙面诞生了,但仍需要赋予它相应的生物学与适宜的形式。

昌迪加尔秘书处的"波动的玻璃墙面"由 1 万多个规格一致的混凝土构件(断面尺寸为 27cm × 7cm、高 366cm 的窗棂柱)构成,可由建筑工人来实施。由于削减了制作和安装活动窗扇的开支,如此一来便实现了极低的造价(图见次页)

部长办公室立面

秘书处东南立面　　　　　　　　通往秘书处的道路相对于政府广场的地面下挖了5m。开挖道路所得的土方被用于堆建人工山丘

秘书处东南立面局部

印度教的浅浮雕：八足一首

巨大的拖车和神气十足的牛

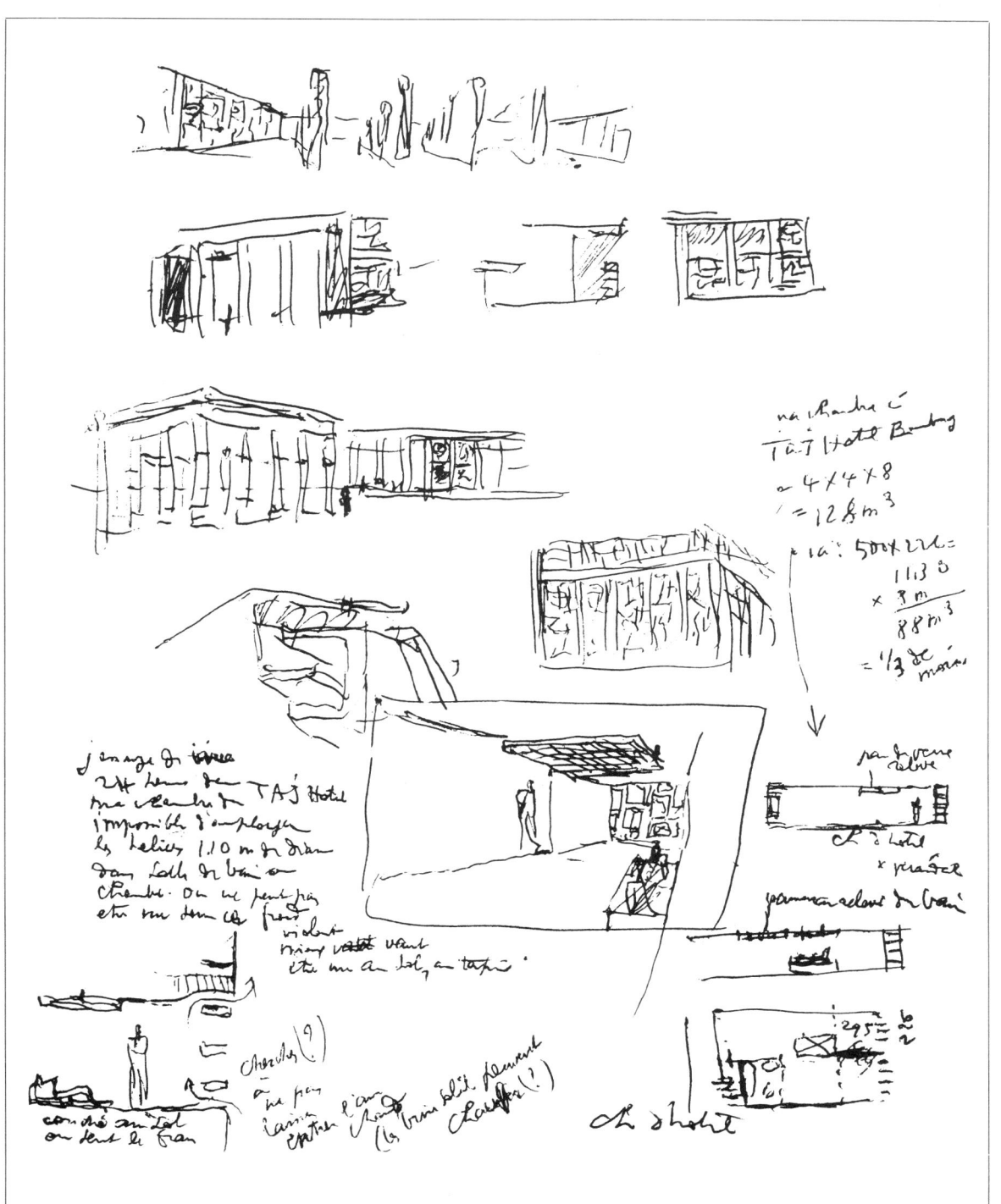

柯布在孟买泰姬-玛哈尔旅馆房间中绘制的草图,确立了印度现代建筑的构成要素:支柱,凉篷,"遮阳"(1951年)

由架空的底层上至屋顶的坡道（高40m）

秘书处屋顶

自大法院望议会大厦

"沉思之坑"于政府广场东侧的边界上开挖,以"张开的手"作为加冕。公民的辩论和演讲将在此展开

"张开的手"(合成照片)

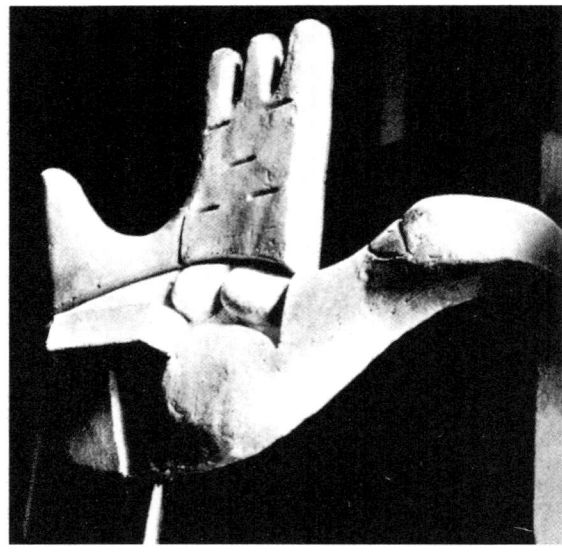

"张开的手"(石膏模型):绘制了百余张草图,最终得到这一令人满意的形式

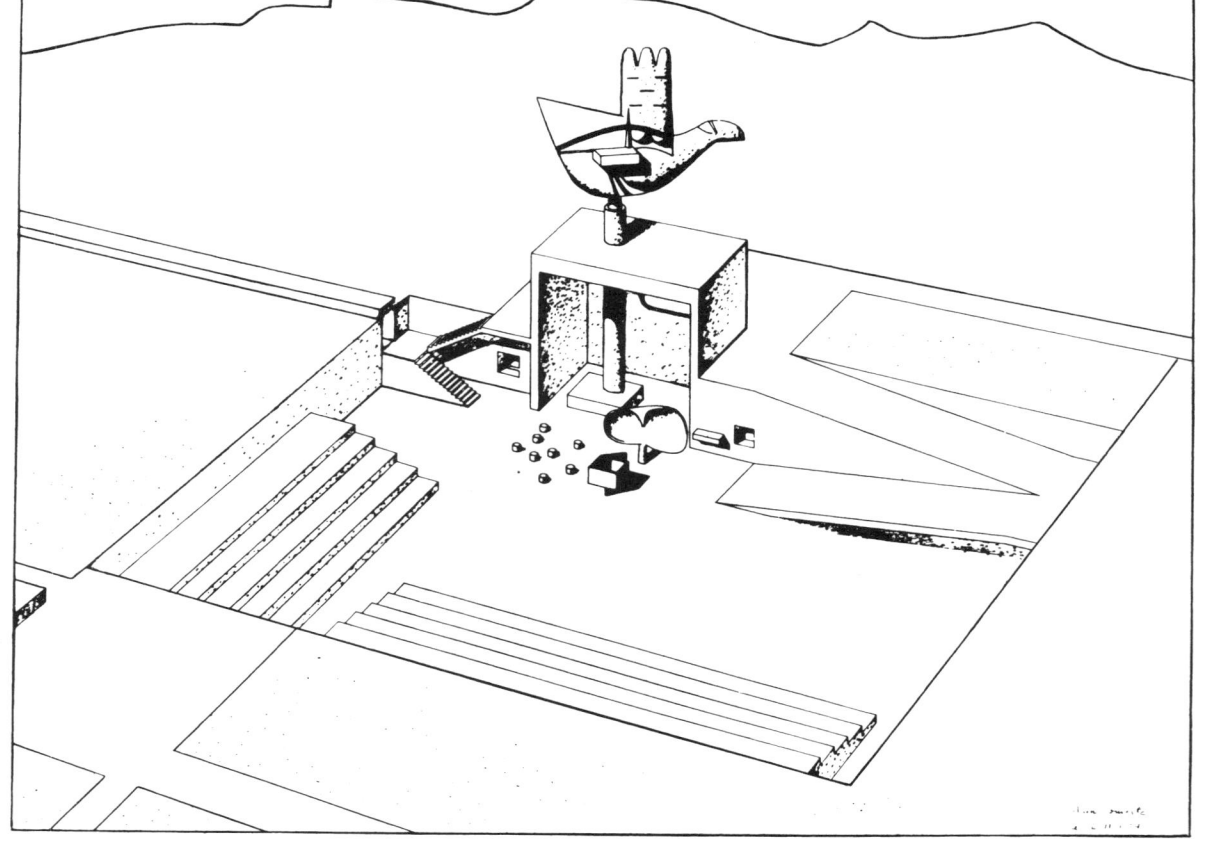

"纪念碑"

在昌迪加尔连通议会大厦与大法院的广场上,将矗立起一座由城市规划事件构成的烈士纪念碑。这实际上是一条由混凝土浇筑的坡道,它促成上行和下行的散步,提供了从高处端详政府广场建筑群的视点

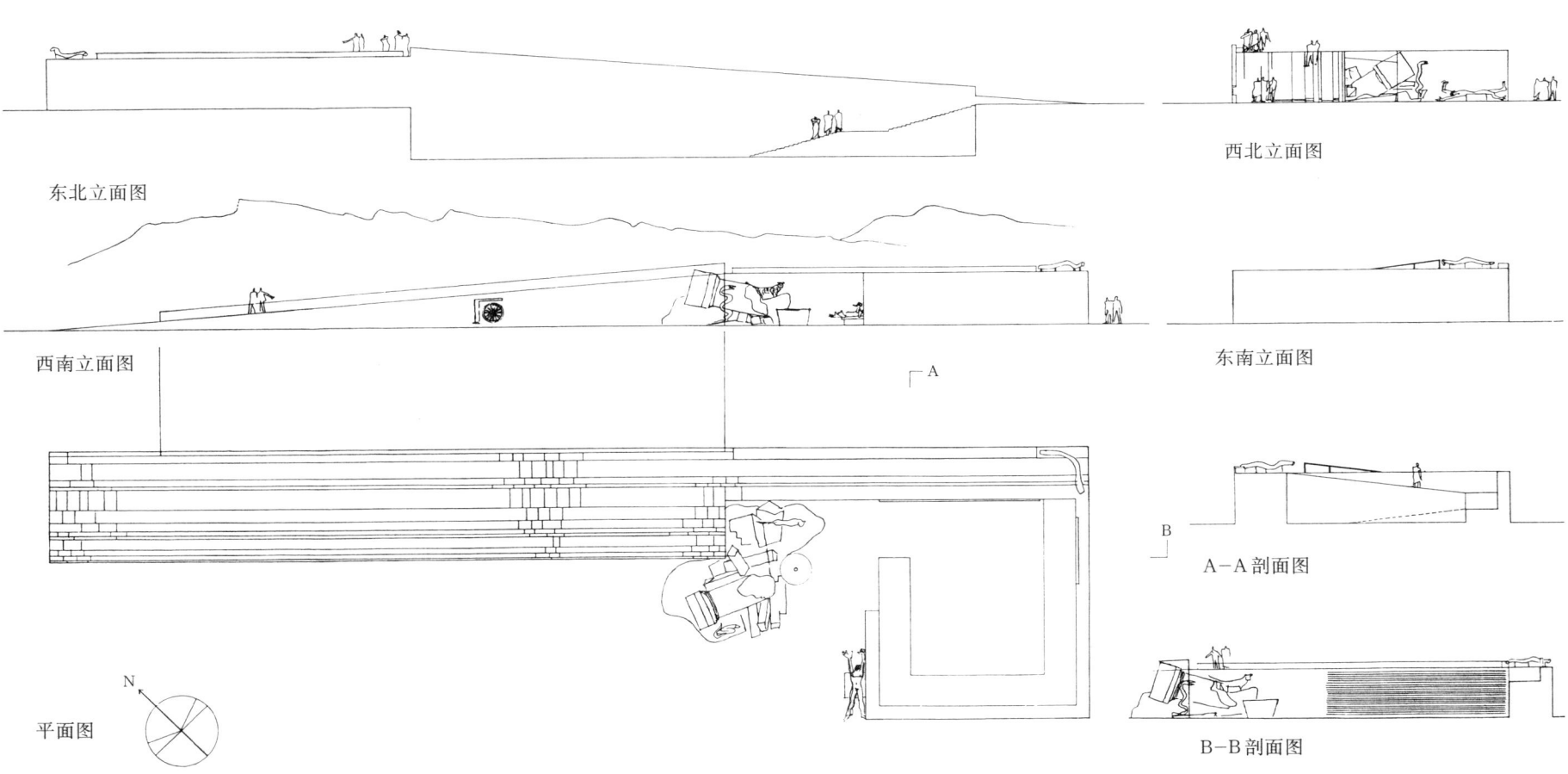

这里再现了各种"标志"的草图，这些标志将用小木板做模具，以凹雕的形式"烙"在混凝土浇筑的立面或支柱上

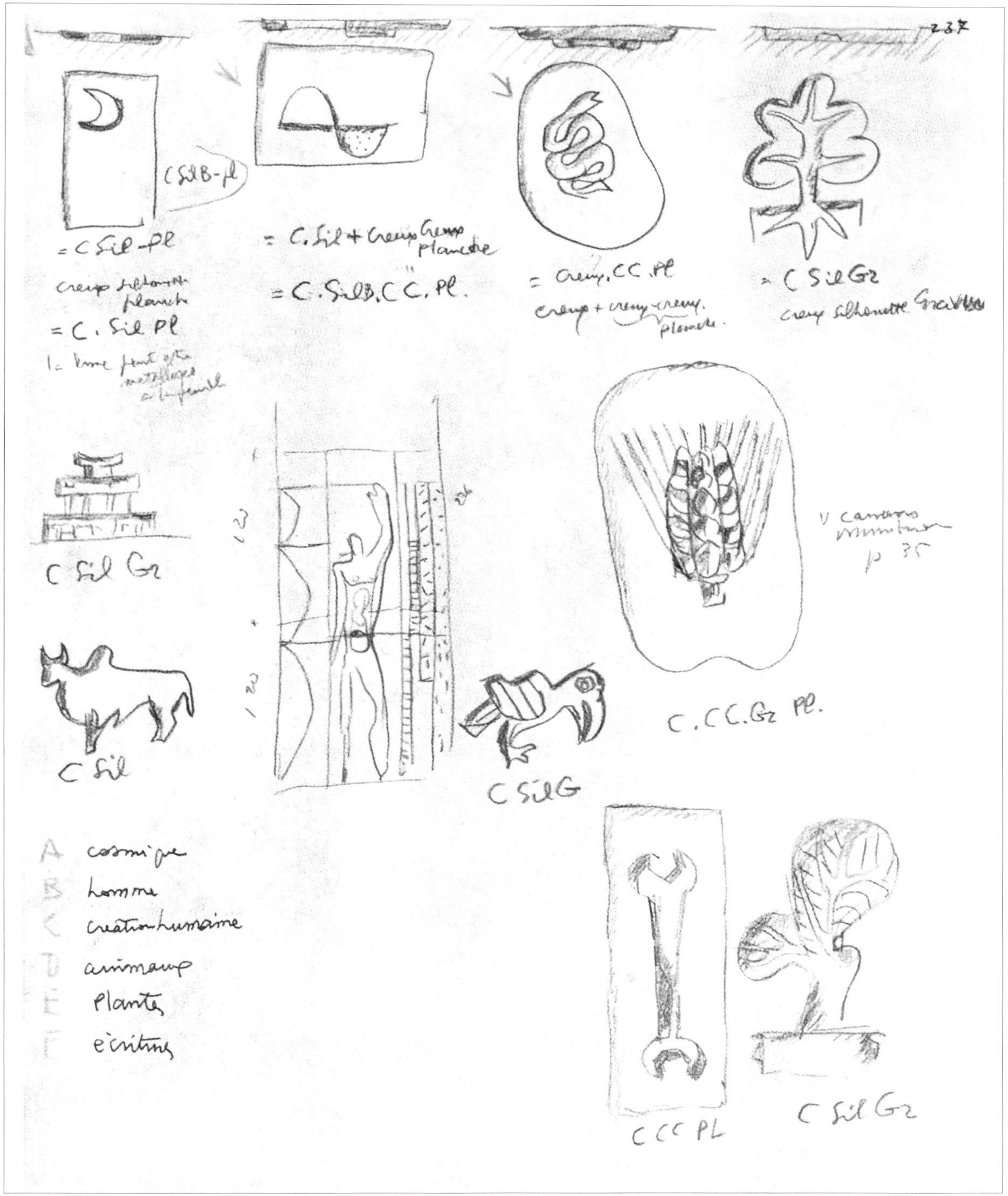

昌迪加尔：旁遮普的新首府，1950～1965年

与对页所作的研究类似。这些嵌入钢筋混凝土模板之中的"标志"同样构成了议会大厦和大法院声学挂毯的主题

采用金属模板（67cm×133cm）浇筑的裸露钢筋混凝土细部。模板中嵌入了依照柯布的设计图制作的凹雕模具（将"标志"刻在小木板上，然后将小木板固定于金属模板之中）

一方极为可爱的浅浮雕，它来自建造过程中秘书处坡道内部信手涂鸦的炭笔画（从50张中选出了这一张）。作者是个赶驴子的，他赶着运送砂石和水泥的驴子在这大厦中上上下下。这是一个默默无闻的人，不过是偶尔在昌迪加尔逗留数日——又一个天赋过人却永远不想进学堂的家伙！

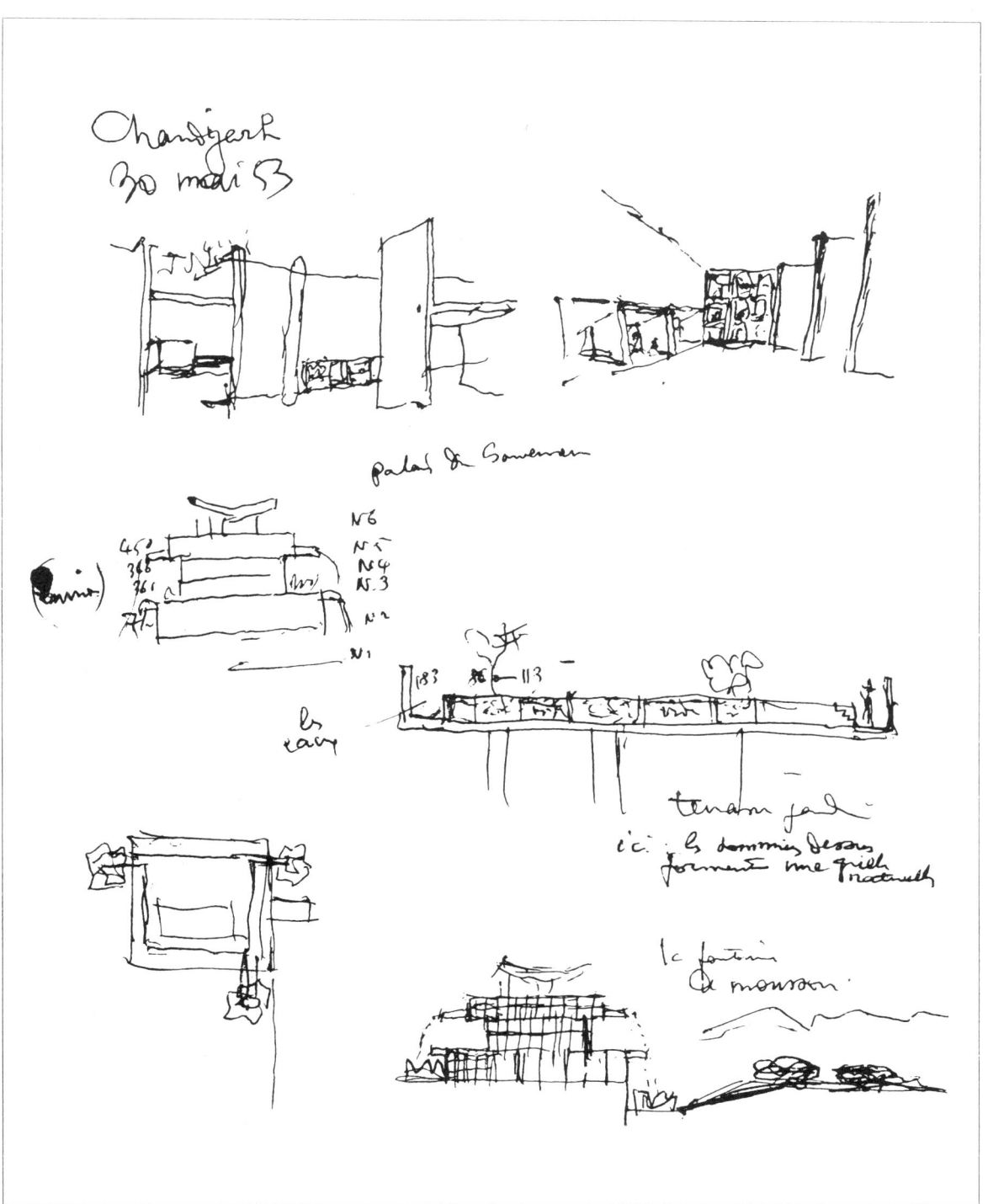

总督府雏形。总督先生决定住在城里,这座府宅将改作"科学决策电子技术实验室",其建筑布局加上电子设施可用于一个视听图书馆的创建,提供"全息书籍"的阅读——这件工具将掌握在未来的治国者手中

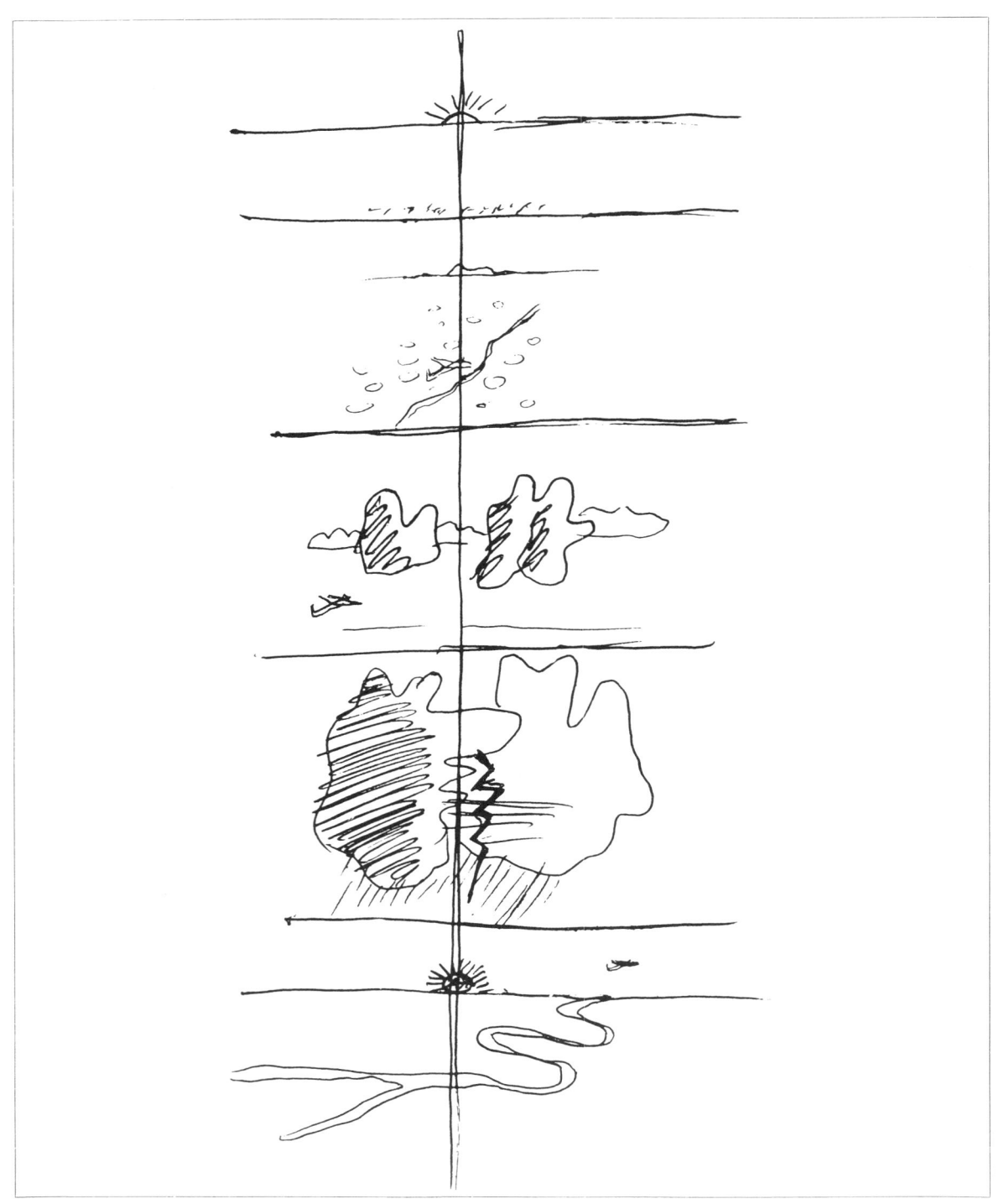

对一天略作沉思:
    太阳升起
    露水消散
    露水蒸发,生成小小的云团
    云团积聚,酝酿着潜在的冲突
    风,雨,雷,电……
    碧天如洗,红日西沉

(飞机上的笔记,摘自速写本——永远随身携带的小本子)

奥利维蒂[1]电子计算中心，米兰－罗城，1963~1964年

"这组庞大的建筑可容纳4000名计算人员在此工作：操纵巨大的计算机——一种神奇的机器，能够回答现代科学提出的问题。对此，'平常人'（吾辈）不得不承认自己的渺小；然而，也应当明确地意识到，在这项事业的始与终，人的存在不可或缺——人提出问题，并获得解答。"

奥利维蒂电子计算中心的基地位于米兰－都灵高速公路旁。1962年6月，按照"CIAM表格"体系所规定的形式，柯布呈递了方案的初稿。刊印于此的是1962年10月底完成的第二稿方案。这个庞大的建筑群准备分3个阶段来实现（3个105m见方的工场区块），这是其中的第一阶段：

首先是主入口、大厅、餐厅、图书室及其他的公共服务设施；其次是第一个105m见方的工场区块；最后，在工场区块上方，将立起10层的科研楼。

工场位于地面层，但其入口位于屋顶层。经由巨大的主入口坡道，工作人员将到达廊道，并由此导向3个布局呈扇形的更衣处（设有淋浴及卫生间），然后从这里走下楼梯来步入位于首层的工场。

工场利用均匀分布的天窗采光；此外，屋面覆土植草，并敷设自动喷淋系统，可以在旱季为植物提供灌溉。

---

[1] 奥利维蒂（Olivetti），意大利电信领域的知名公司，于1908年创建。——译注

南侧外观（模型由柯布西耶事务所制作）

116　奥利维蒂电子计算中心，米兰－罗城，1963～1964年

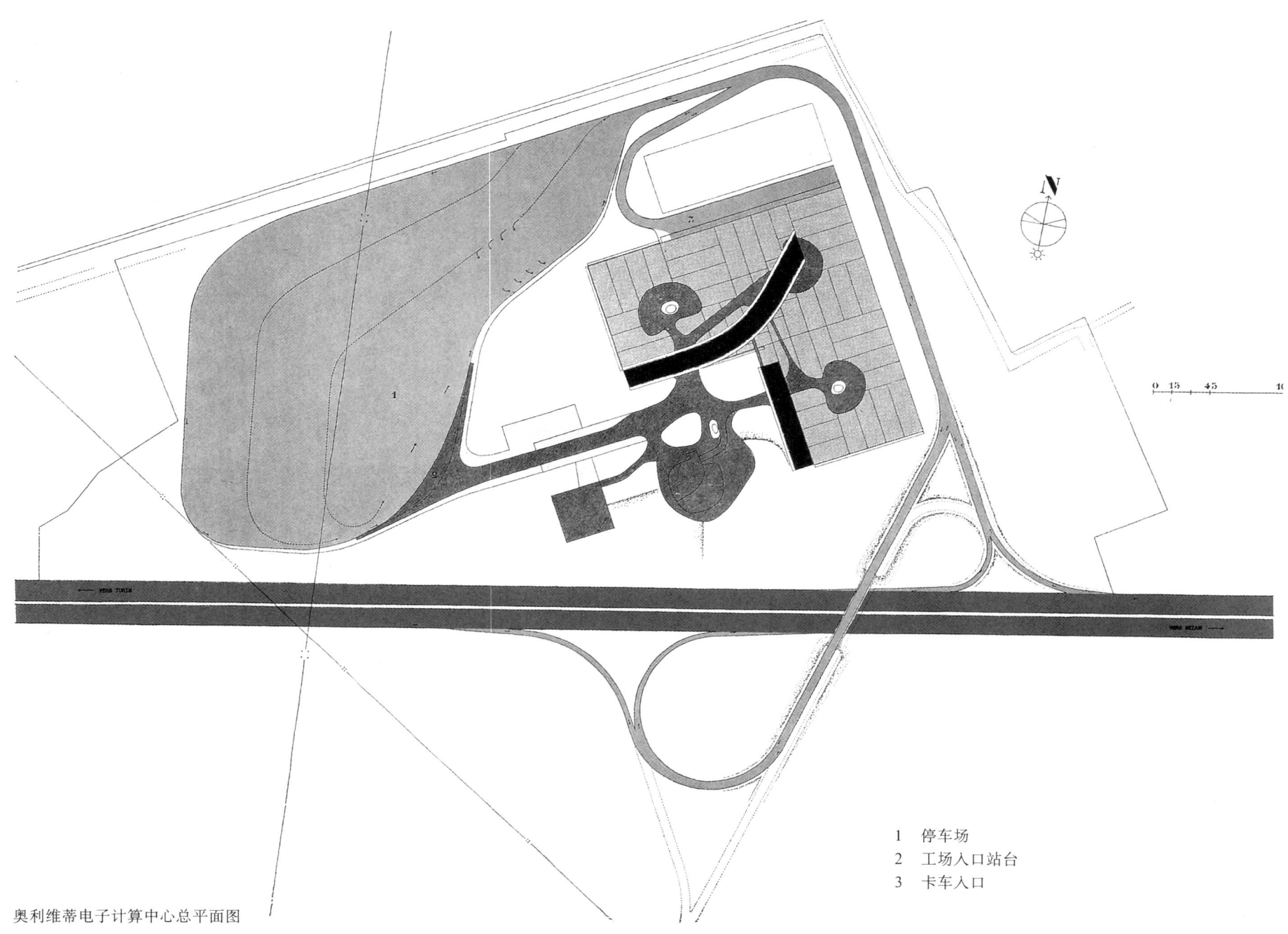

奥利维蒂电子计算中心总平面图

1　停车场
2　工场入口站台
3　卡车入口

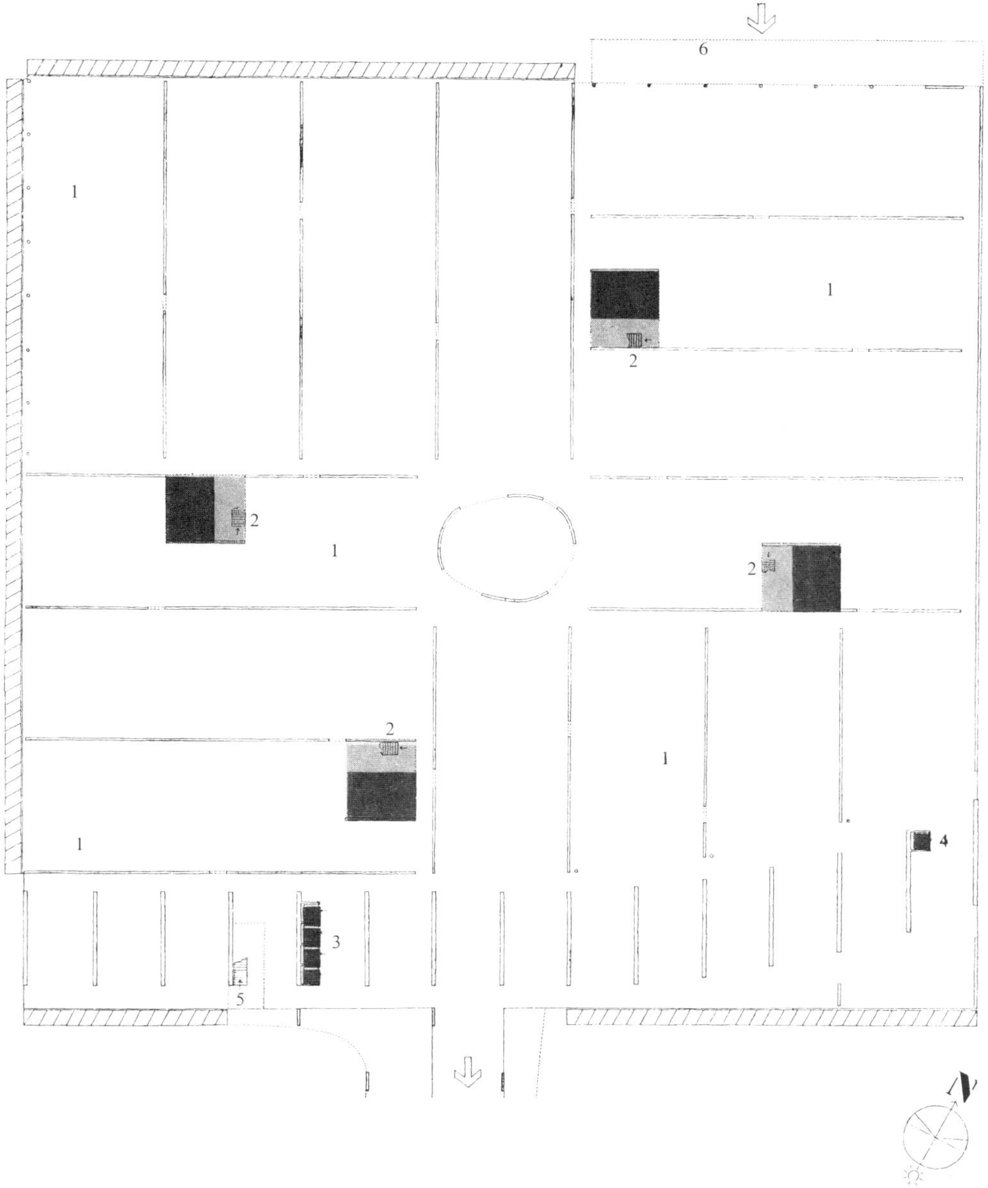

奥利维蒂电子计算中心，米兰-罗城，1963~1964年

1　工场
2　通往更衣处的楼梯
3　成组电梯
4　货梯
5　安全楼梯
6　卡车入口

第一阶段　首层平面图

模型局部

118　奥利维蒂电子计算中心，米兰－罗城，1963～1964年

1　主入口
2　电子技术博物馆入口
3　卡车入口
4　工场
5　通往更衣处的楼梯
6　导向公共服务和餐厅的廊道
7　餐厅
8　厨房
9　机房
10　现存建筑

首层平面图

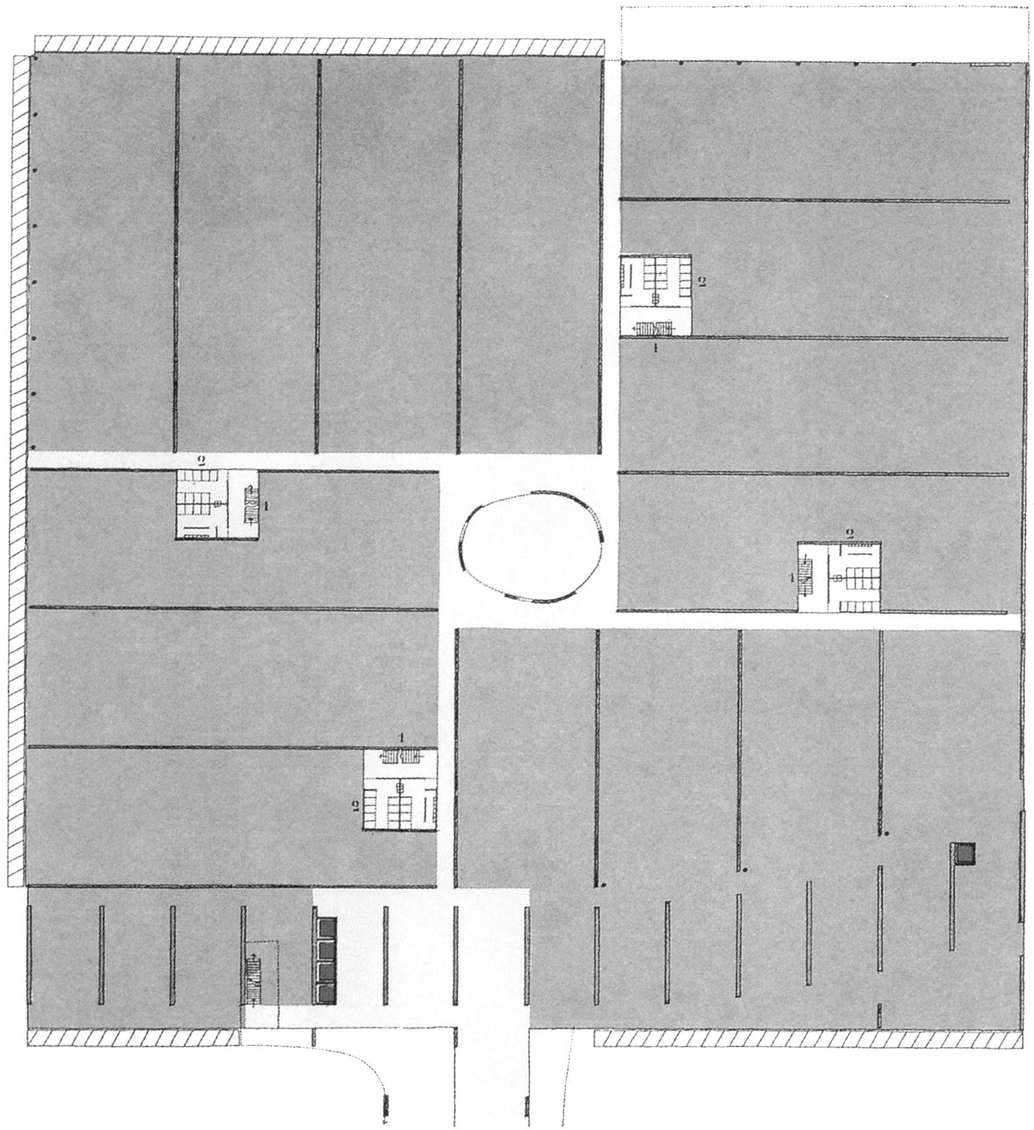

奥利维蒂电子计算中心，米兰-罗城，1963～1964年

第一阶段。二层平面图

1 通往更衣处的楼梯
2 卫生间

鸟瞰（模型）

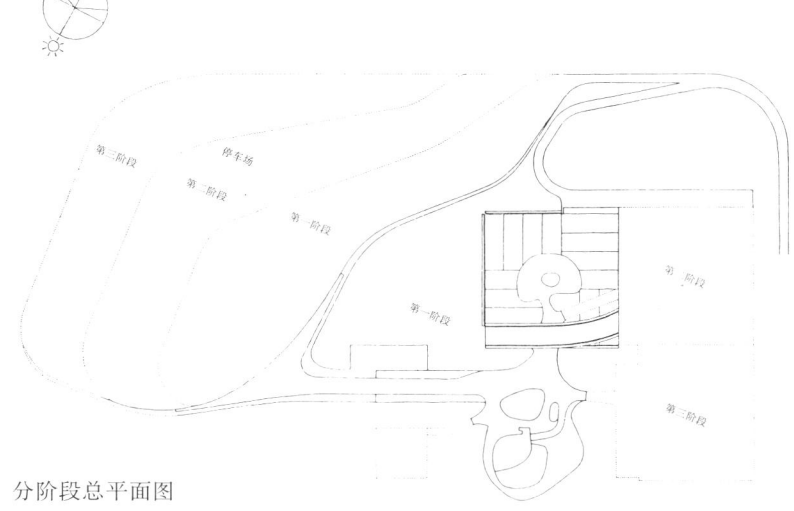

分阶段总平面图

奥利维蒂电子计算中心，米兰－罗城，1963～1964年

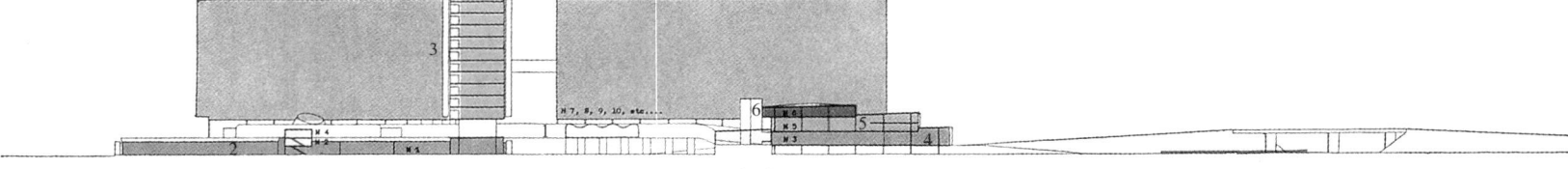

南－北剖面图

1　交通分配廊道
2　工场
3　科研楼
4　餐厅
5　行政管理
6　医务室

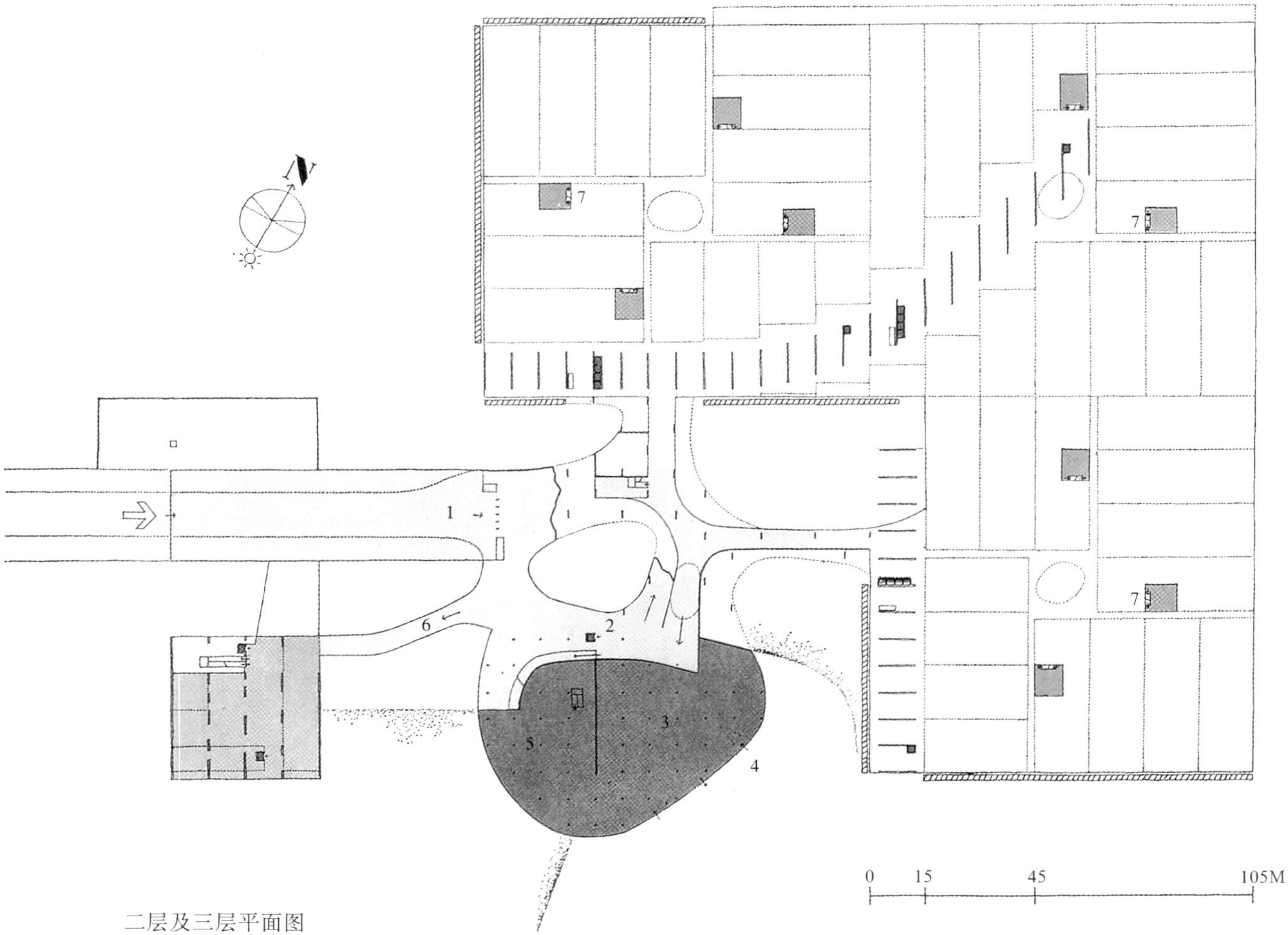

1　主入口及监控室
2　公共服务
3　餐厅
4　餐厅室外露台
5　图书室、文娱室等
6　电子博物馆入口
7　通往更衣处的楼梯

二层及三层平面图

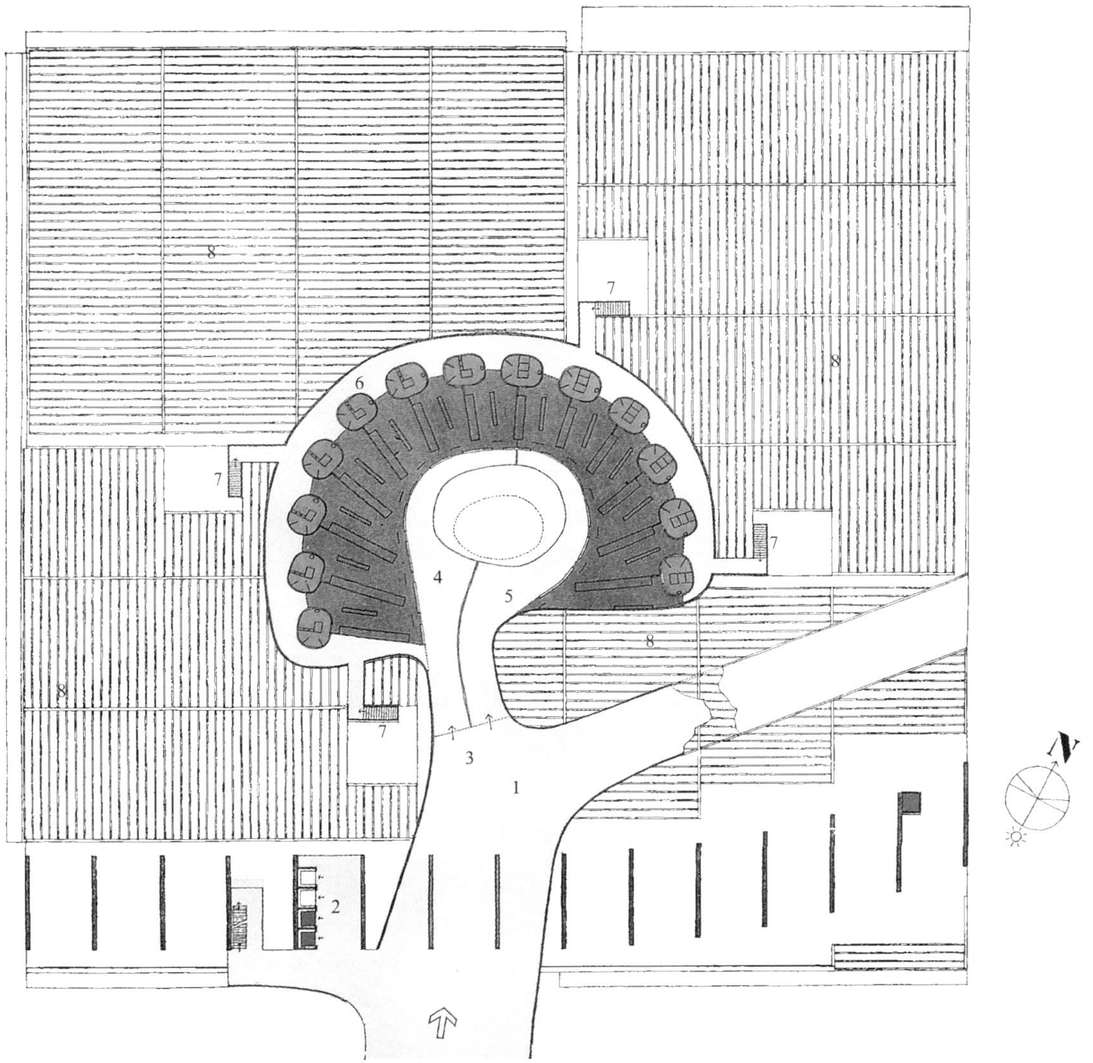

奥利维蒂电子计算中心，米兰－罗城，1963～1964年

1 廊道
2 成组电梯
3 更衣处入口
4 男更衣处
5 女更衣处
6 淋浴－卫生间
7 通往工场的楼梯
8 屋顶花园

第一阶段　四层平面图

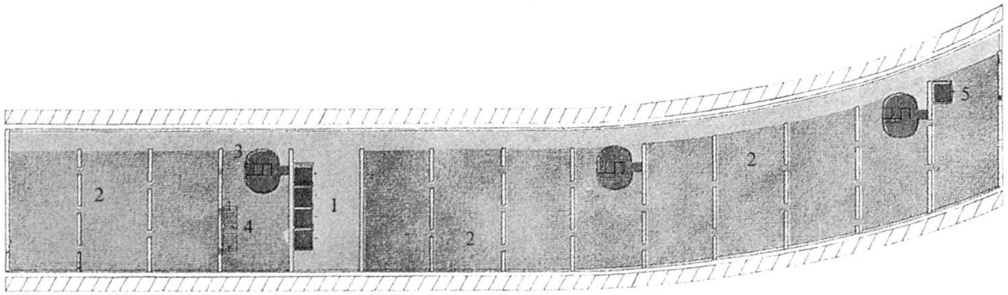

第一阶段　七、八、九、十层平面图（科研楼标准层）

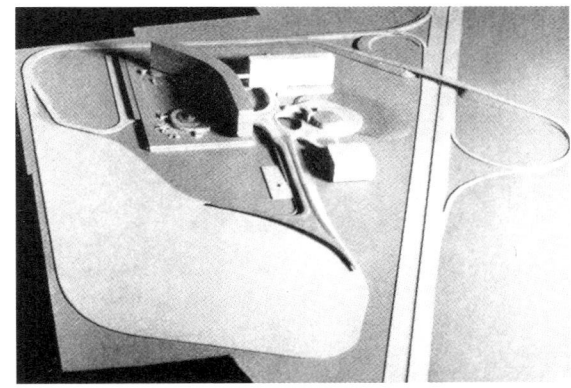

计算中心全貌，右侧为米兰－都灵高速公路及由此引出的联系奥利维蒂中心的立体交通

1 成组电梯
2 研究室
3 卫生间
4 安全楼梯
5 货梯

122　奥利维蒂电子计算中心，米兰－罗城，1963～1964年

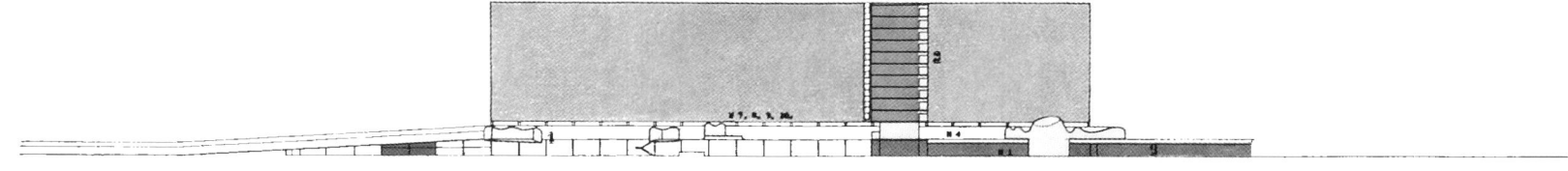

东－西剖面图

1　交通分配廊道
2　工场
3　科研楼

1　主入口及监控室
2　廊道
3　成组电梯
4　更衣处入口
5　更衣处
6　通往工场的楼梯
7　通往行政办公室及医务室的廊道
8　行政管理办公室

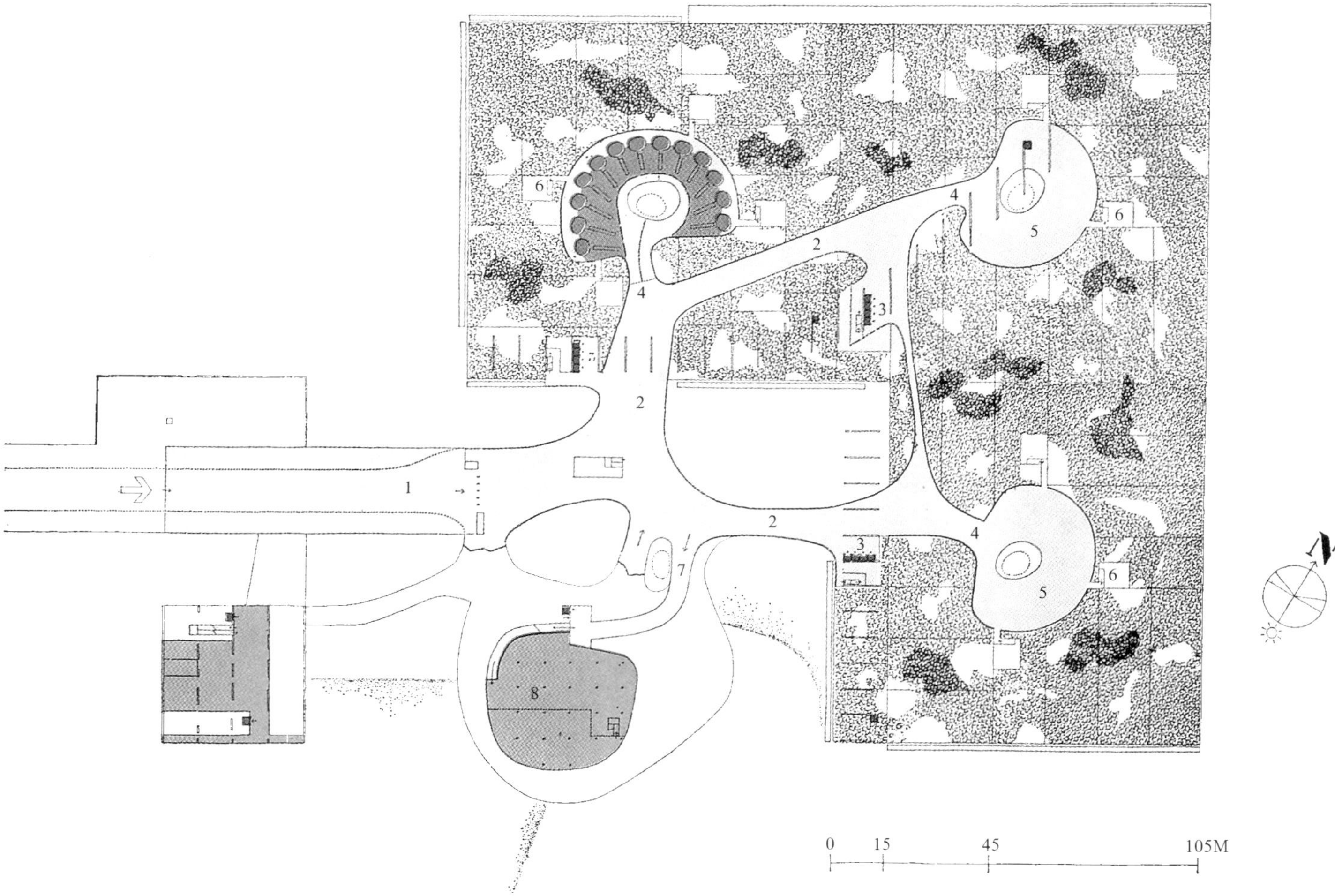

四层及五层平面图

奥利维蒂电子计算中心，米兰－罗城，1963~1964年

七、八、九、十层平面图（科研楼标准层）

1 成组电梯
2 研究室
3 卫生间

六层平面图
4 医务室

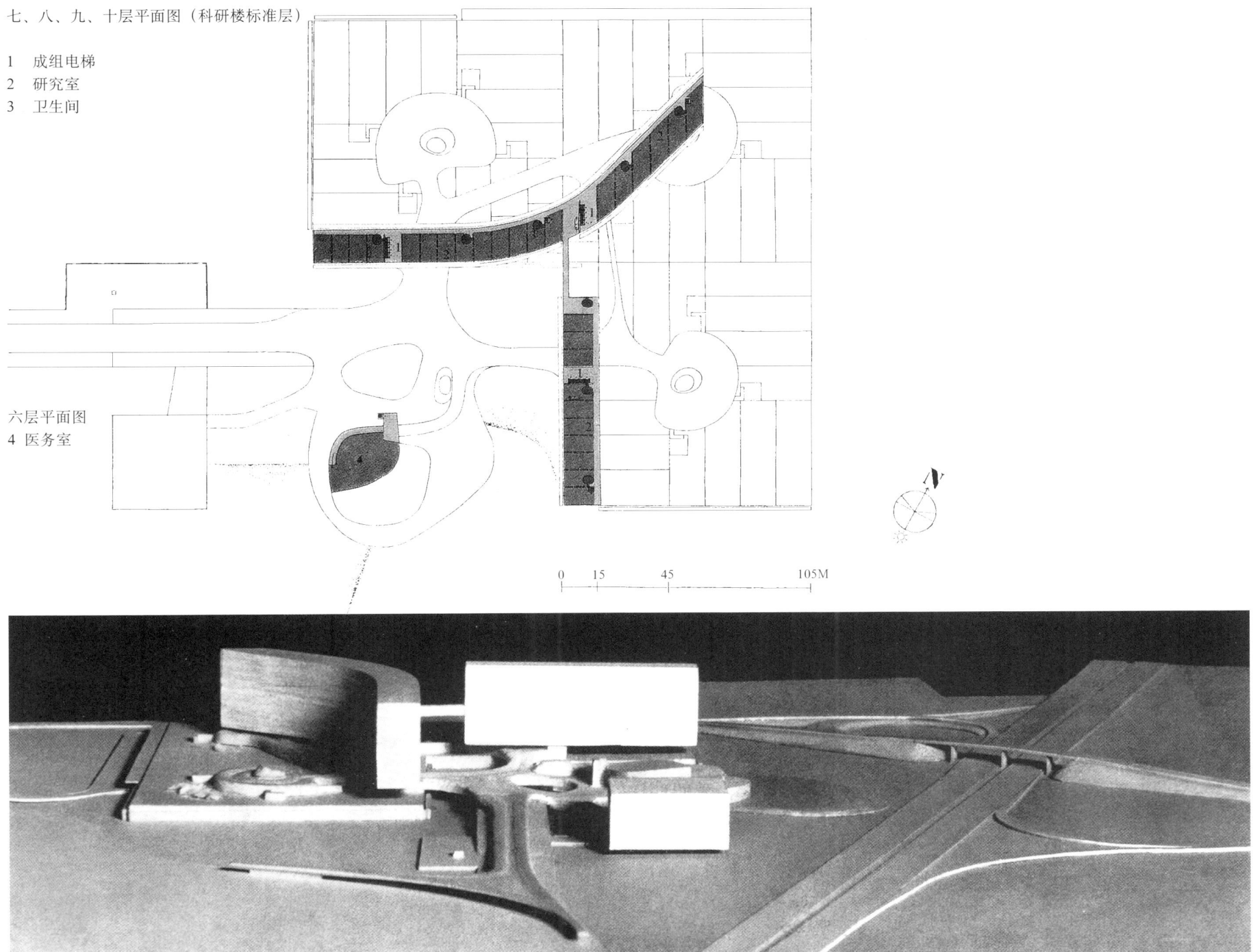

西侧外观，右侧为米兰－都灵高速公路

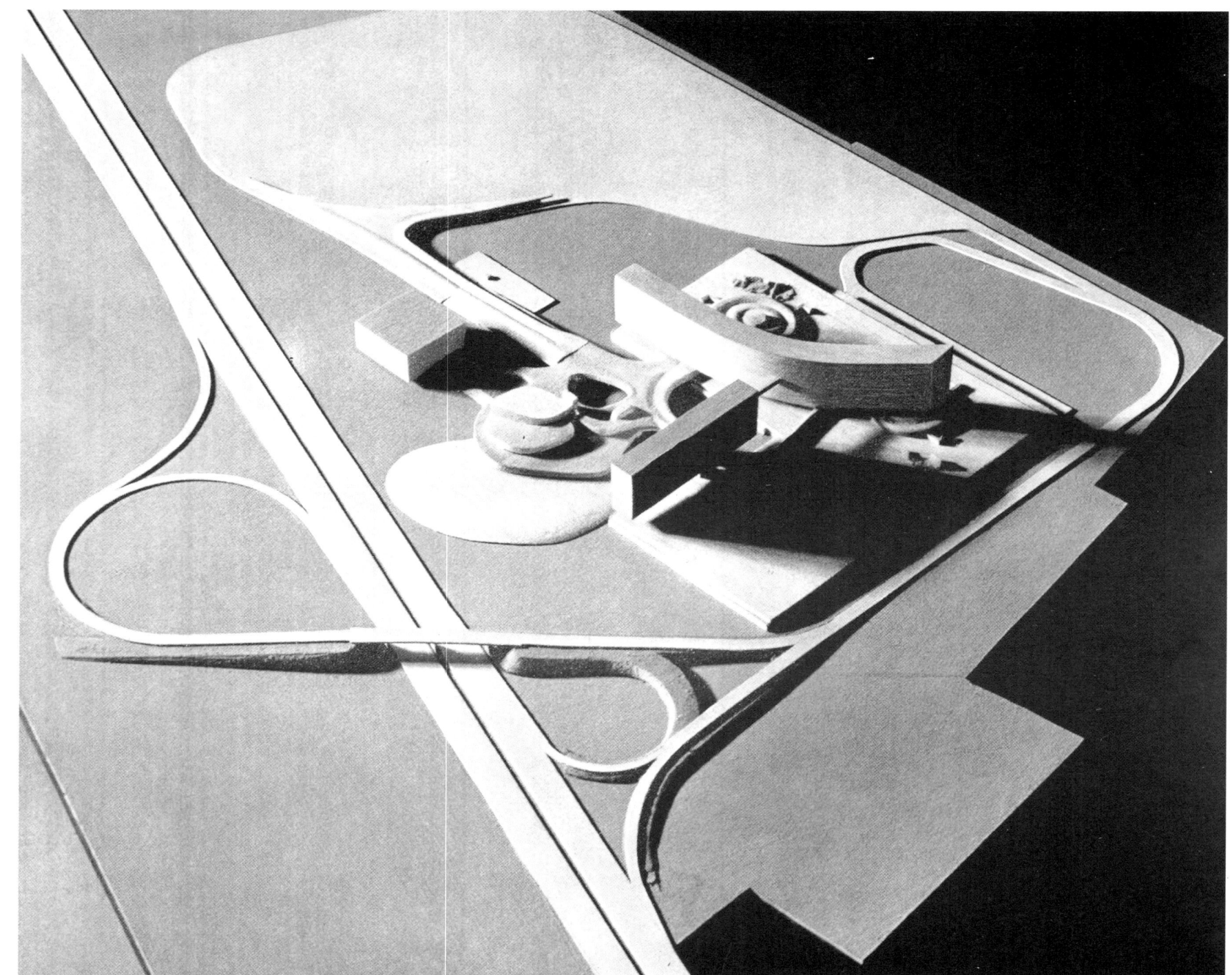

位于米兰-罗城的奥利维蒂电子计算中心全貌(模型)

奥利维蒂电子计算中心，米兰－罗城，1963～1964年

工场细部剖面图

1　承重墙
2　支柱
3　V型梁（长15m）
4　腐殖土
5　园艺板
6　塑性构件
7　排水沟渠
8　"遮阳"
9　玻璃墙面
10　灌溉引水管

奥利维蒂电子计算中心，米兰－罗城，1963~1964年

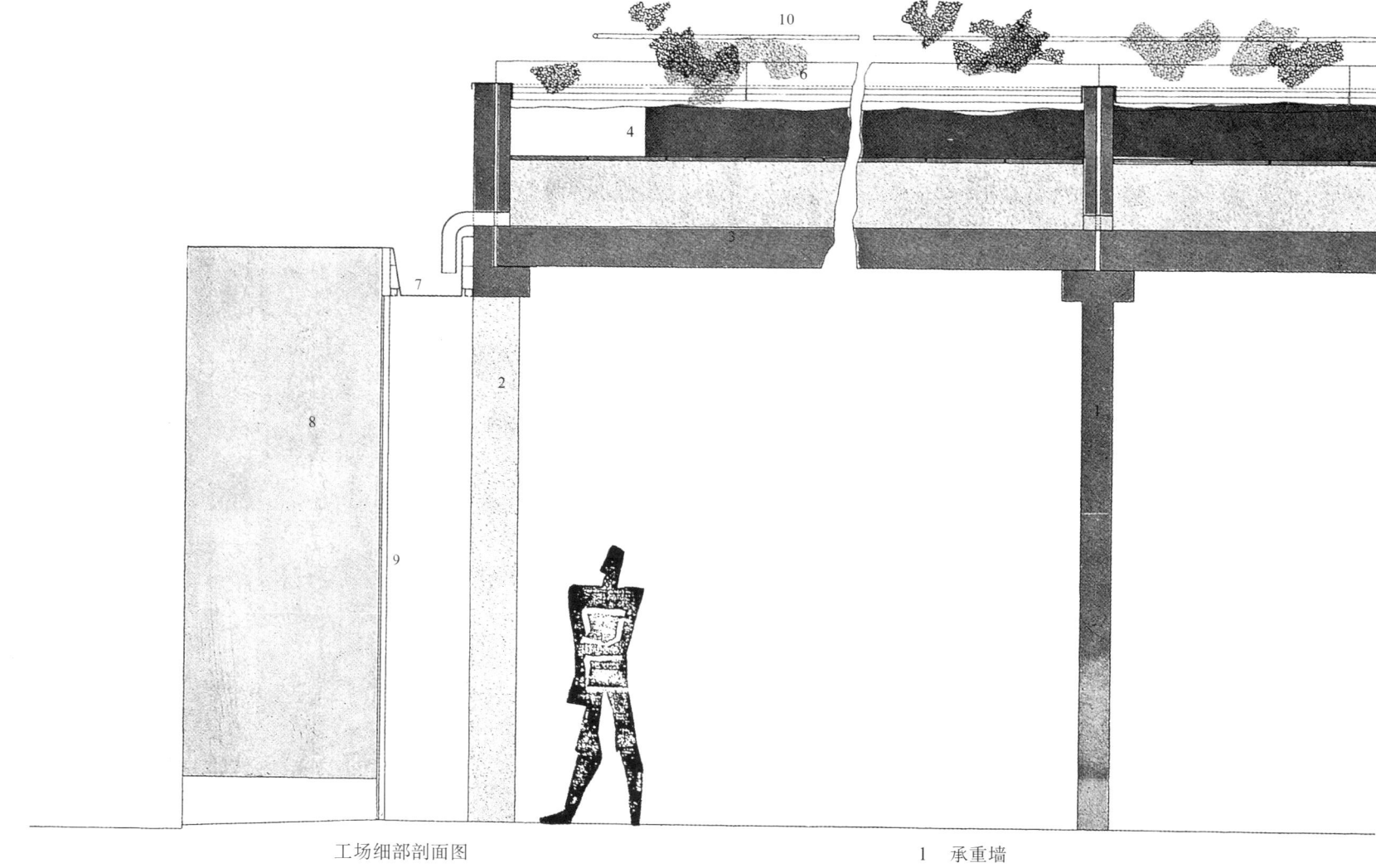

工场细部剖面图

1　承重墙
2　支柱
3　V型梁（长15m）
4　腐殖土
6　塑性构件
7　排水沟渠
8　"遮阳"
9　玻璃墙面
10　灌溉引水管

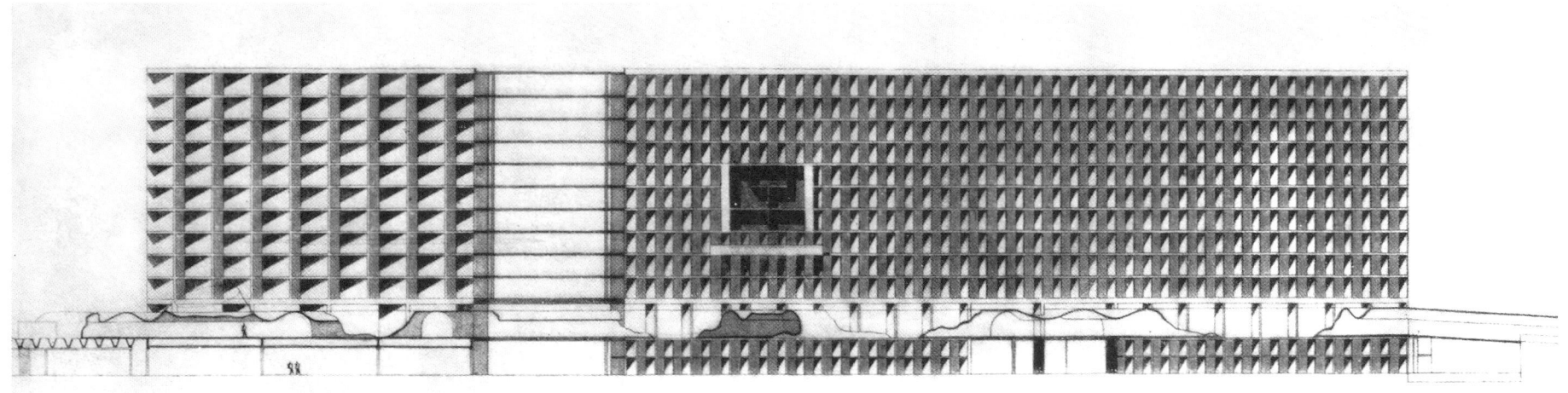

东－西剖面及局部立面图

1 工场
2 科研楼研究室
3 廊道
4 更衣处
5 卫生间
6 通往工场的楼梯
7 屋顶花园
8 "遮阳"

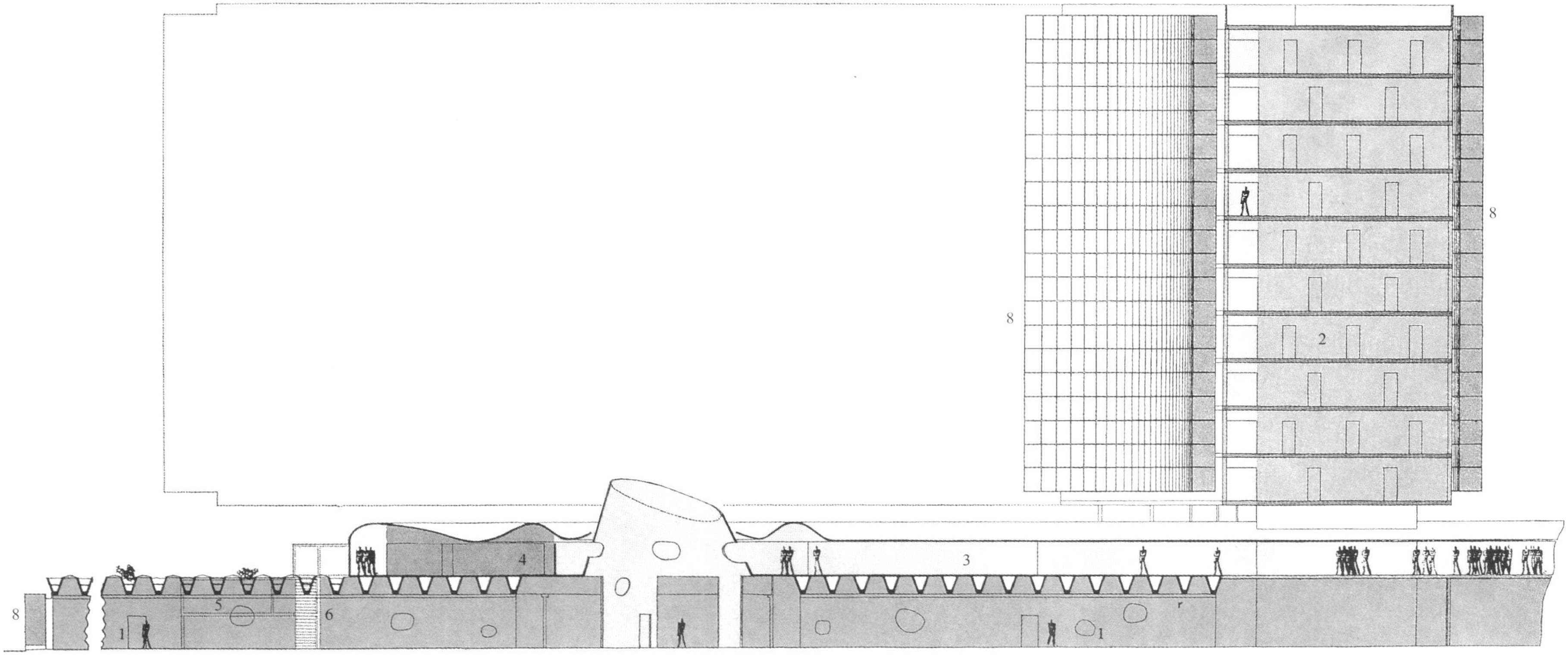

南－北剖面图

128 奥利维蒂电子计算中心，米兰－罗城，1963～1964年

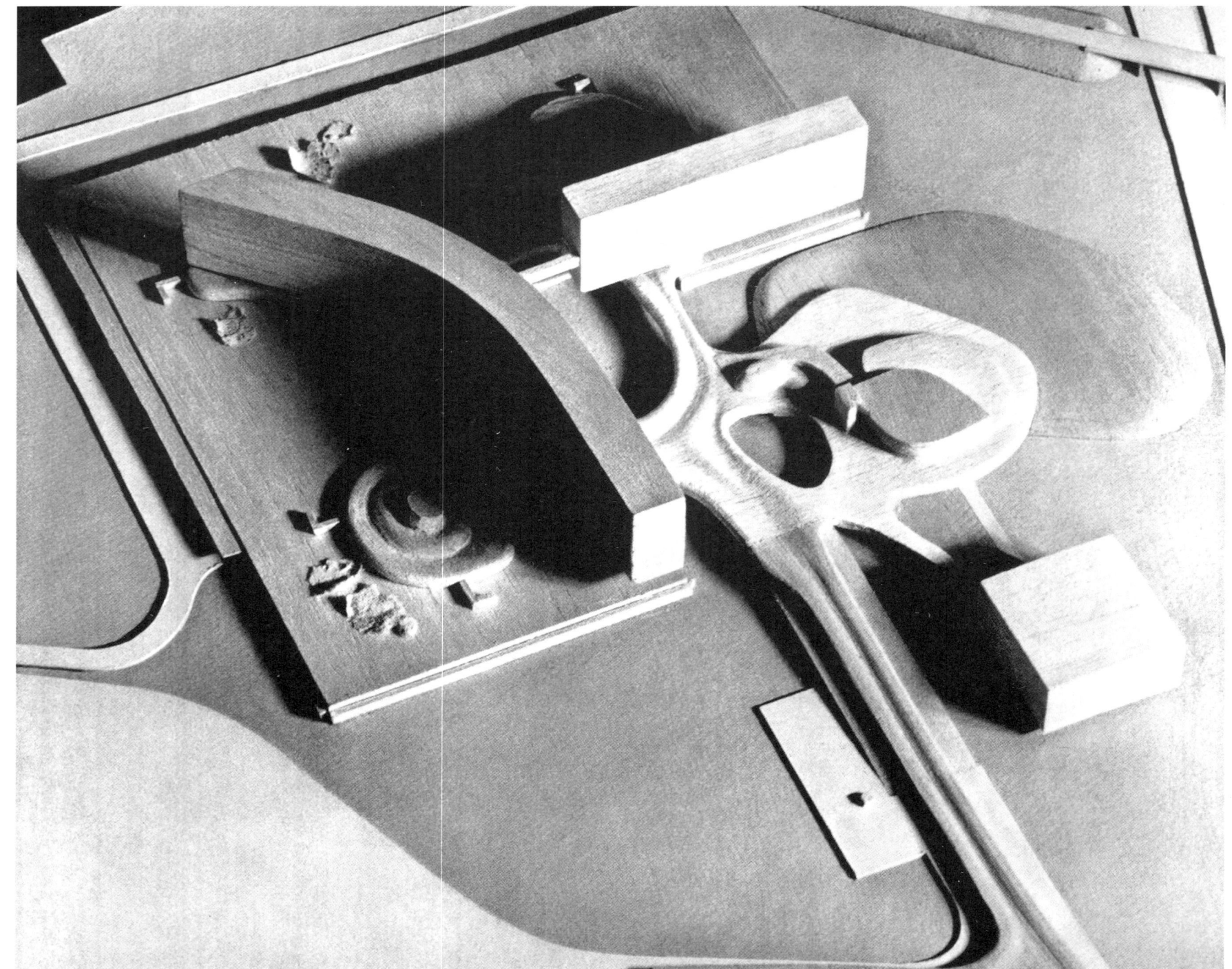

东侧鸟瞰

斐米尼青年文化中心，1960～1965年

方案伊始，这个青年文化中心便与一个同期建造的万人体育场密切相关。它所处的位置出人意料：占据了体育场大看台的剩余部分（见P133第二个小剖面图）。如此，既节约了用地，又省去了基础的建造，两种事物被完美地结合在一起。然而体育场和青年文化中心分别隶属不同的部，结果接到了将青年文化中心移到规划用地另一端去的命令。但最初获得的形式对一个青年文化中心而言表现出惊人的潜力，所以柯布毫不犹豫地保留了这一形式。1956年，以初稿方案为基础，建筑非凡的剖面被确定下来。1961年，青年文化中心开工建造，但已经有一座类似的建筑在中美洲落成，这便是柯布西耶事务所"泄密"的后果。这已经不是头一次了！

1	教堂区	1A	教堂		
		1B	导向教堂的小广场		
		1C	教堂广场		
2	游泳池	2A	更衣室		
		2B	冲浪游泳池		
		2C	小泳池		

3	体育场	3A	入口检票处
		3B	观众出口
		3C	观众通道
		3D	观礼台
		3E	看台（5000座）
		3F	足球场
		3G	运动员入口

- 4 青年文化中心　4A 道路入口
- 　　　　　　　　4B 建筑入口
- 5 魔盒
- 6 电子观演、游行队伍及卡车入口
- 7 电子观演看台
- 8 露天剧场看台
- 9 舞台
- 10 训练场
- 11 停车场
- 12 周边建筑

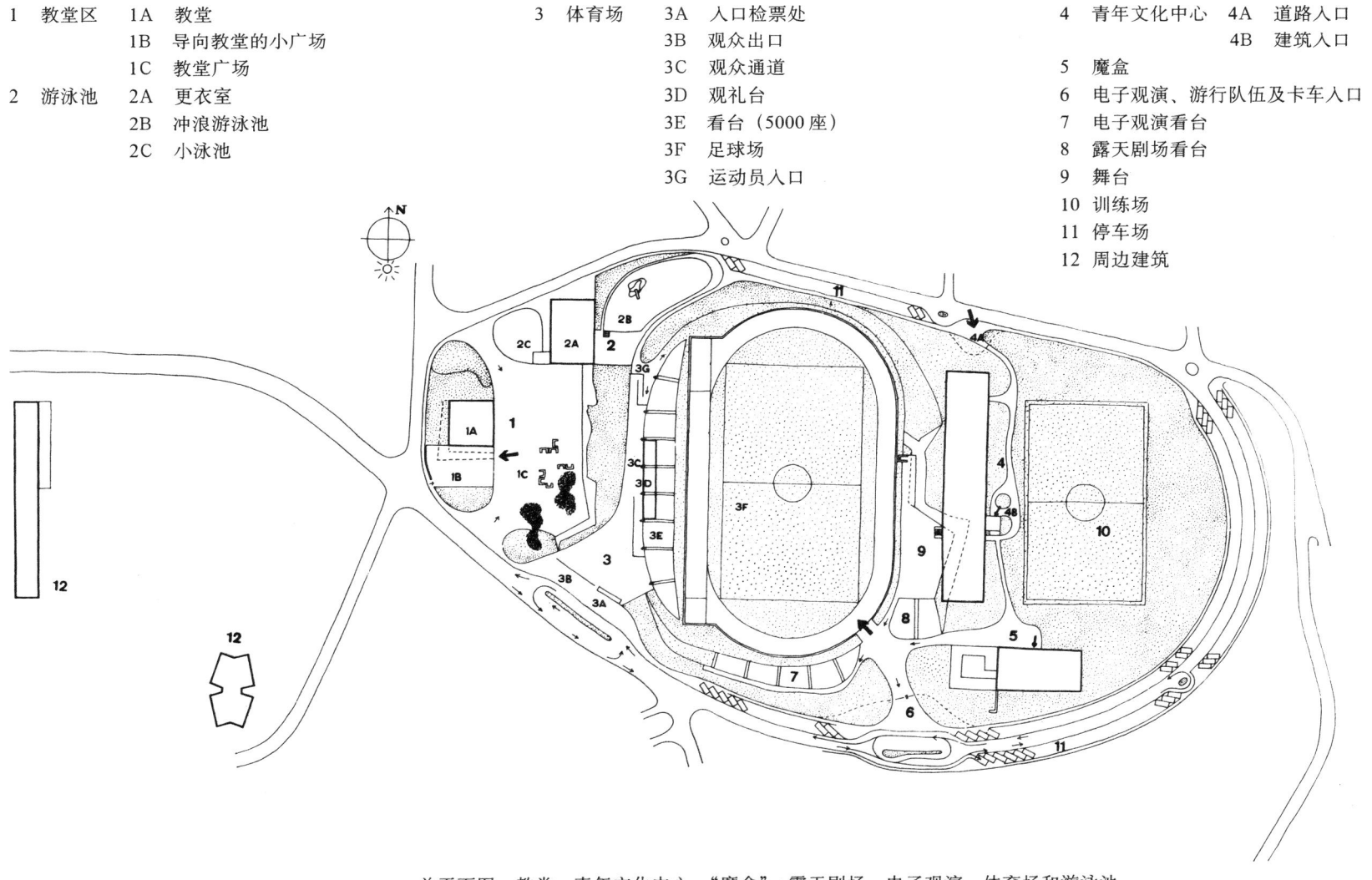

总平面图：教堂，青年文化中心，"魔盒"，露天剧场，电子观演，体育场和游泳池

斐米尼青年文化中心，1960～1965年

青年文化中心的新基址位于体育场的另一侧。于此可以同体育场或剧场的观众一起欣赏露天剧场那非比寻常的舞台表演。露天剧场的看台位于右侧，舞台可以上演戏剧、舞蹈，也可以发表演说。

1956～1962年，体育场的方案最终确定下来。

斐米尼青年文化中心，西立面

斐米尼青年文化中心，1960～1965年

入口门厅

青年之家

设雨水喷口的南立面

本页与P133的草图根据初稿方案绘制。当建筑被移到体育场另一侧时，这些草图仍然有效，几乎不需要修改

展厅

青年文化中心南立面的凹雕壁画

斐米尼青年文化中心，1960~1965年　133

青年之家 2（初稿方案，1956年）

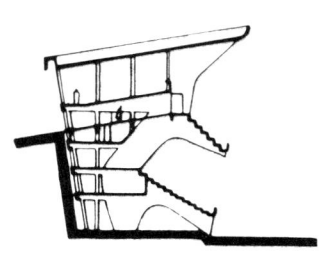

剖面图（初稿方案）

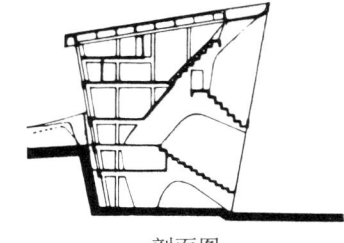

剖面图

青年之家 1

阅览室

斐米尼－维合特居住单位，1960～1965 年

斐米尼市的市长，克劳迪斯·佩蒂先生，委托柯布建造一个居住单位作为斐米尼－维合特居住区的补充（该居住区建设的第一阶段业已由建筑师马歇尔·鲁和塞弗完成）。这个居住单位居高临下，俯瞰山谷和森林。它将出色地满足居住的功能。与以往尺度相当的居住单位相同，建筑取东西朝向，在东西立面上设置了凹阳台"遮阳"，以确保对阳光入射的控制。它的立面和剖面与马赛居住单位类似。

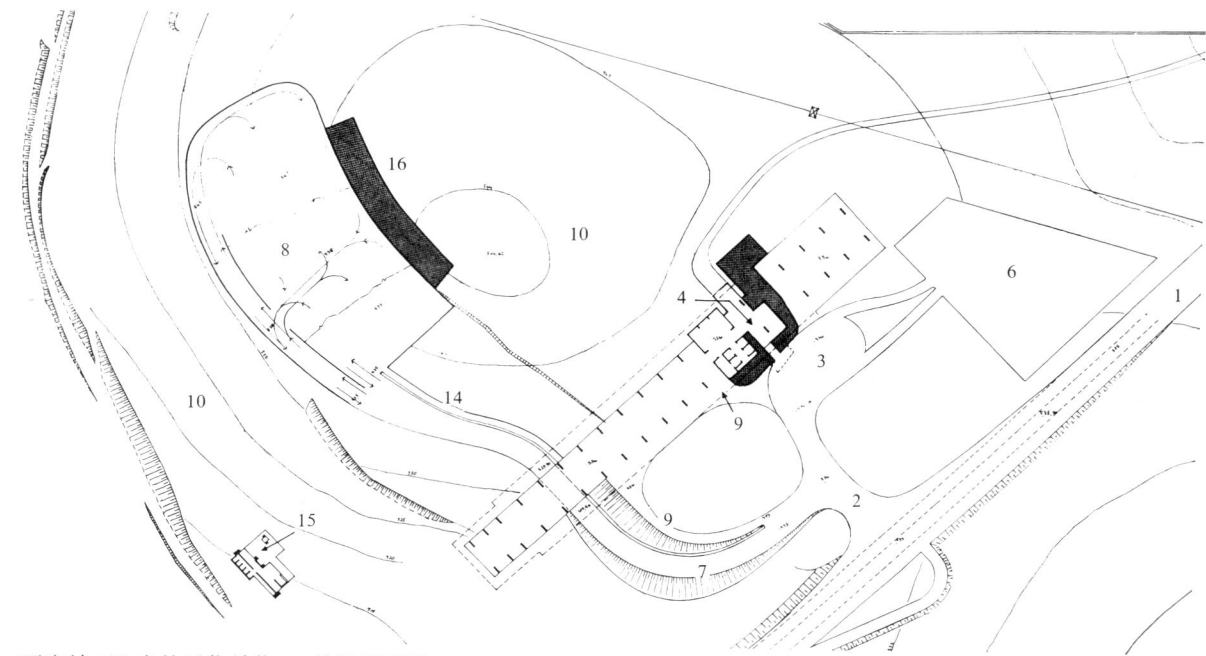

可容纳 400 户的居住单位　首层平面图
1　斐米尼－夏泽公路
2　汽车入口
3　汽车停靠场
4　入口门厅及候梯厅
6　访客停车场（100 车位）
7　车库通道
8　汽车车库（300 车位）及自行车和摩托车车库
9　卡车路线
10　公共花园
14　连接车库和居住单位的通道（带顶棚）
15　自生剧场（舞蹈、戏剧、电影等等）
16　游泳池

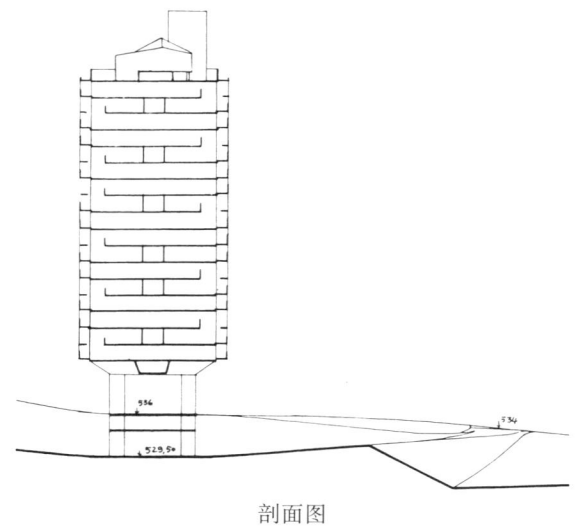

剖面图

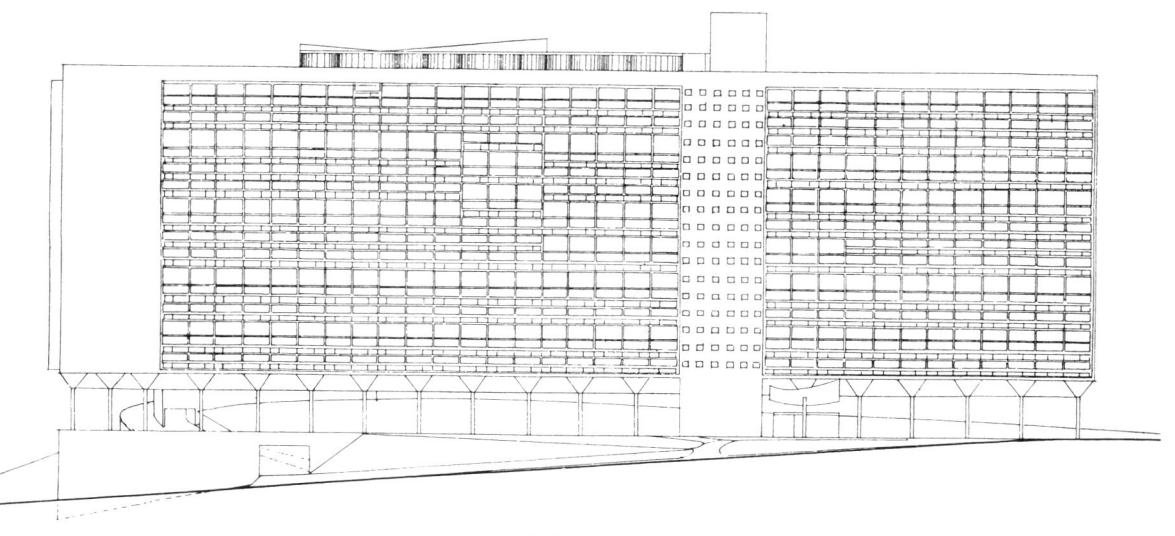

东立面图

斐米尼-维合特的圣皮埃尔教堂,1960~1965年 135

斐米尼-维合特的圣皮埃尔教堂(模型)

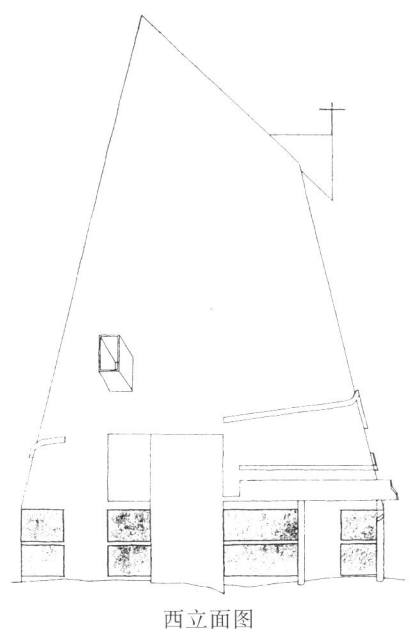

西立面图

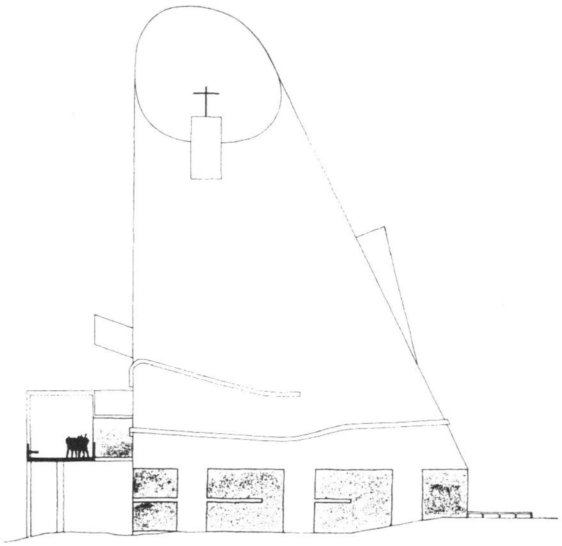

南立面图

斐米尼－维合特的圣皮埃尔教堂，1960～1965年

教堂的构思基于它所处的地势——起伏岗峦的低处。教堂的主体由一个直纹曲面薄壳构成。这是继朗香和拉图雷特之后柯布为宗教建筑的构思提出的第三个令人满意的解答。

模型

斐米尼－维合特的圣皮埃尔教堂，1960～1965年

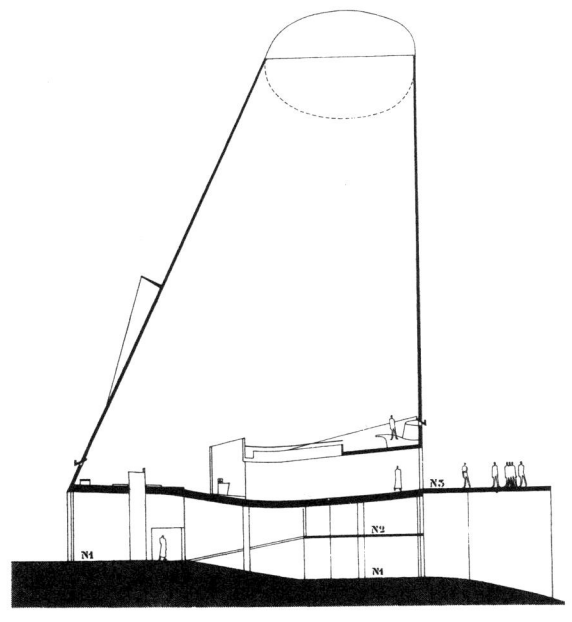

东－西剖面图

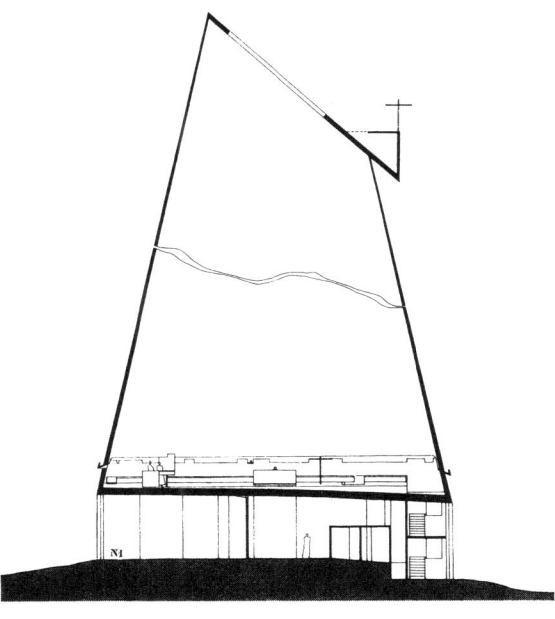

南－北剖面图

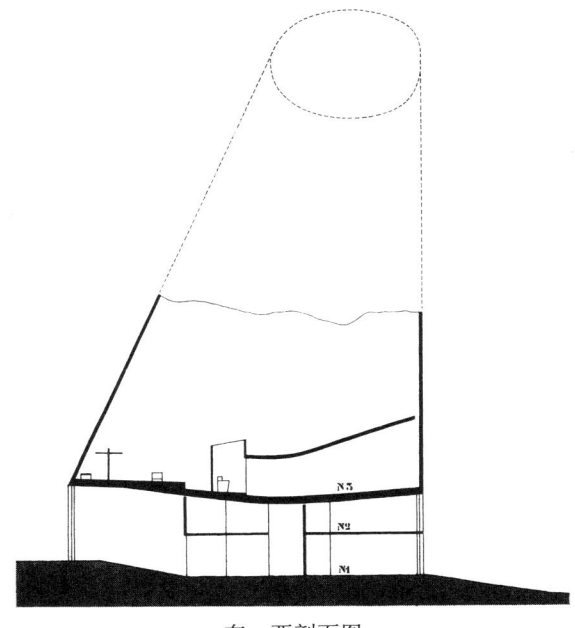

东－西剖面图

1 来自斐米尼－维合特的人行道路
2 通往教堂的小广场
3 教堂入口
4 通往神父住所的入口
5 游泳池建设用地
6 岩壁及体育场建设用地

1 教堂广场
2 入口
3 通往神父住所的坡道
4 接待室
5 下层圣器室
6 堂区教士集会厅
7 教理课教室（3或6间）

1 通往神父住所的坡道
2 神父住所
3 助理司铎住所
4 上层圣器室，以及神父上教堂的楼梯

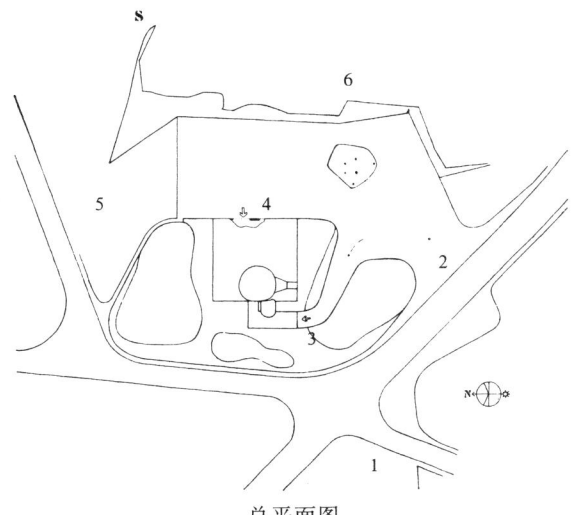

总平面图

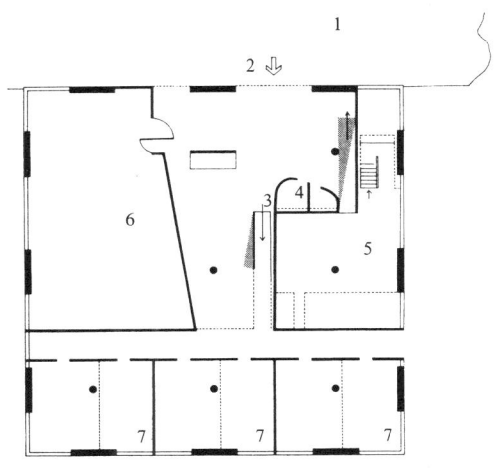

首层平面图

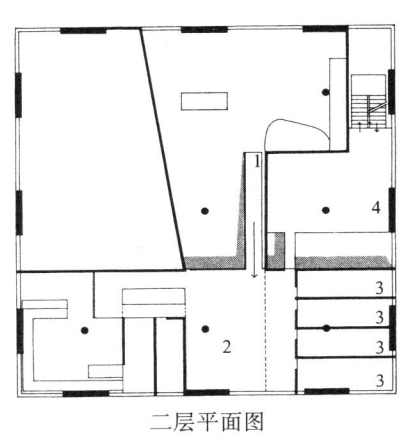

二层平面图

三层与四层(模型)

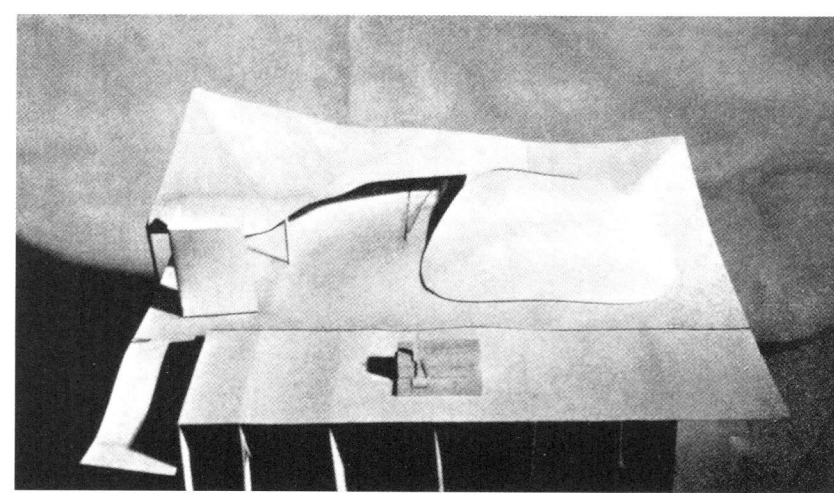

三层与四层(模型)

1　通道
2　教堂入口
3　圣洗堂
4　偏祭台
5　圣体台
6　通往圣器室的楼梯
7　主祭台
8　座席

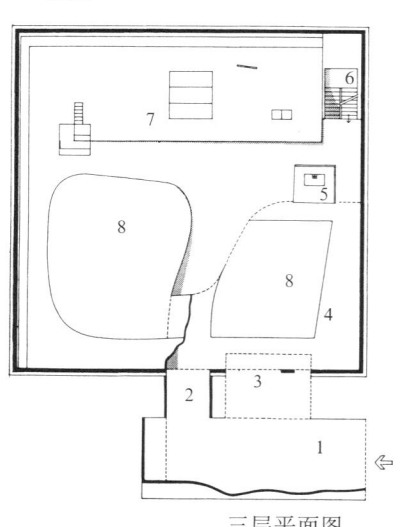

三层平面图

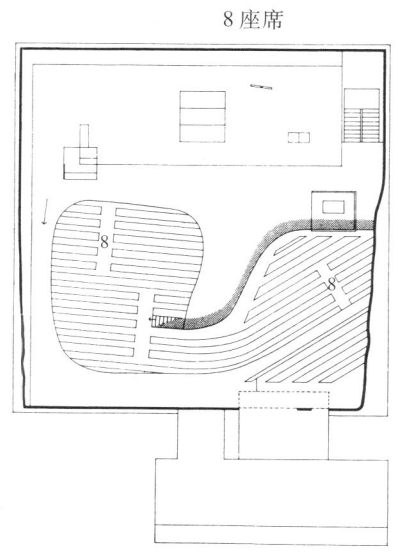

8 座席

四层平面图

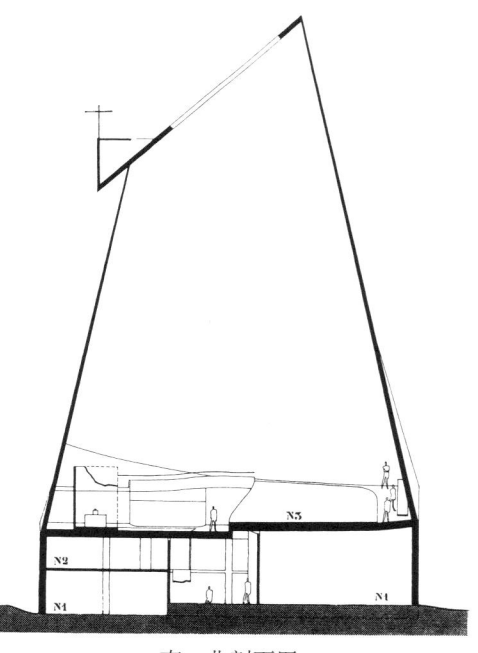

南-北剖面图

新威尼斯医院，1965年

1907年，威尼斯是柯布青年时期第一次长途旅行中的重要一站，柯布将其视为世上独一无二的城市……57年后，受威尼斯当局的委托，作为建筑和城市规划师的柯布再度来到这座城市。

以建造拥有1200个床位的大型医院为契机，选择最适宜最有效的基地，实现建筑和城市规划的创造。

威尼斯方面的负责人满怀热情，他们完全接受了柯布的方案。

任务书以4个楼层来实现：

首层：入口，行政管理，药房，库房及厨房；

二层（下）：手术室，护士及修女住所；

二层（上）：廊道及服务通道；

三层：病房。

医院专门接收急诊和急性病患者。其中，病房被赋予了全新的解答：每一位病人都拥有一间小室，小室不直接对外开窗。光通过高侧窗进入室内，太阳的影响得到了控制。小室内的光线与温度都相当稳定，病人得以安静地享受宜人的独处。

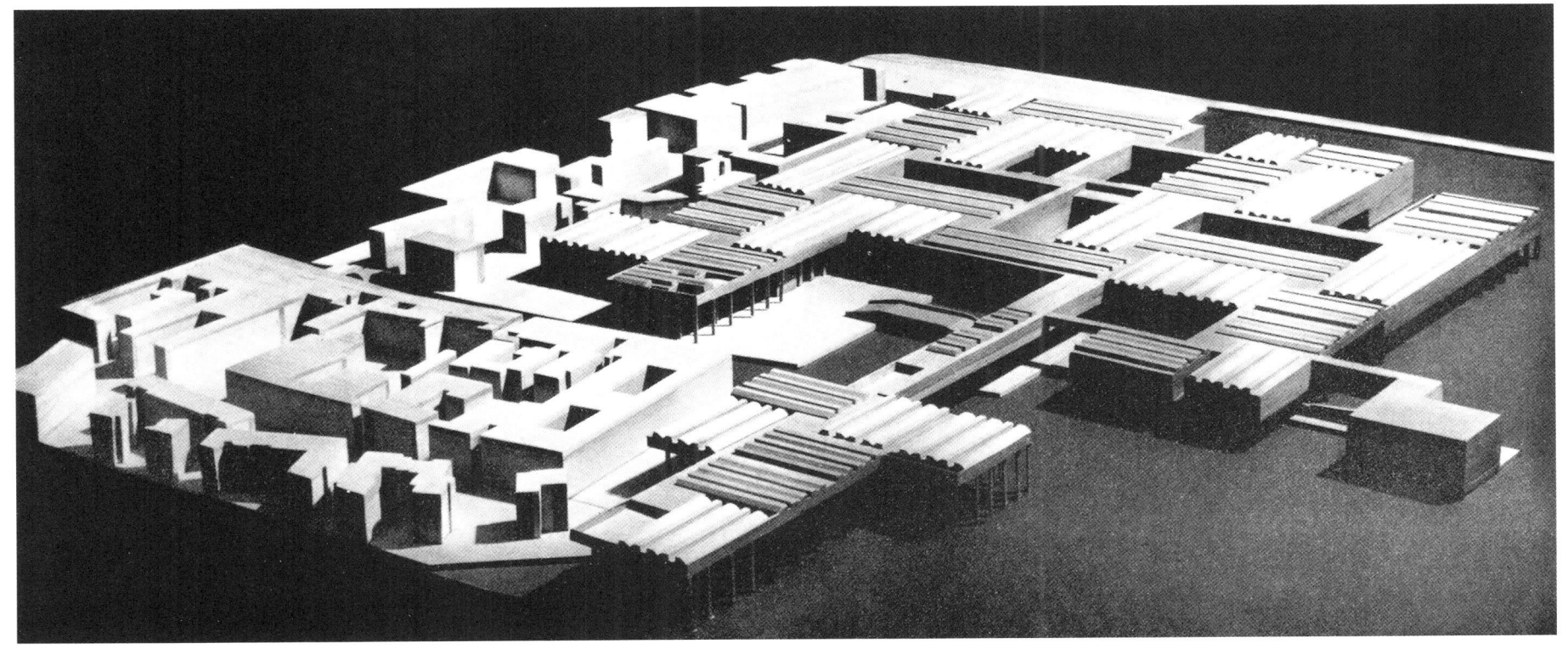

第二稿方案（1965年）。新威尼斯医院鸟瞰（模型）

140　新威尼斯医院，1965年

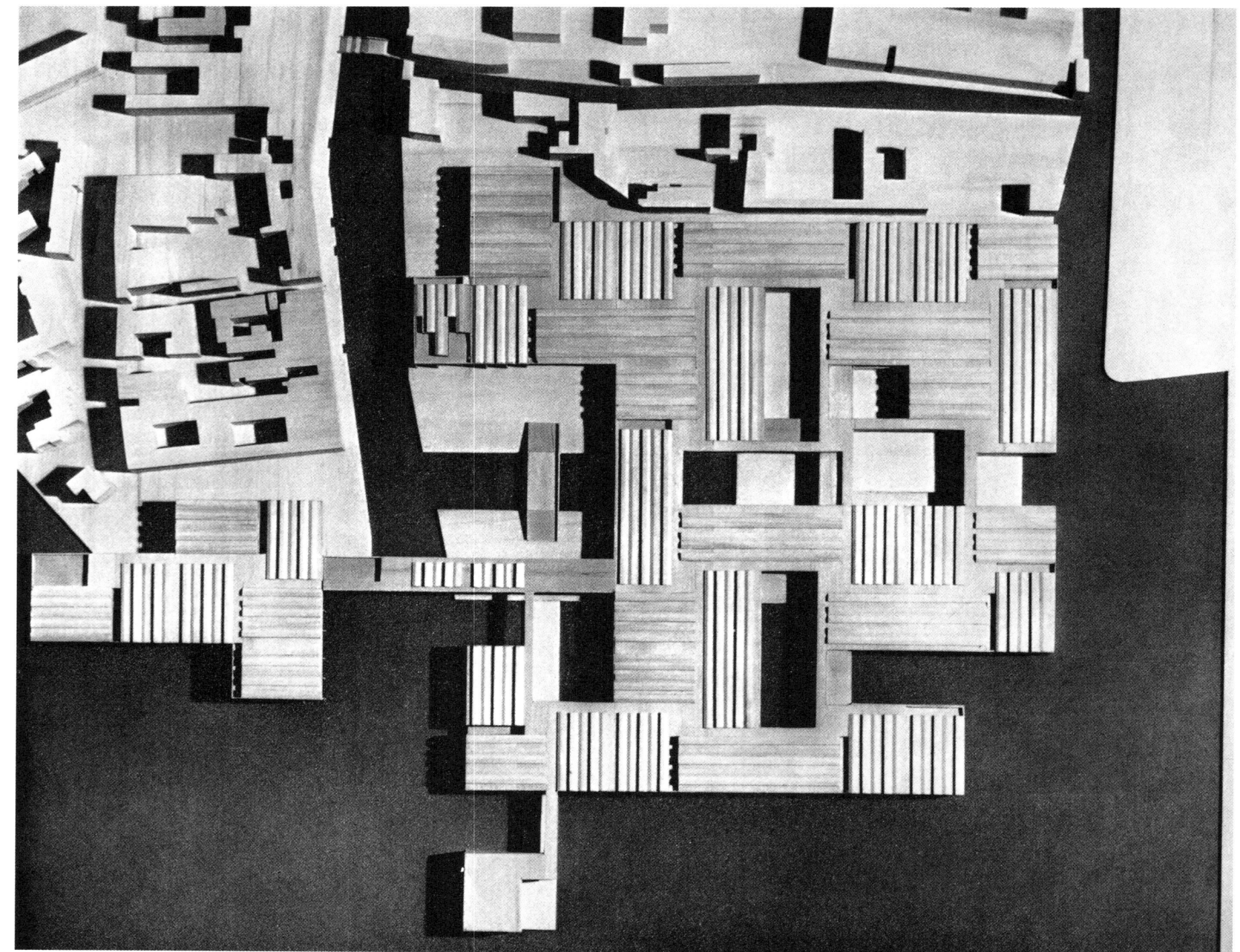

第二稿方案（1965年）。新威尼斯医院（模型）

新威尼斯医院，1965年

H VEN LC
Le Corbusier

威尼斯城市平面以及新医院的选址图（初稿方案，1964年）

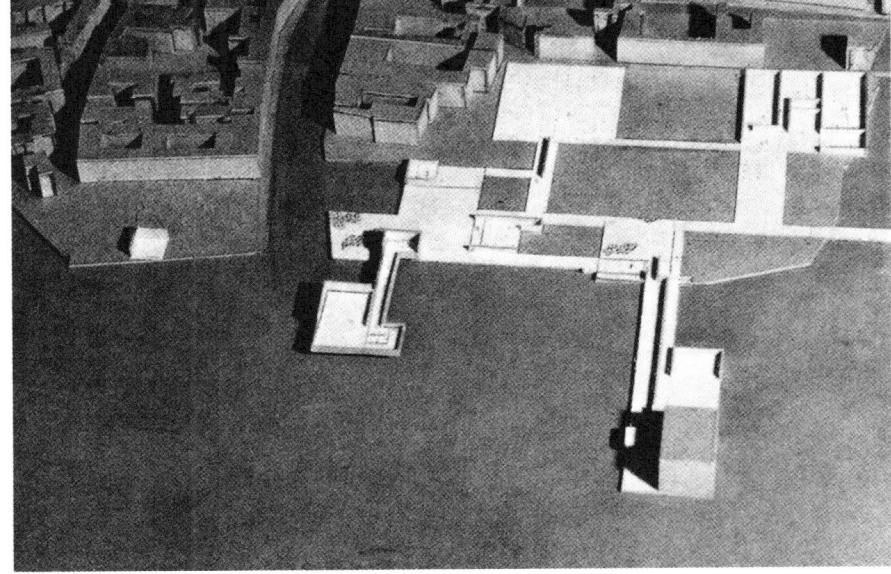

首层模型（初稿方案，1964年）

142　新威尼斯医院，1965年

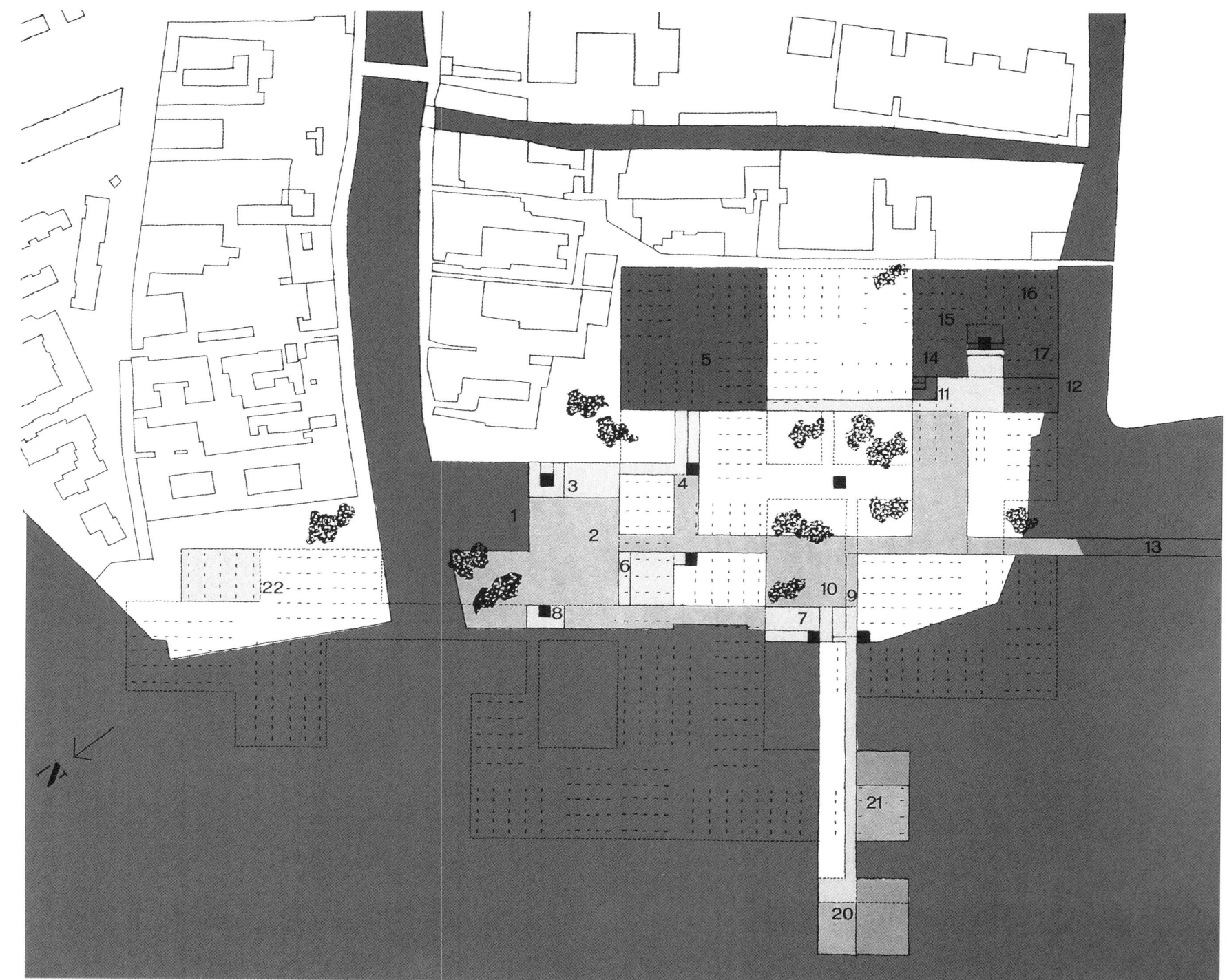

初稿方案（1964年）。首层平面图

首层平面图（对页）
1　贡多拉船港
2　汽车港
3　患者入口和急救站
4　行政管理入口
5　行政管理用房
6　社会医疗入口
7　探望者入口
8　妇产科入口
9　护士和修女入口
10　教堂入口
11　服务入口
12　贡多拉船港（必需品供应）
13　连通公路的桥
14　中心药房
15　厨房
16　衣物熨烫及存放处
17　洗衣房
20　教堂和太平间
21　神父住所
22　儿科入口

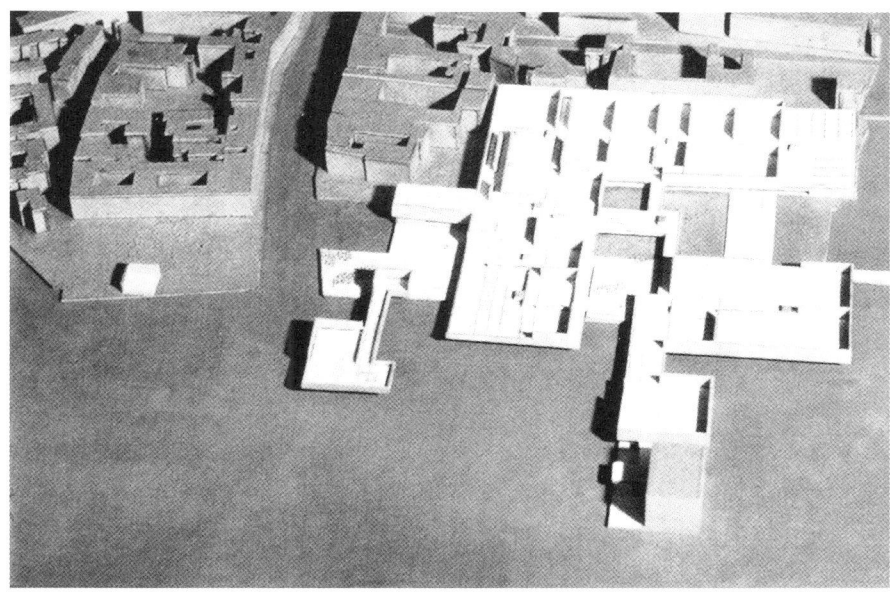

二层（下）模型

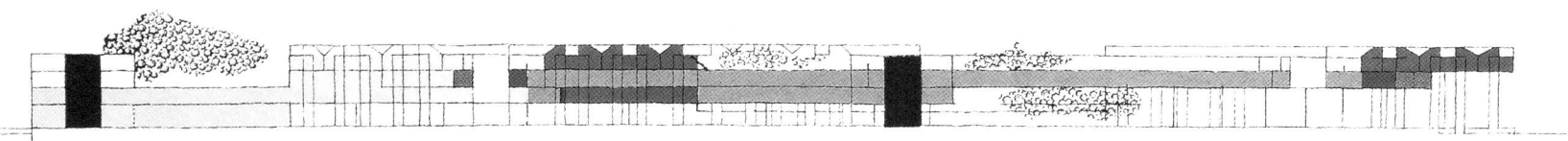

剖面图

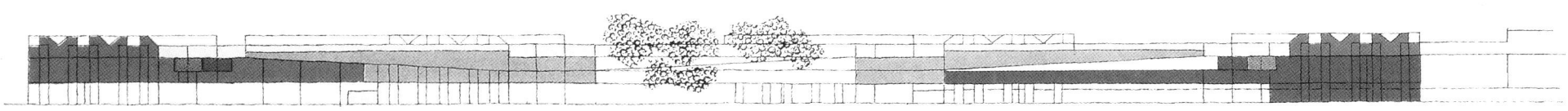

东－西剖面图

144　新威尼斯医院，1965年

初稿方案（1964年）。二层（下）平面图

二层（下）平面图（对页）
1 患者入口和急救站
2 服务台
3 紧急护理
4 急诊手术室
5 病床
6 监护室
7 办公室
8 患者入口
9 病床专用电梯
10 手术区
11 血库
12 会诊室
13 放射科
14 放疗科
15 理疗科
16 化验室
17 护士住所
18 修女住所
19 保洁处
20 集会厅
21 妇科产房
22 门诊
23 药房

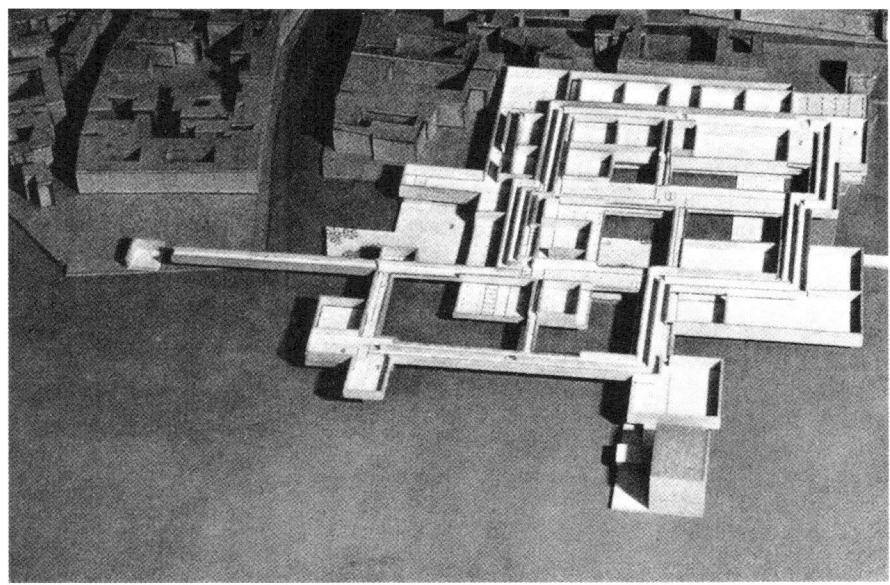

二层（上）模型

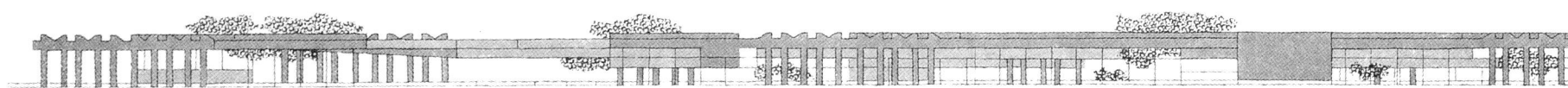

西立面图

柯布来到威尼斯

146　新威尼斯医院，1965年

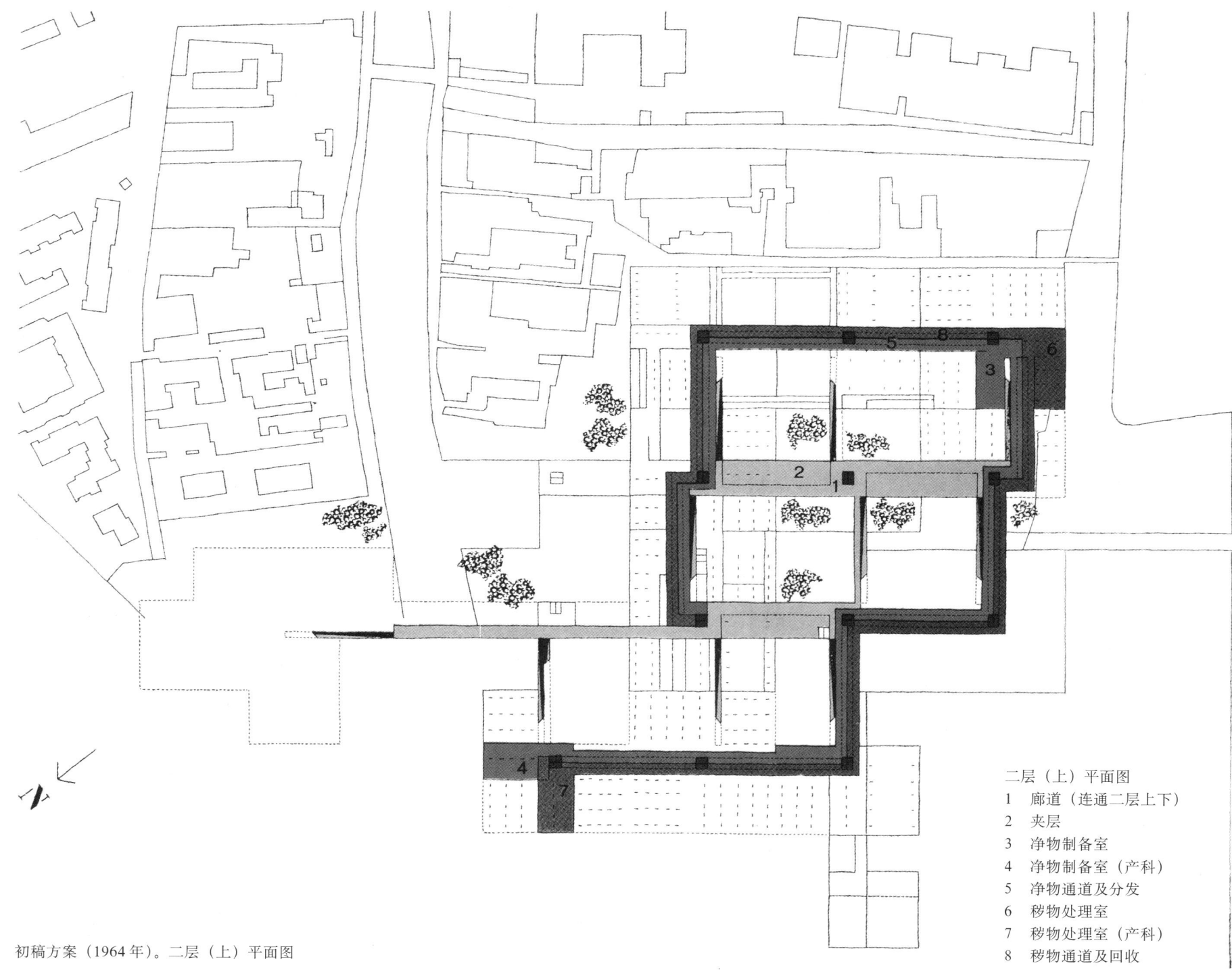

初稿方案（1964年）。二层（上）平面图

二层（上）平面图
1　廊道（连通二层上下）
2　夹层
3　净物制备室
4　净物制备室（产科）
5　净物通道及分发
6　秽物处理室
7　秽物处理室（产科）
8　秽物通道及回收

初稿方案（1964年）。三层平面图

三层平面图
护理单元：
A 病房
B 护理
1 探望者入口
2 普通内科病房
3 普通外科病房
4 神经内科病房
5 神经外科病房
6 胸外科病房
7 泌尿科病房
8 皮肤科病房
9 耳鼻喉科病房
10 口腔科病房
11 肿瘤外科病房
12 妇产科病房
13 儿科病房
14 病人滞留区
15 教堂

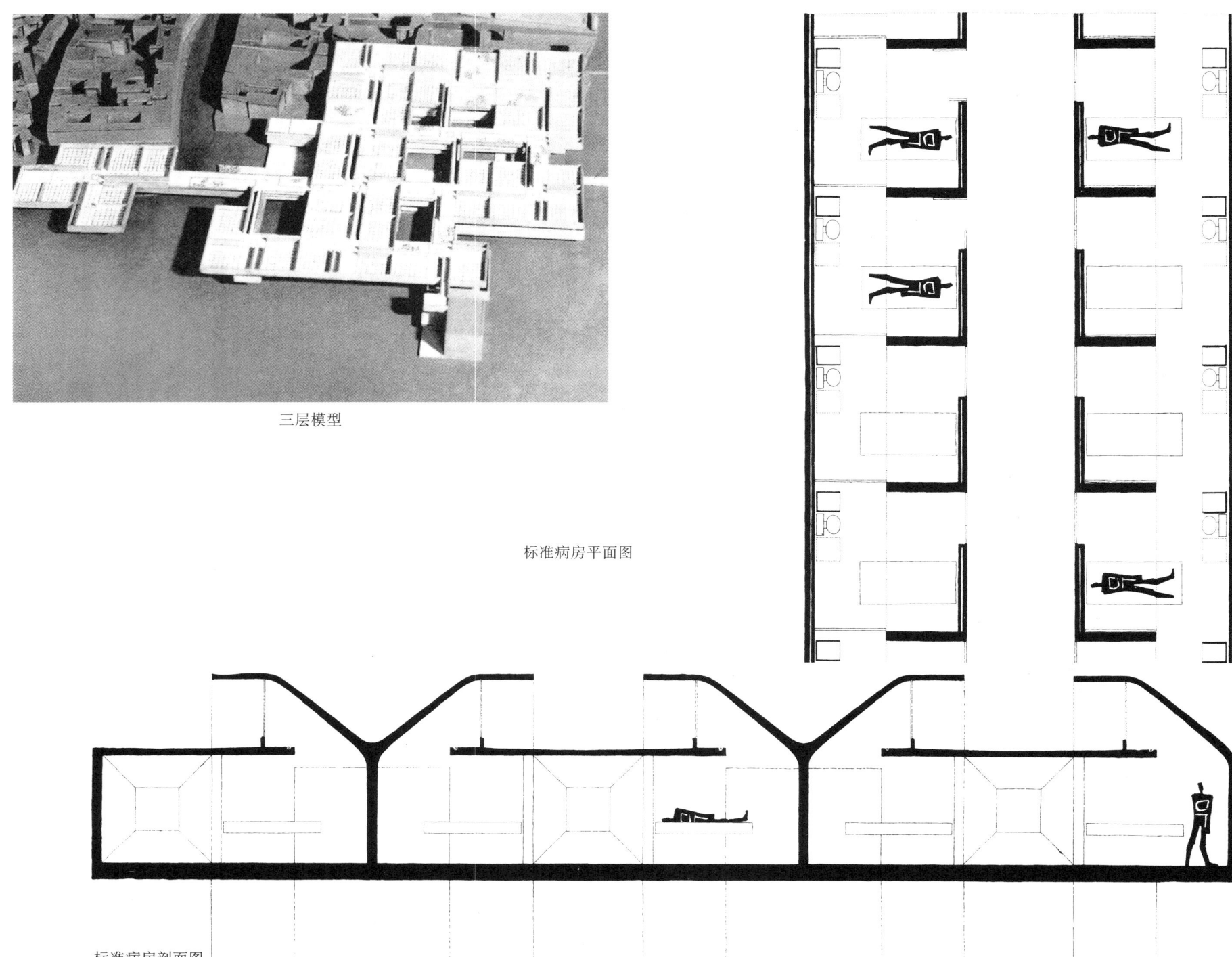

三层模型

标准病房平面图

标准病房剖面图

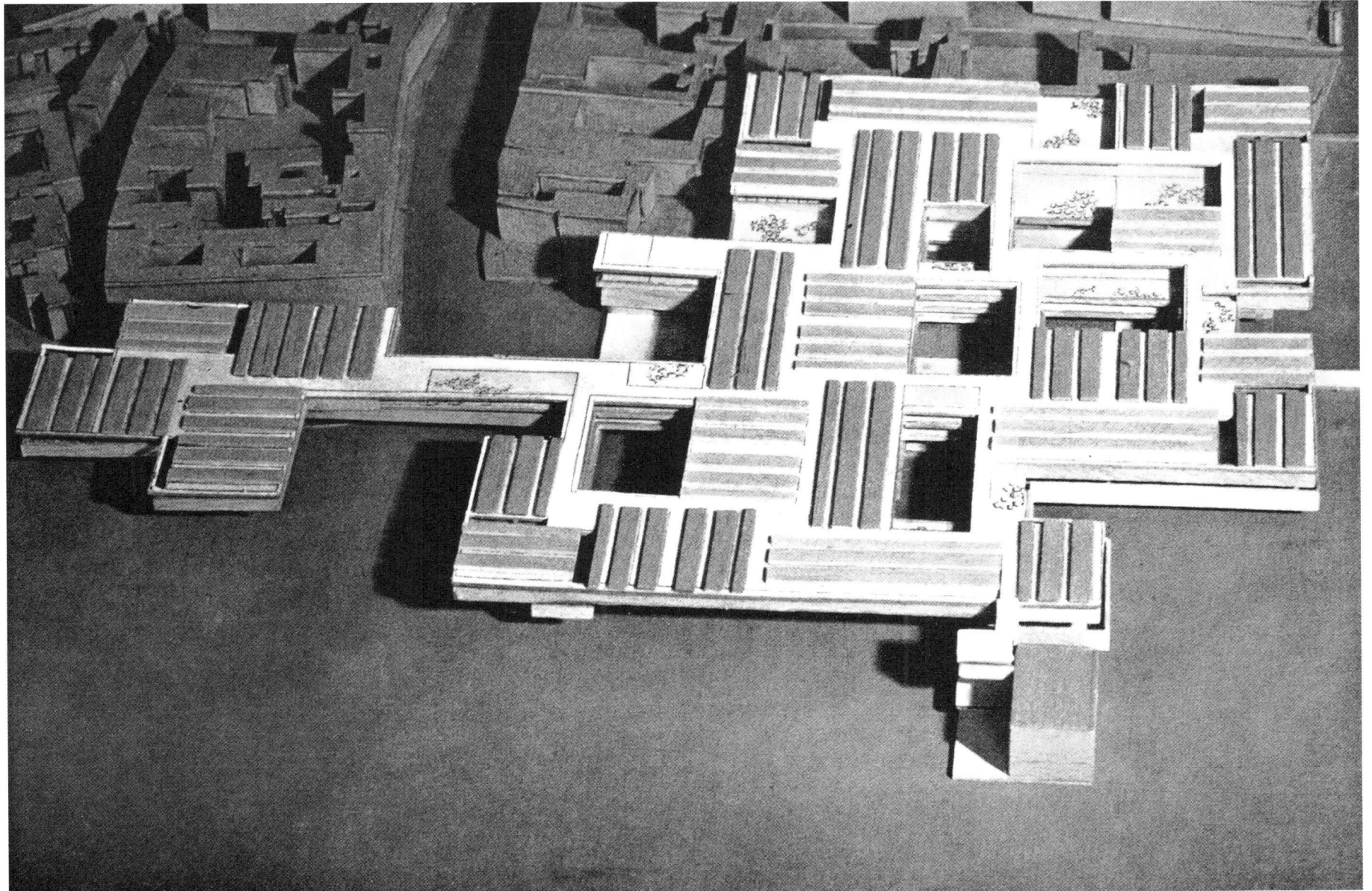

新威尼斯医院鸟瞰(模型)

新威尼斯医院,1965年

初稿方案(1964年)。屋顶平面图

斯特拉斯堡国会大厦，1964 年

"市长Pflimlin先生以及这座城市恪尽职守的管理者们共同拟定了一份完美的任务书。

在如此有利的条件下，一名建筑师可以说他是在为上帝工作：忠诚，正直，一丝不苟。于是人们意识到：建筑，源自激情……"

建筑的方形体块以及北立面壮观的坡道均以混凝土建造并保持脱模后的原状。

大片的立面将成为以标志为主题的凹雕壁画的背景。（参见斐米尼青年文化中心）

关注的焦点落在楼板与墙壁的隔声问题以及众多会议厅的声学环境上。

设有入口坡道的南立面（模型）

152　斯特拉斯堡国会大厦，1964年

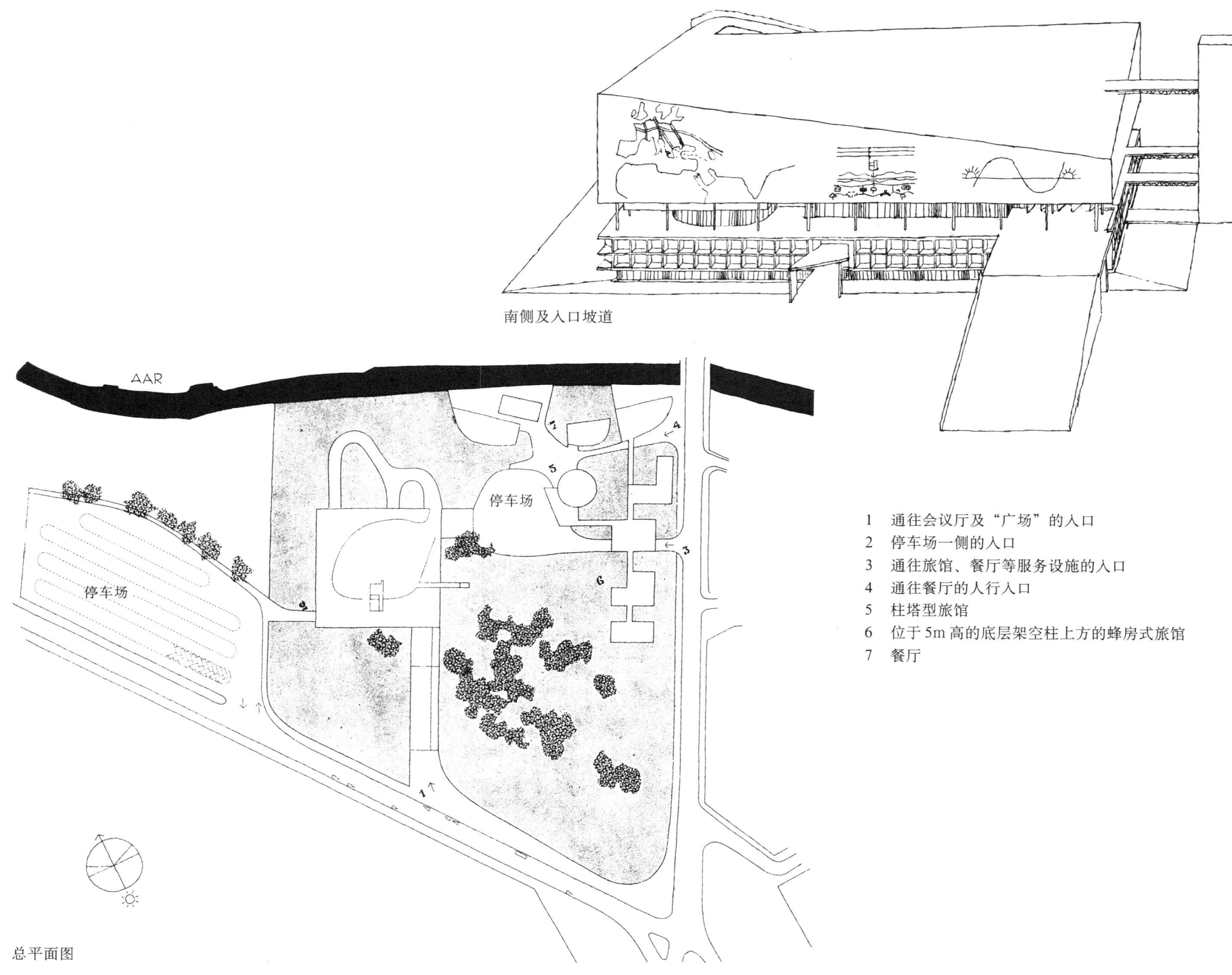

南侧及入口坡道

1　通往会议厅及"广场"的入口
2　停车场一侧的入口
3　通往旅馆、餐厅等服务设施的入口
4　通往餐厅的人行入口
5　柱塔型旅馆
6　位于5m高的底层架空柱上方的蜂房式旅馆
7　餐厅

总平面图

斯特拉斯堡国会大厦，1964年

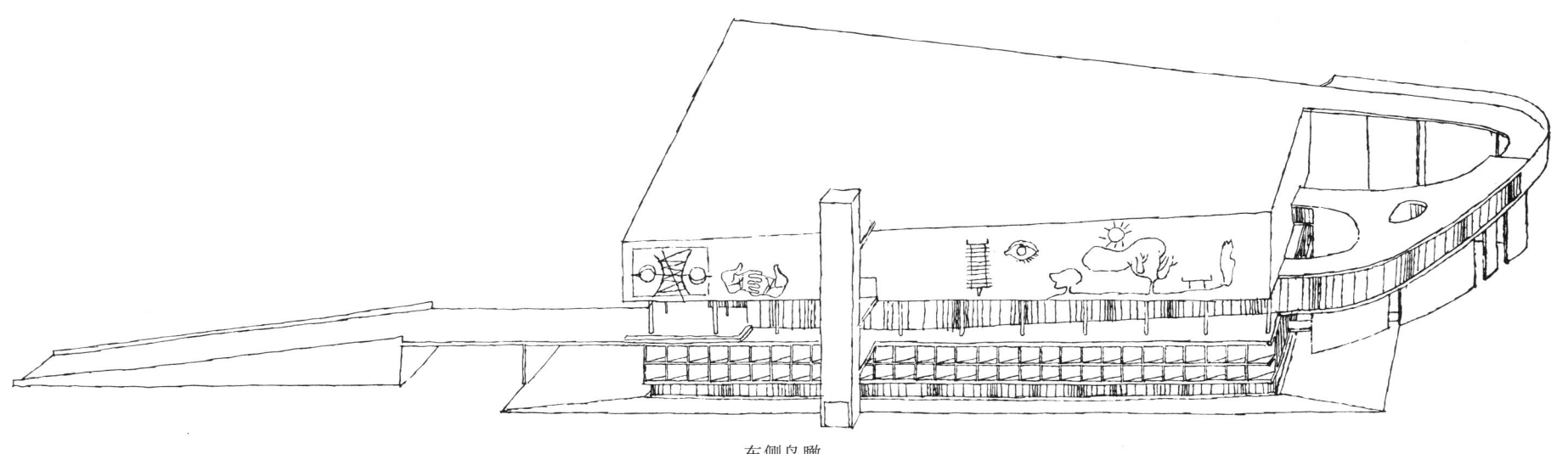

东侧鸟瞰

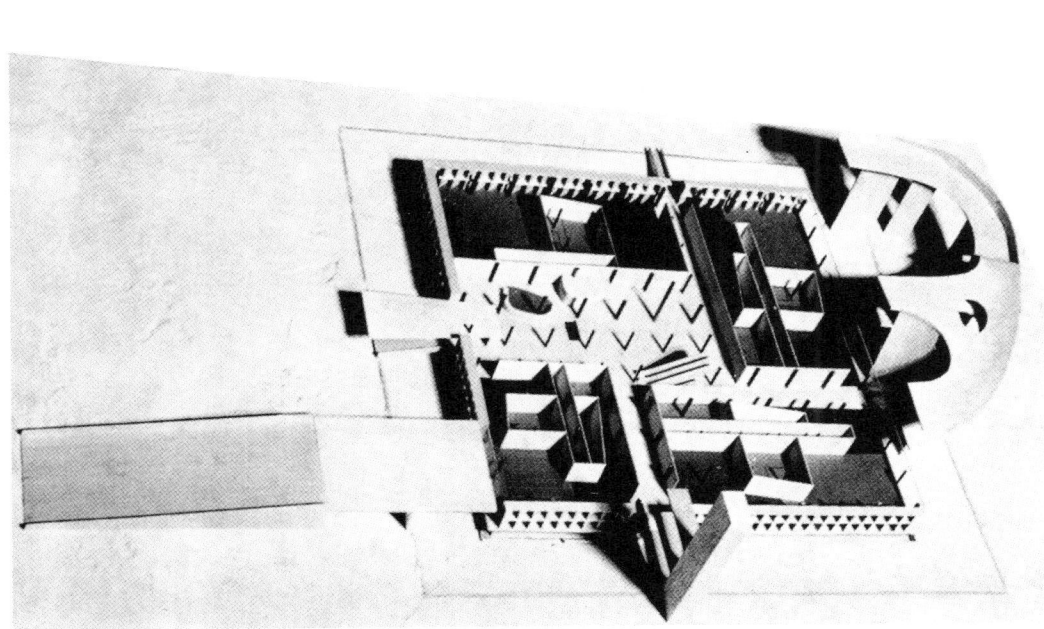

首层（模型）

154　斯特拉斯堡国会大厦，1964年

1　入口
2　问讯接待处
3　通往花园的出口
4　170人会议厅
5　130人会议厅
6　80人会议厅
7　50人会议厅
8　30人会议厅
9　货梯
A　公用电话，休息厅及酒吧
B　170人会议厅
C　委员议事厅
D　主席办公室
E　主席助理办公室
F　会议秘书处
G　常驻秘书处
H　同声传译室

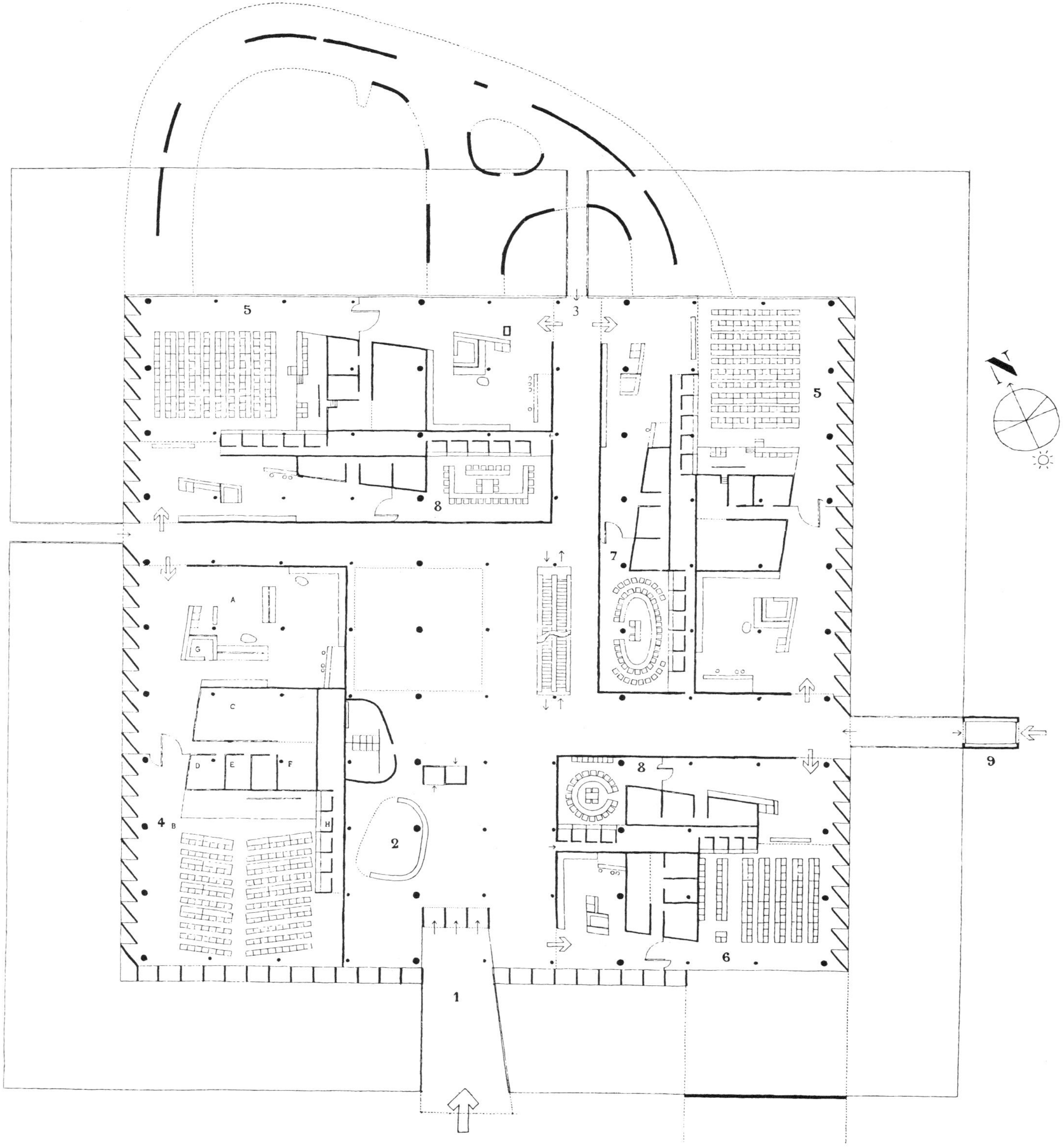

首层平面图（N2）。会议厅

斯特拉斯堡国会大厦，1964年 155

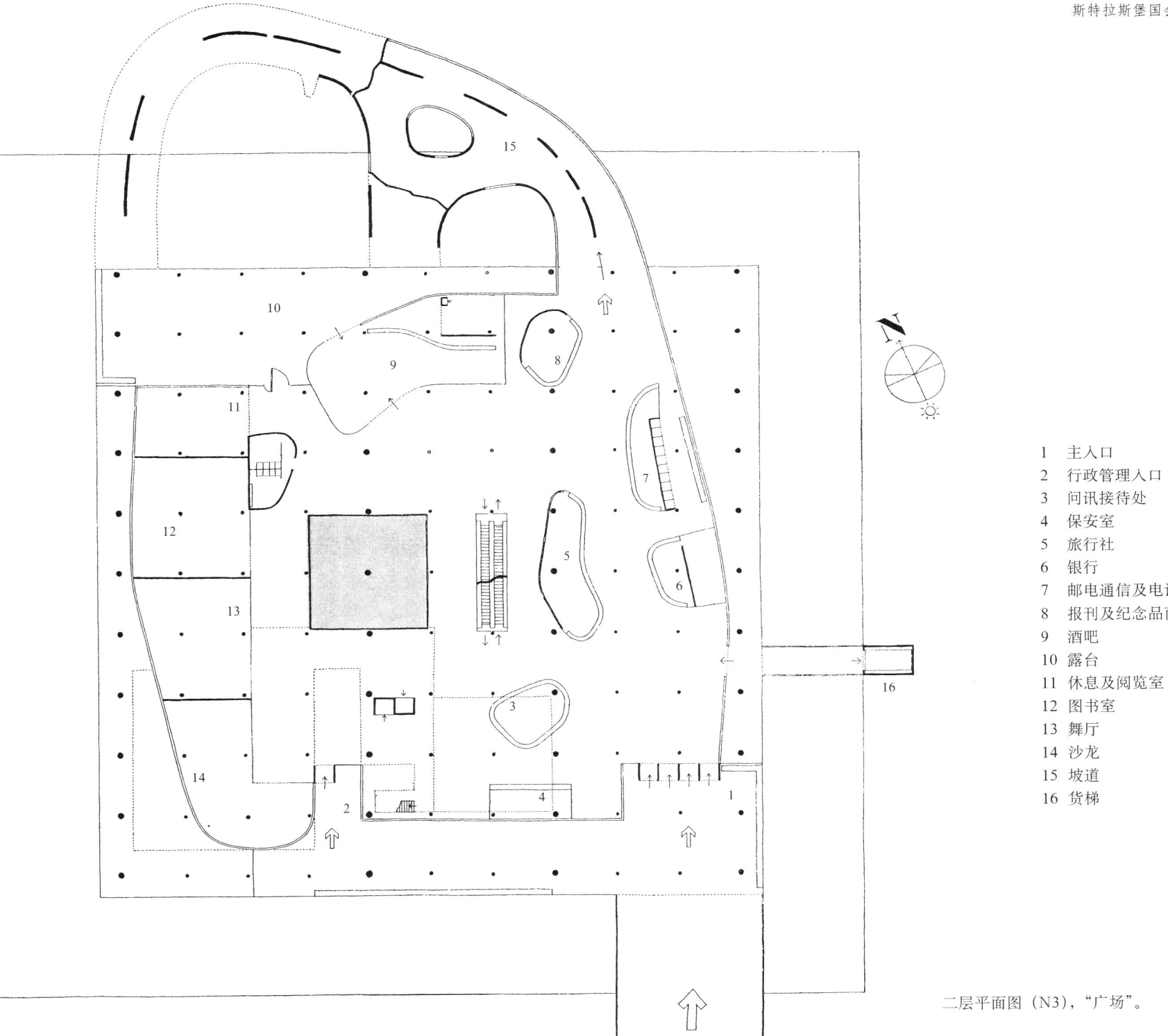

1 主入口
2 行政管理入口
3 问讯接待处
4 保安室
5 旅行社
6 银行
7 邮电通信及电话间
8 报刊及纪念品商亭
9 酒吧
10 露台
11 休息及阅览室
12 图书室
13 舞厅
14 沙龙
15 坡道
16 货梯

二层平面图（N3），"广场"。

156　斯特拉斯堡国会大厦，1964年

南侧及入口坡道（模型）

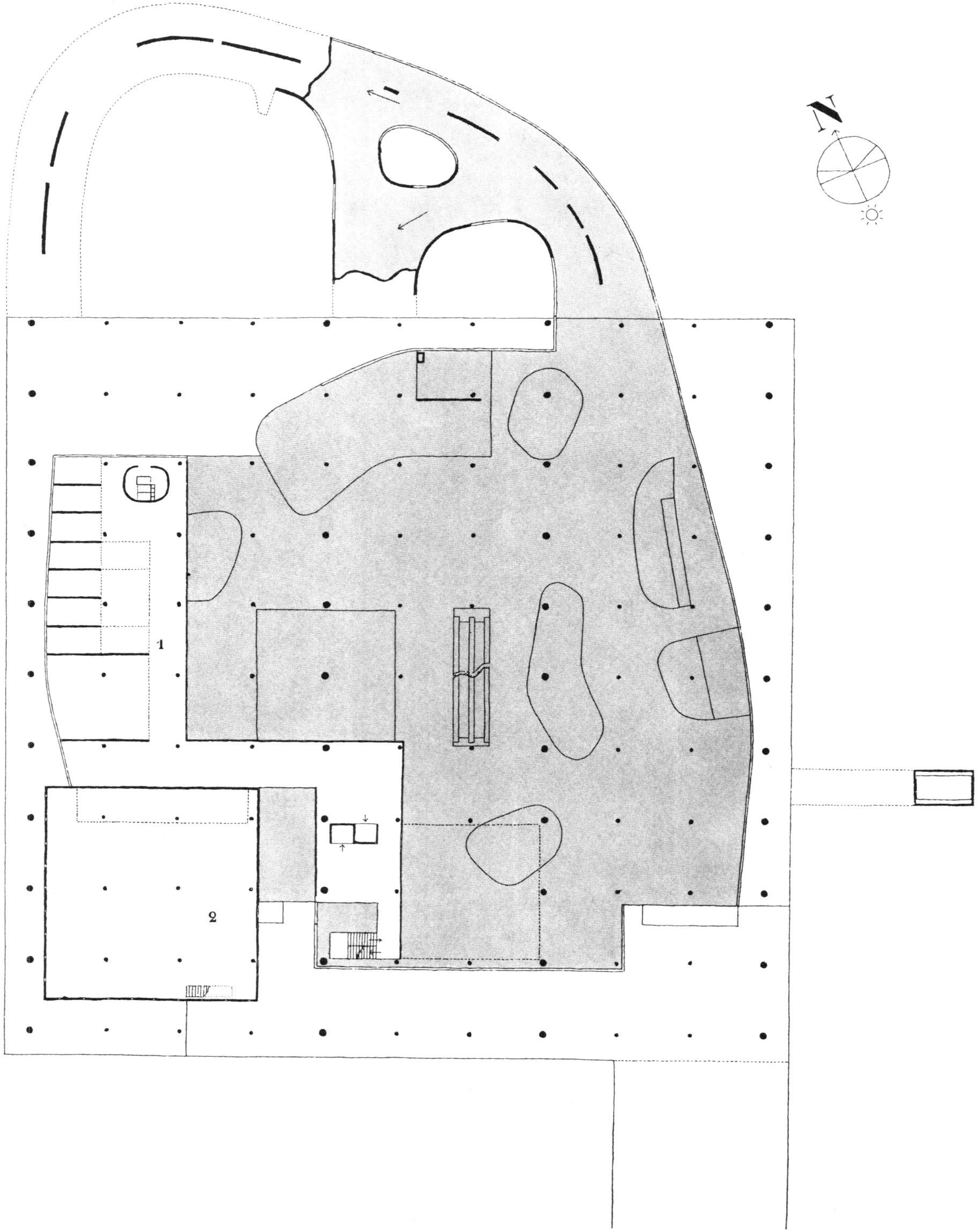

二层夹层平面图（N3B）
（灰色区域为二层上空）
1　行政管理
2　夹层大厅

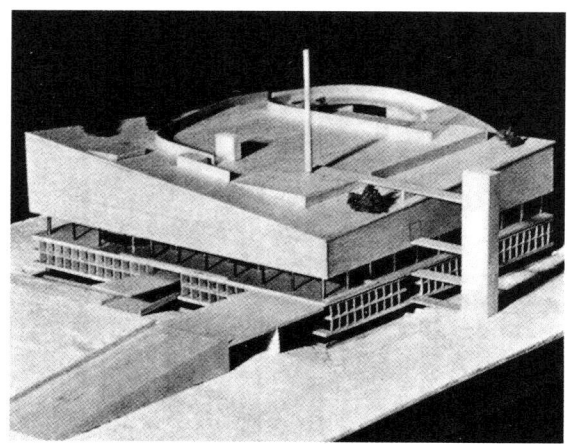

东南侧（模型）

斯特拉斯堡国会大厦，1964年

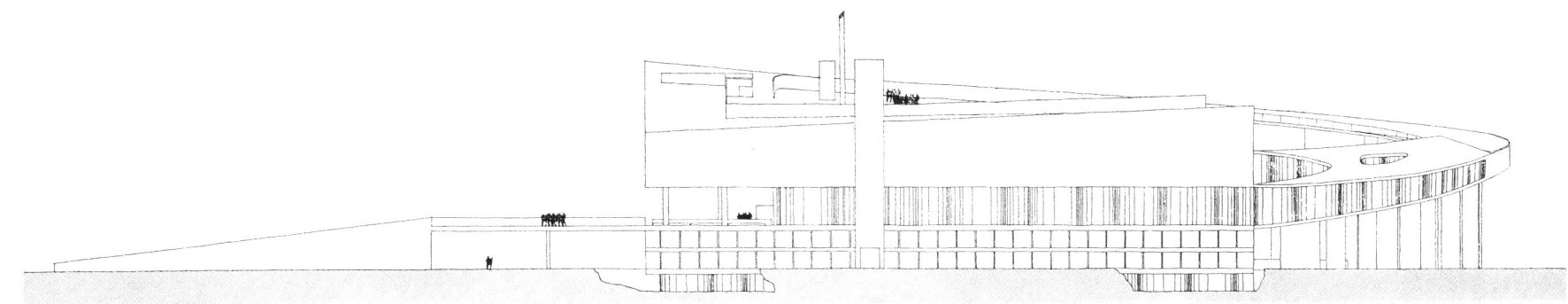

东立面图

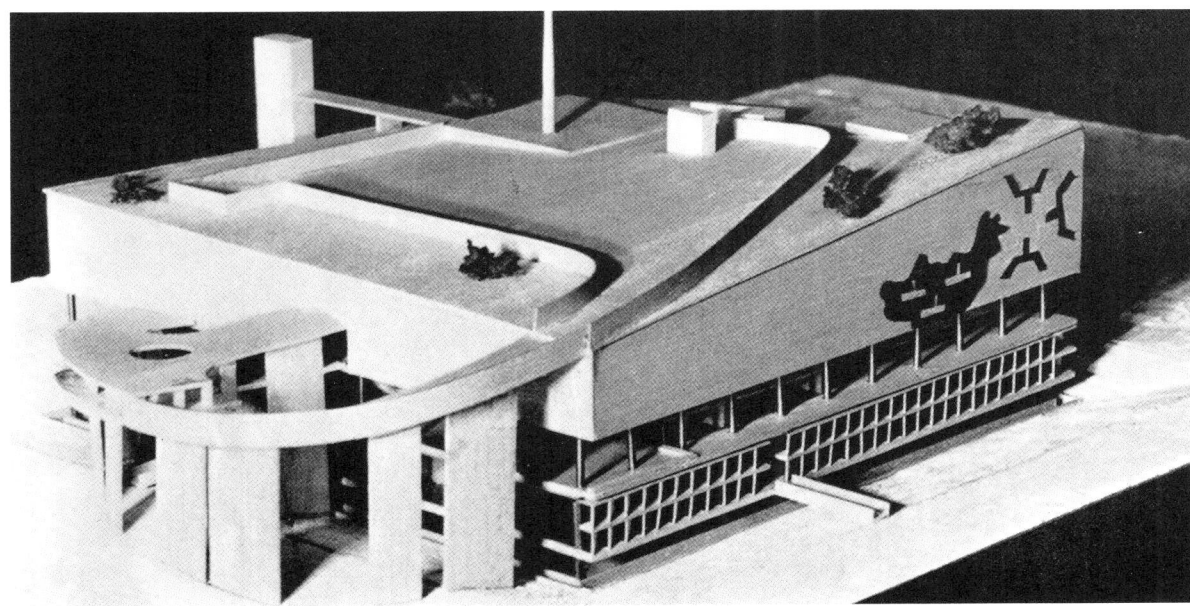

西北侧（模型）三层外墙表皮"烙上"了"光辉城市"的标志

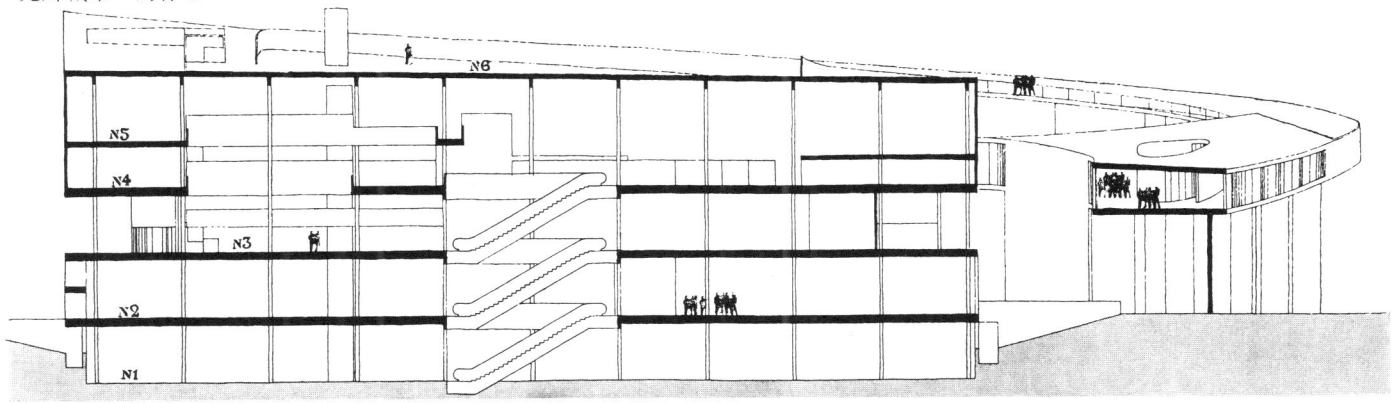

南－北剖面图

158 斯特拉斯堡国会大厦,1964年

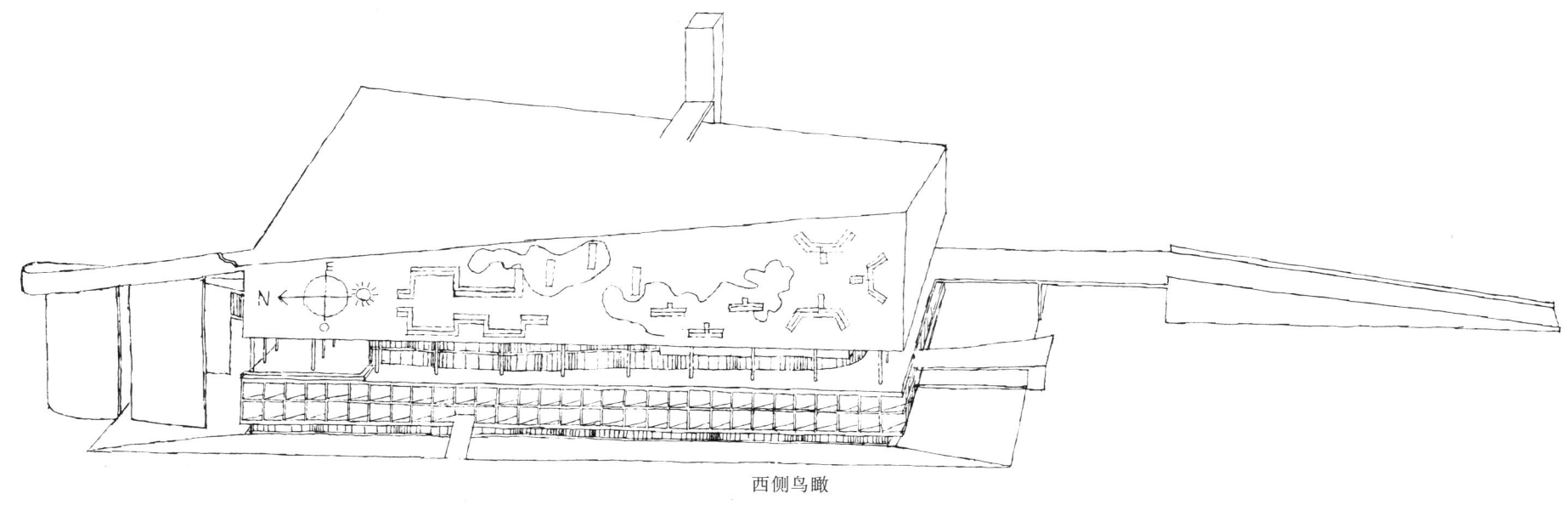

西侧鸟瞰

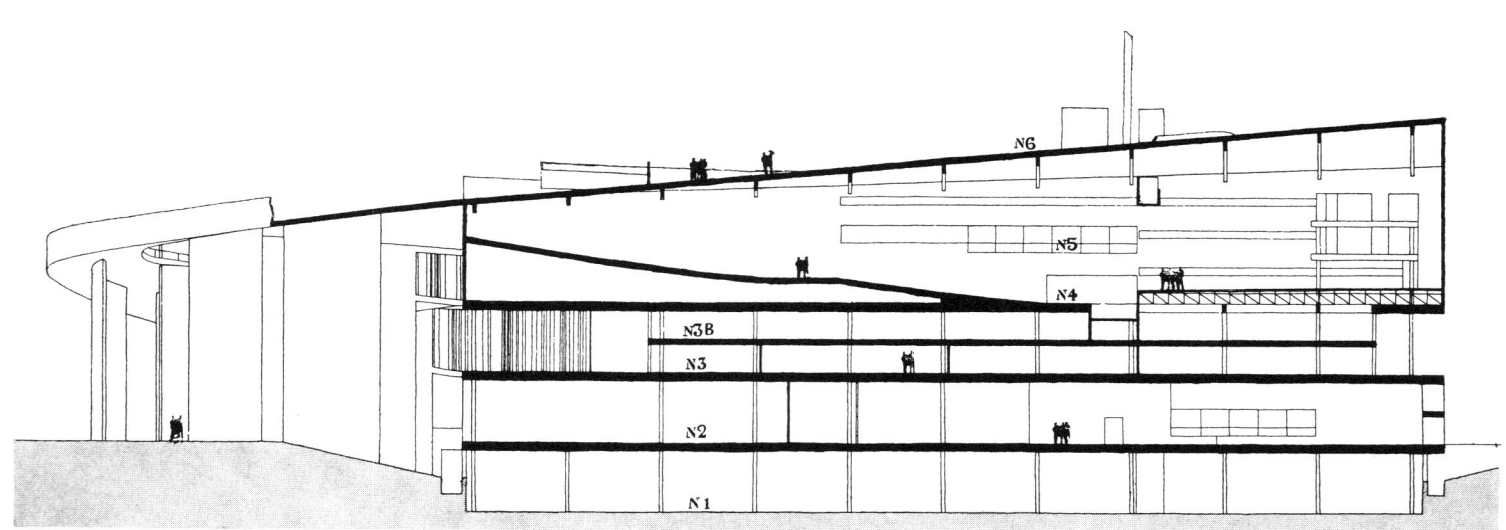

南-北剖面图

斯特拉斯堡国会大厦，1964年　159

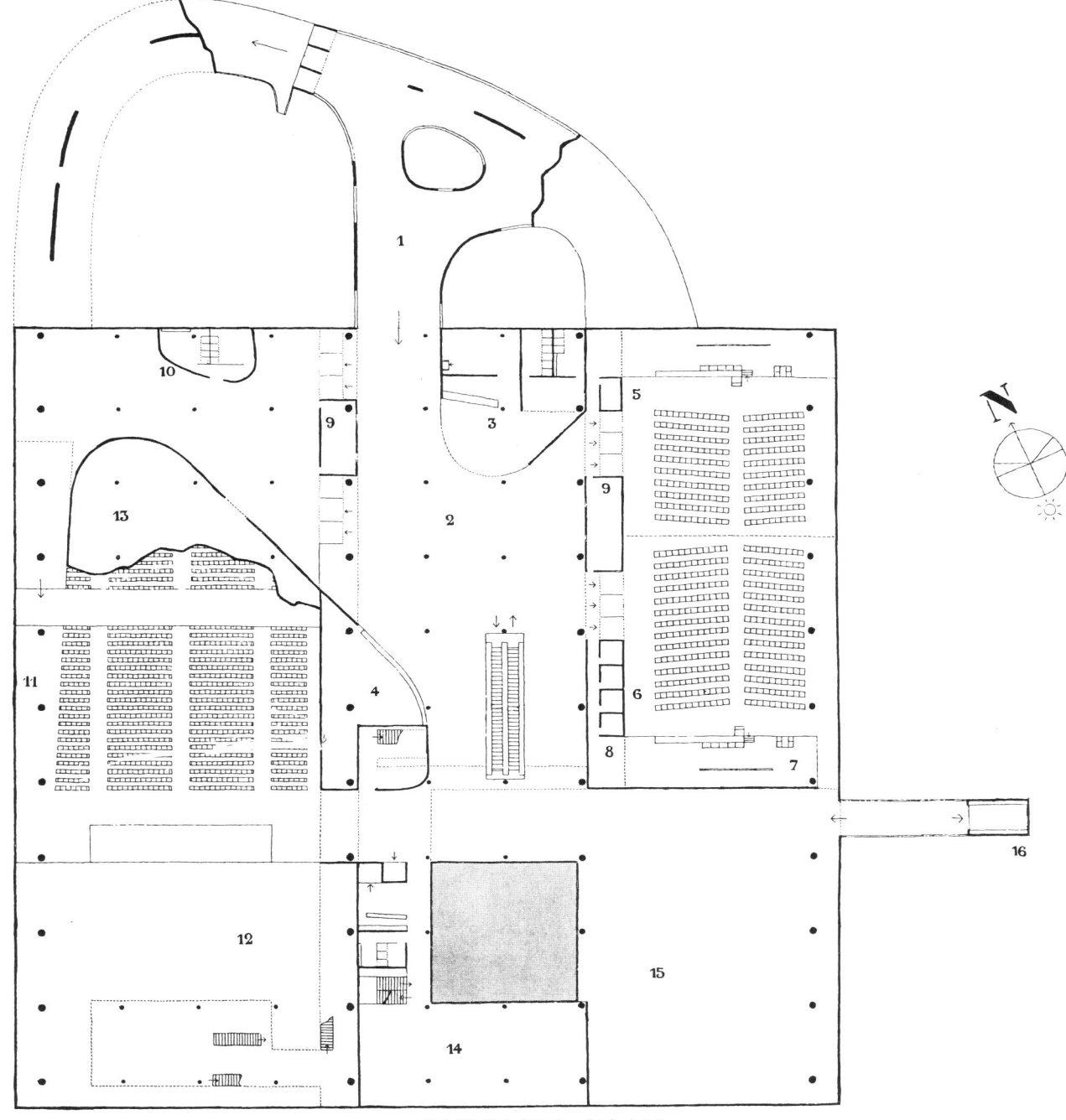

1　坡道
2　"广场"
3　酒吧
4　衣帽间
5　200人集会厅
6　300人集会厅
7　讲台
8　隔间及化妆室
9　监控室
10　集会广场
11　2000人集会大厅
12　舞台
13　夹层
14　主席及要人沙龙
15　展览大厅
16　货梯

三层平面图（N4），集会大厅。

斯特拉斯堡国会大厦，1964年

四层（模型）

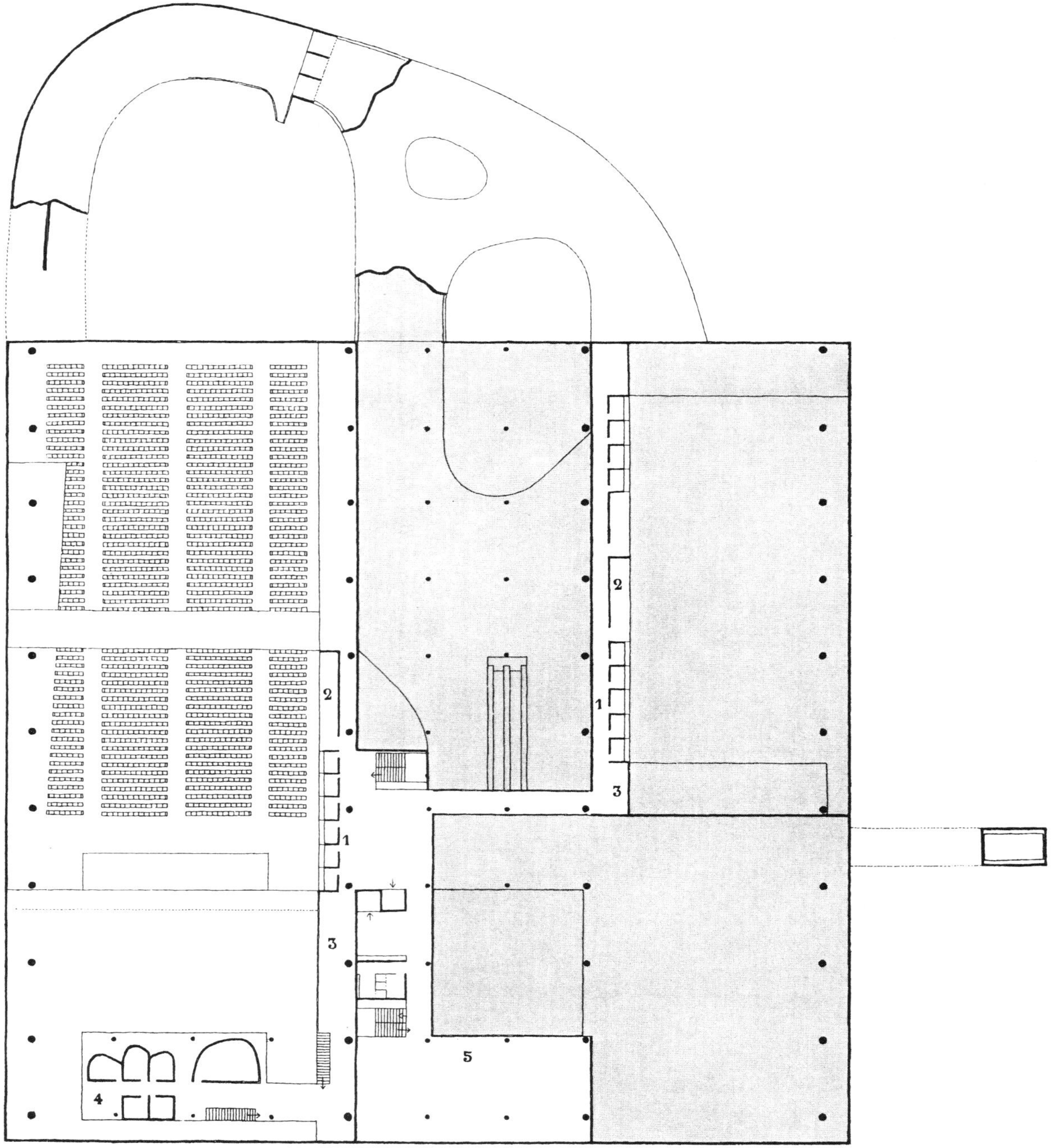

1　同声传译室
2　记者席
3　技术人员检修廊道
4　化妆间
5　新闻发布厅

四层平面图（N5）
（灰色区域为三层上空）
集会大厅，同声传译室及技术人员检修廊道

斯特拉斯堡国会大厦，1964年

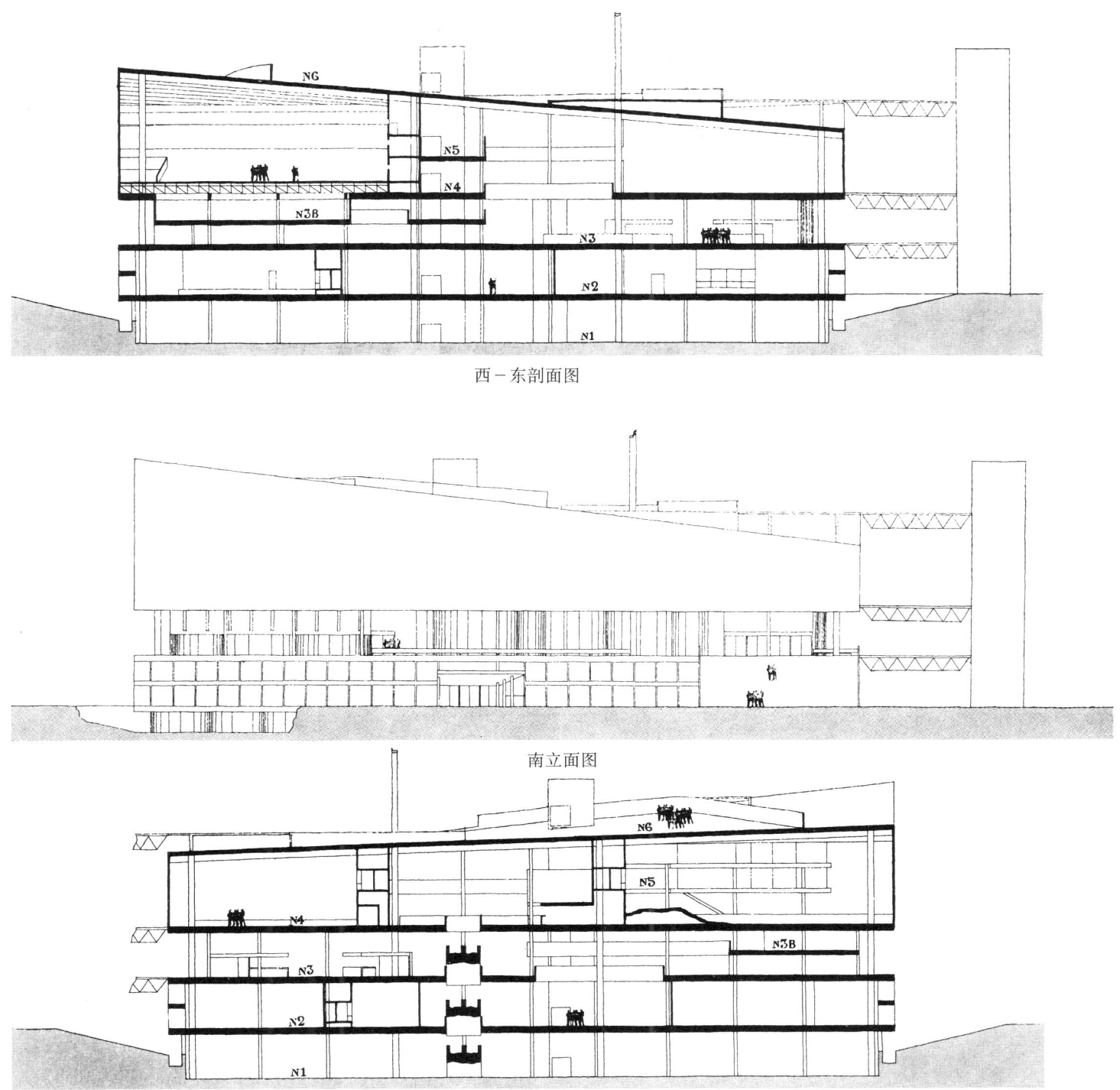

西－东剖面图

南立面图

东－西剖面图

162　斯特拉斯堡国会大厦，1964年

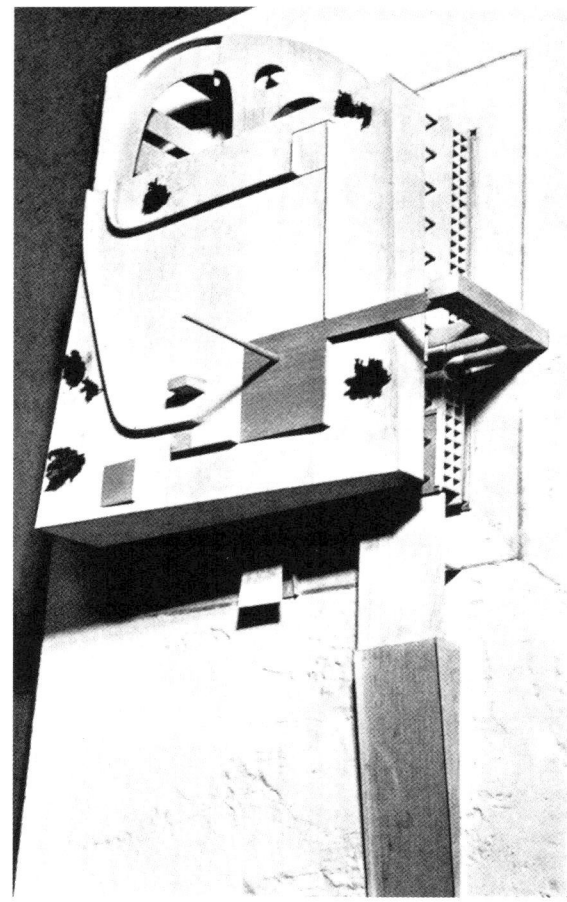

屋顶（模型）

东侧和南侧（模型）

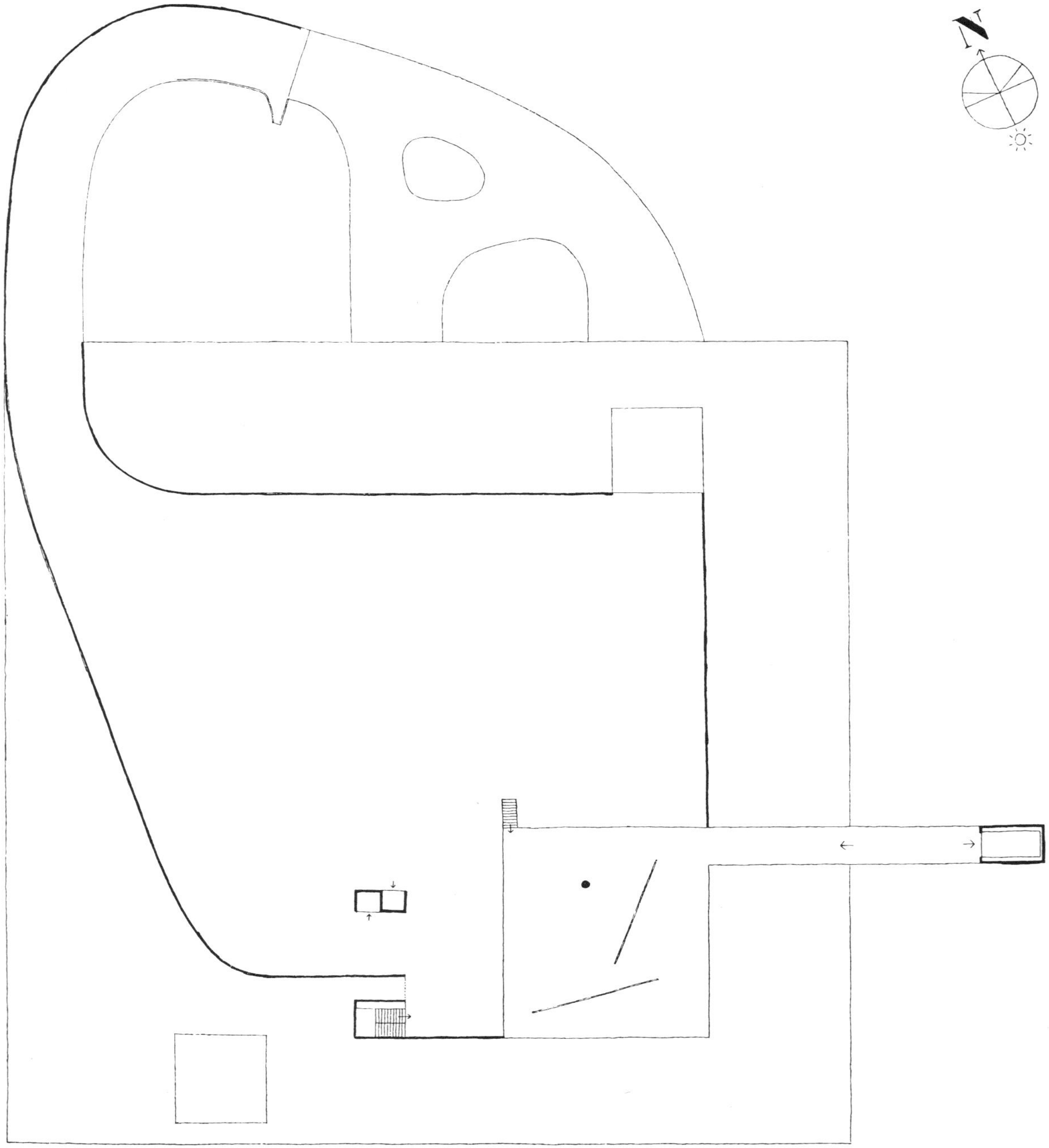

屋顶层平面（N6）。电子观演

爱伦巴赫国际艺术中心，美因河畔法兰克福附近，1963年

艺术中心将坐落在田野之中。爱伦巴赫位于"斯德哥尔摩－罗马"和"巴黎－维也纳－贝尔格莱德－布加勒斯特"这两条轴线的交叉点。

任务书包括：一个"无限生长的博物馆"（将来可扩建），一个"魔盒"，一个"自生剧场"，一个"巡回展馆"，博物馆的工作室和库房，以及一个雕塑园。

柯布西耶事务所的方案以文本的形式提交给当局，文本采用标准格式（21cm×33cm），遵循"CIAM"表格的规定——这种表达体系由ASCORAL（旨在建筑革新的建造者联盟）于1947年创建。

20世纪博物馆

164　爱伦巴赫国际艺术中心，美因河畔法兰克福附近，1963年

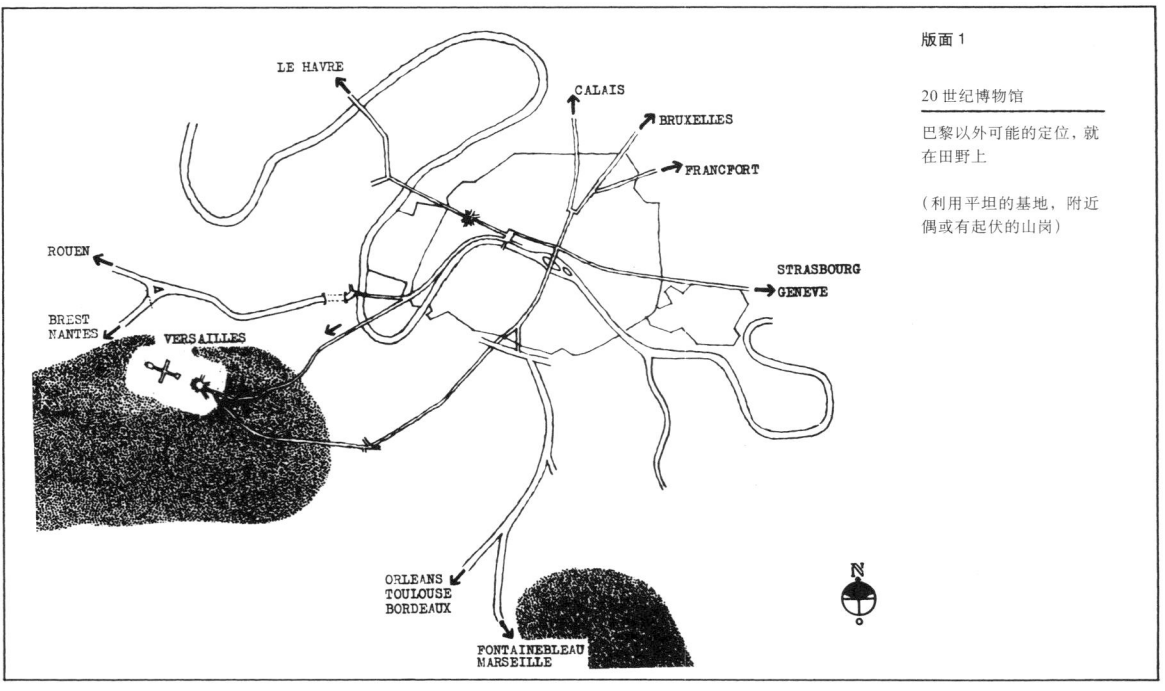

版面1

20世纪博物馆

巴黎以外可能的定位，就在田野上

（利用平坦的基地，附近偶或有起伏的山岗）

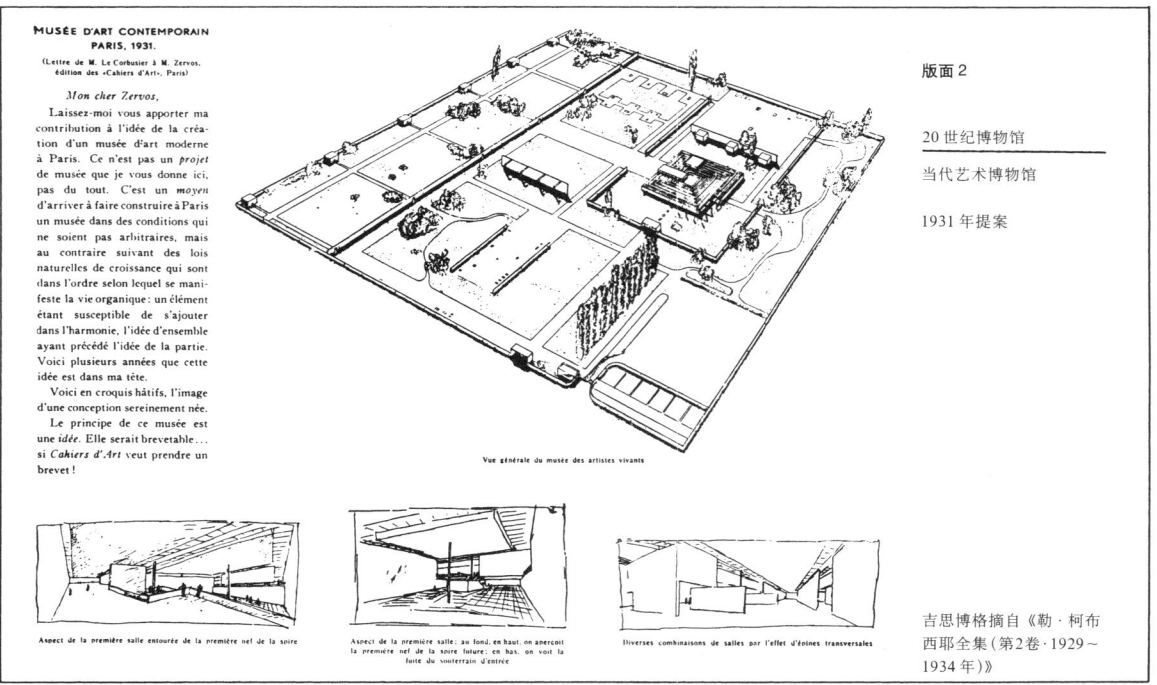

版面2

20世纪博物馆

当代艺术博物馆

1931年提案

吉思博格摘自《勒·柯布西耶全集（第2卷·1929~1934年）》

《勒·柯布西耶全集（第2卷·1929~1934年）》P63

爱伦巴赫国际艺术中心，美因河畔法兰克福附近，1963 年

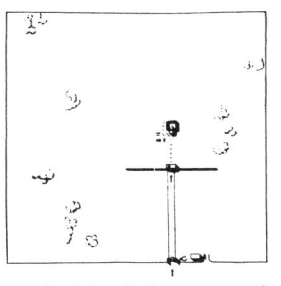
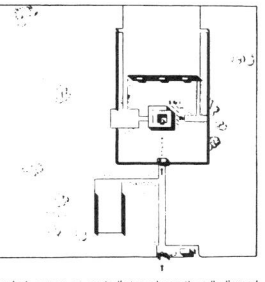
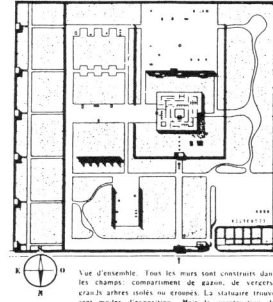

版面 3

20 世纪博物馆

当代艺术博物馆

1931 年提案

《勒·柯布西耶全集（第 2 卷·1929～1934 年）》

吉思博格摘自《勒·柯布西耶全集（第 2 卷·1929～1934 年）》

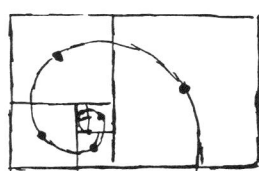

版面 4

20 世纪博物馆

1939 年"无限生长的博物馆"

方螺旋原理

《勒·柯布西耶全集（第 4 卷·1938～1946 年）》，"无限生长的博物馆"的基本原理首次呈现

吉思博格摘自《勒·柯布西耶全集（第 4 卷·1938～1946 年）》

166　爱伦巴赫国际艺术中心，美因河畔法兰克福附近，1963年

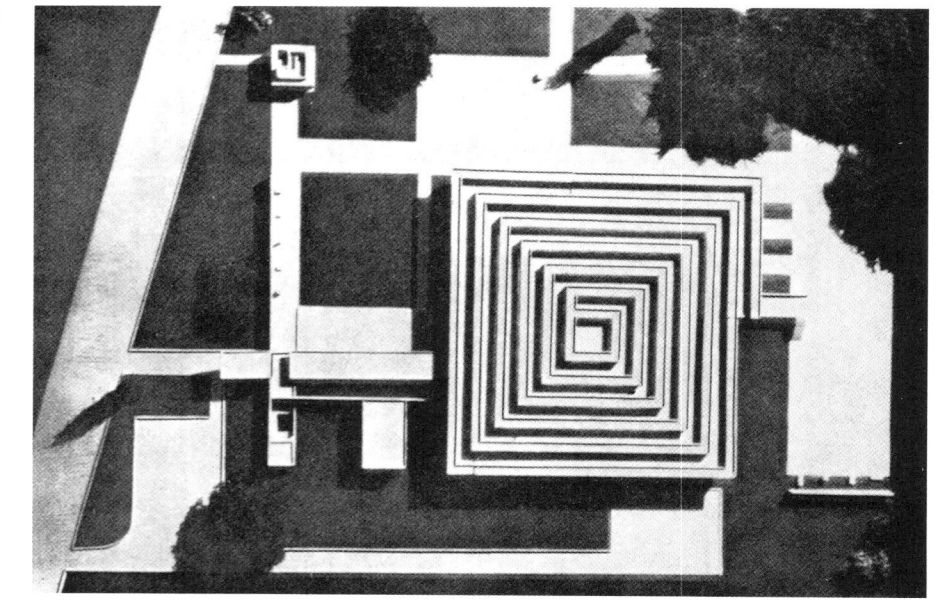

版面 5

20 世纪博物馆

1939 年　"无限生长的博物馆"

展厅层平面（二层）

吉思博格摘自《勒·柯布西耶全集（第 4 卷·1938～1946 年）》

《勒·柯布西耶全集（第 4 卷·1938～1946 年）》中的两页

版面 6

20 世纪博物馆

1939 年　"无限生长的博物馆"

模型鸟瞰

吉思博格摘自《勒·柯布西耶全集（第 4 卷·1938～1946 年）》

爱伦巴赫国际艺术中心，美因河畔法兰克福附近，1963年　167

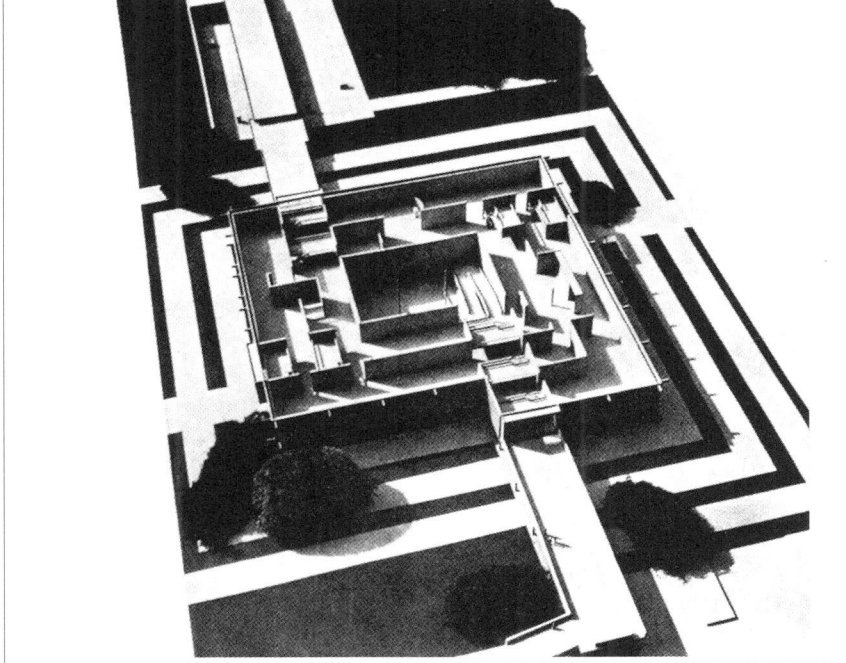

版面 7

20 世纪博物馆

1939 年　"无限生长的博物馆"

多样可变的展厅布局（二层）

吉思博格摘自《勒·柯布西耶全集（第 4 卷·1938~1946 年）》

版面 8

20 世纪博物馆

展厅无限多样的组合

168　爱伦巴赫国际艺术中心，美因河畔法兰克福附近，1963年

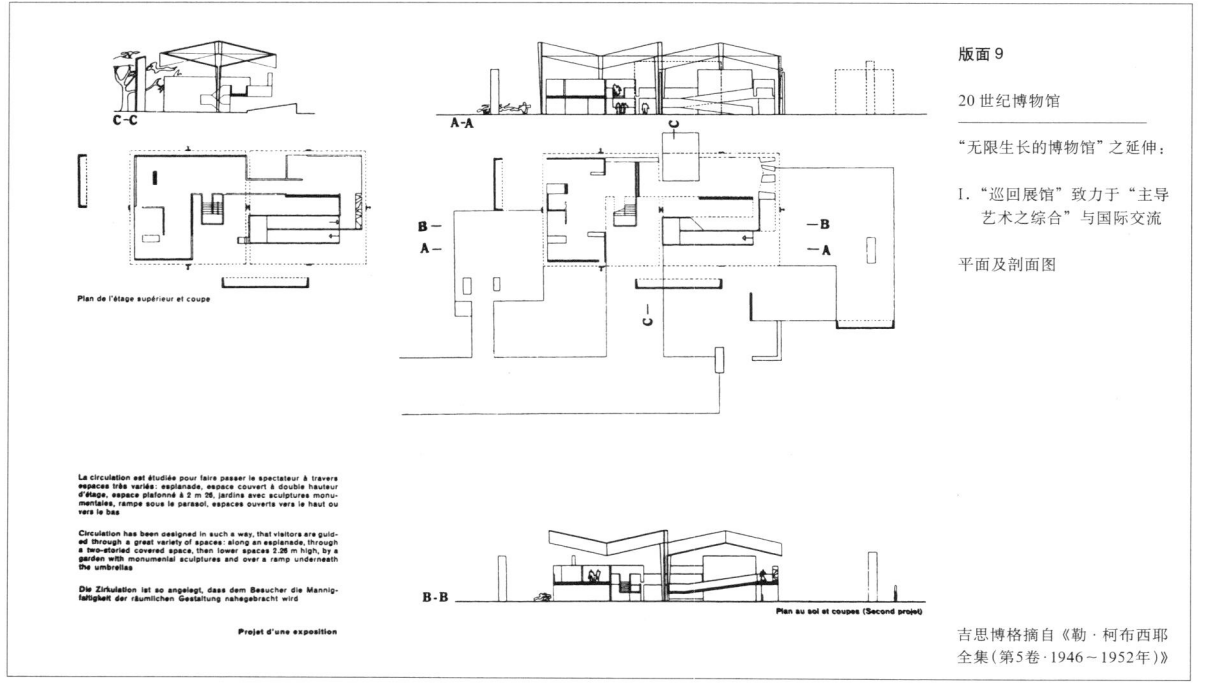

版面9

20世纪博物馆

"无限生长的博物馆"之延伸：

I. "巡回展馆"致力于"主导艺术之综合"与国际交流

平面及剖面图

吉思博格摘自《勒·柯布西耶全集（第5卷·1946~1952年）》

《勒·柯布西耶全集（第5卷·1946~1952年）》中的两页

版面10

20世纪博物馆

"无限生长的博物馆"之延伸：

I. "巡回展馆"致力于"主导艺术之综合"

展馆全貌

吉思博格摘自《勒·柯布西耶全集（第5卷·1946~1952年）》

爱伦巴赫国际艺术中心，美因河畔法兰克福附近，1963年

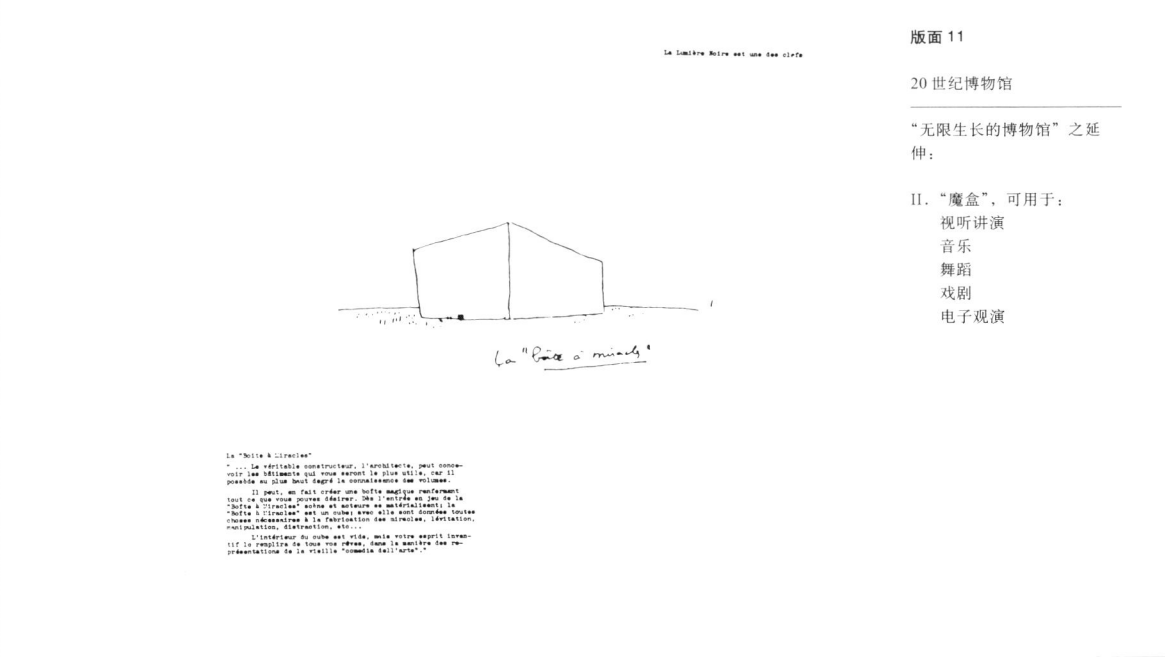

版面 11

20 世纪博物馆

"无限生长的博物馆"之延伸：

II. "魔盒"，可用于：
　　视听讲演
　　音乐
　　舞蹈
　　戏剧
　　电子观演

版面 12

20 世纪博物馆

以东京国家西方美术馆为例，其中包含：

背景——1. "魔盒"
左侧——2. 无限生长的博物馆
　　　　　（建于 1959 年）
右侧——3. 巡回展馆
　　　　4. 广场（可进行露天表演）

170　爱伦巴赫国际艺术中心，美因河畔法兰克福附近，1963年

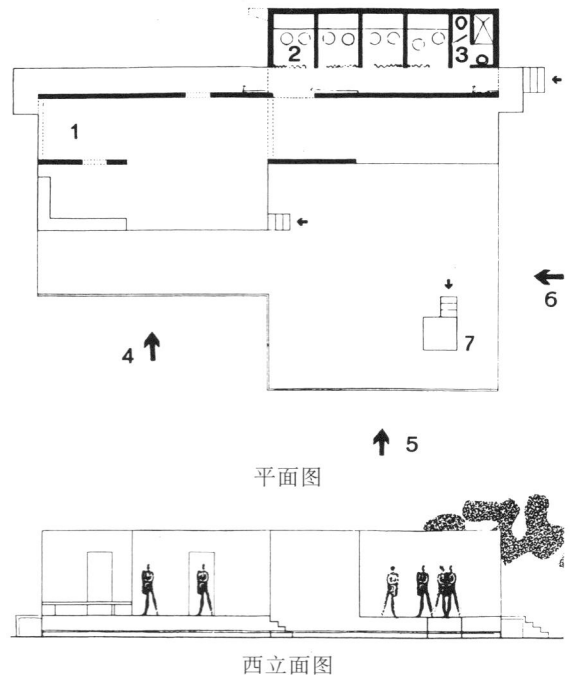

平面图

1　副台
2　化妆间
3　淋浴，卫生间
4，5，6　观众席，单独或组合（4＋5），（4＋6），（5＋6）或（4＋5＋6）
7　讲台（演说者只身立于舞台中央）

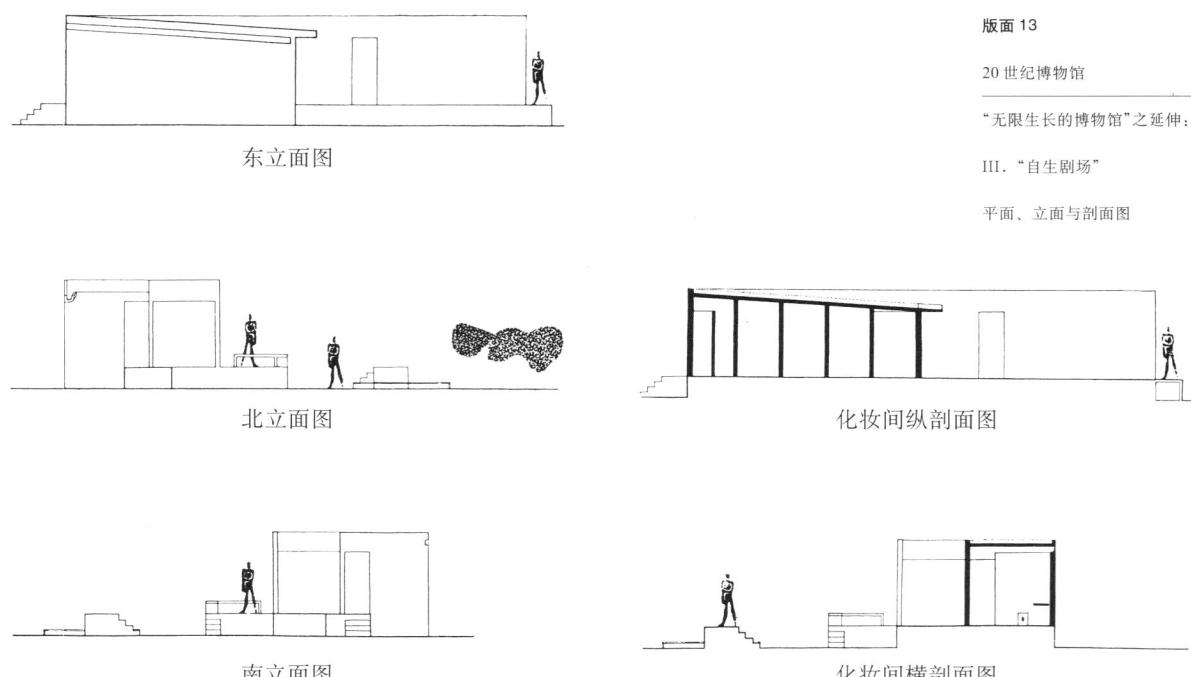

东立面图

北立面图

化妆间纵剖面图

西立面图

南立面图

化妆间横剖面图

版面13

20世纪博物馆

"无限生长的博物馆"之延伸：

III．"自生剧场"

平面、立面与剖面图

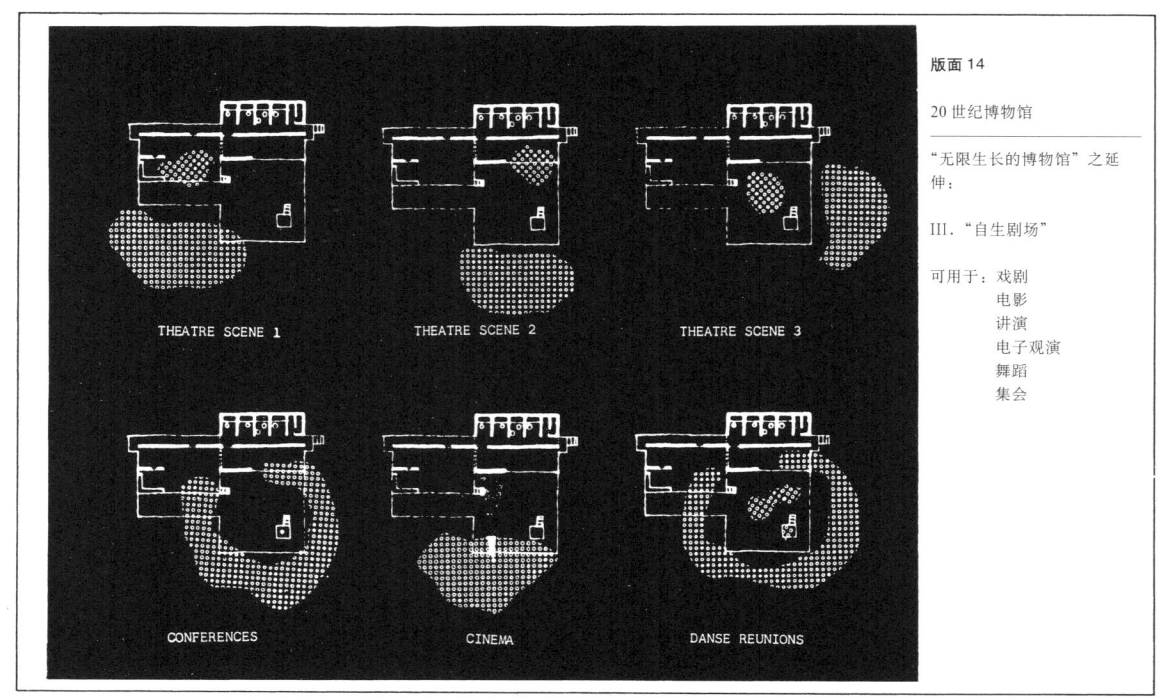

版面14

20世纪博物馆

"无限生长的博物馆"之延伸：

III．"自生剧场"

可用于：戏剧
　　　　电影
　　　　讲演
　　　　电子观演
　　　　舞蹈
　　　　集会

爱伦巴赫国际艺术中心，美因河畔法兰克福附近，1963年　171

版面 15

20 世纪博物馆

"无限生长的博物馆"之延伸：

III."自生剧场"

电影

"自生剧场"意味着：自由布置自由使用的舞台。演员的出场口和观众席的组合都可以随意选择。这里并没有设置固定的座椅或长凳。但在有效的点设置了表演用的马凳。须臾的消遣促成或大或小的集会，人们汇聚于此欣赏表演，或只是为了商讨提案、作出解释（不分尊卑贵贱），这里将诞生"天才的演说家"或有理有据的结巴

版面 16

20 世纪博物馆

"无限生长的博物馆"之延伸：

III."自生剧场"

全貌

172 爱伦巴赫国际艺术中心，美因河畔法兰克福附近，1963年

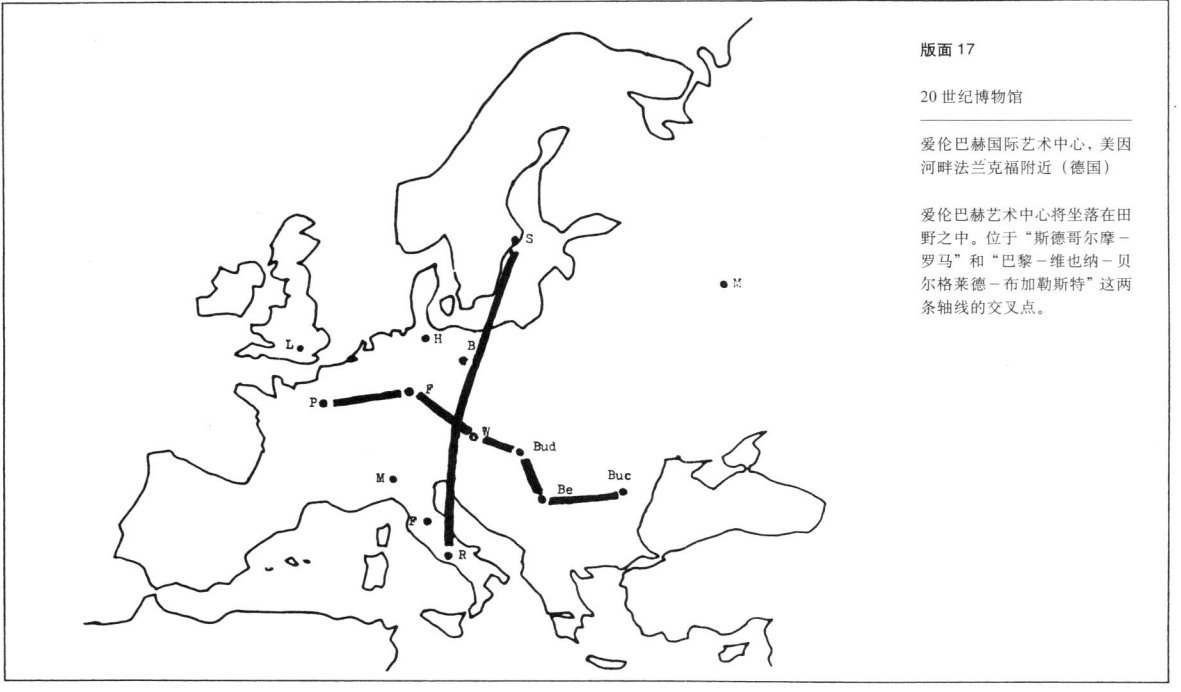

版面 17

20 世纪博物馆

爱伦巴赫国际艺术中心，美因河畔法兰克福附近（德国）

爱伦巴赫艺术中心将坐落在田野之中。位于"斯德哥尔摩－罗马"和"巴黎－维也纳－贝尔格莱德－布加勒斯特"这两条轴线的交叉点。

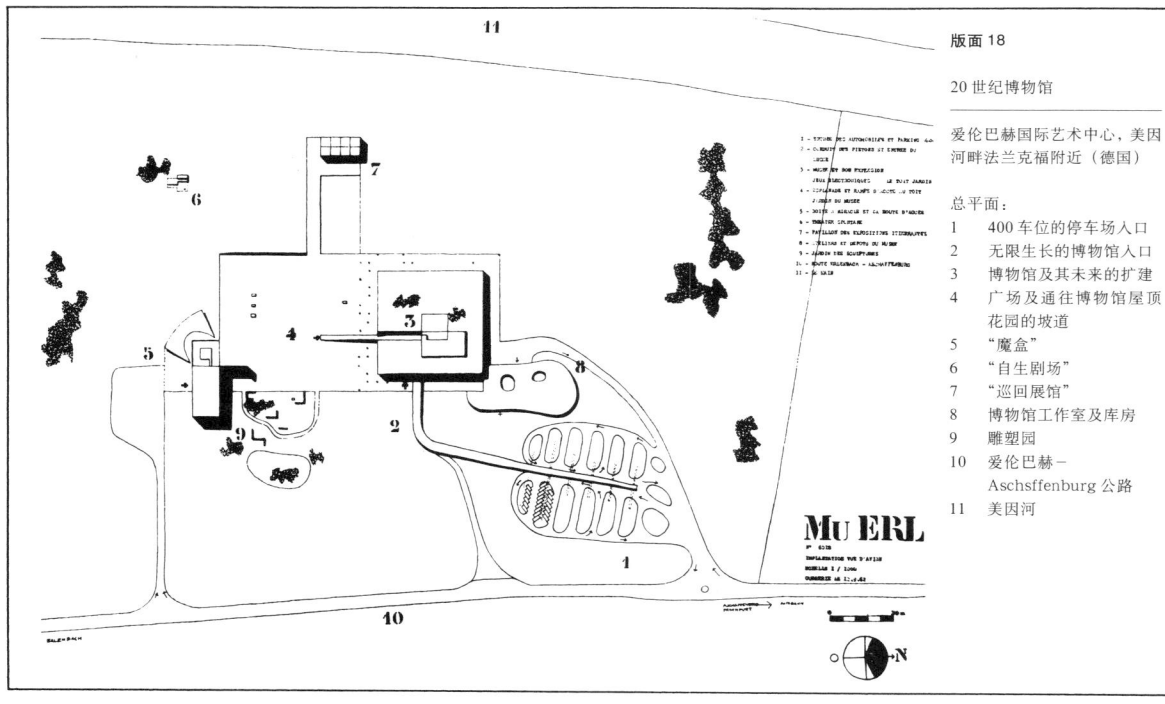

版面 18

20 世纪博物馆

爱伦巴赫国际艺术中心，美因河畔法兰克福附近（德国）

总平面：
1. 400 车位的停车场入口
2. 无限生长的博物馆入口
3. 博物馆及其未来的扩建
4. 广场及通往博物馆屋顶花园的坡道
5. "魔盒"
6. "自生剧场"
7. "巡回展馆"
8. 博物馆工作室及库房
9. 雕塑园
10. 爱伦巴赫－Aschsffenburg 公路
11. 美因河

爱伦巴赫国际艺术中心总平面图

爱伦巴赫国际艺术中心，美因河畔法兰克福附近，1963年   173

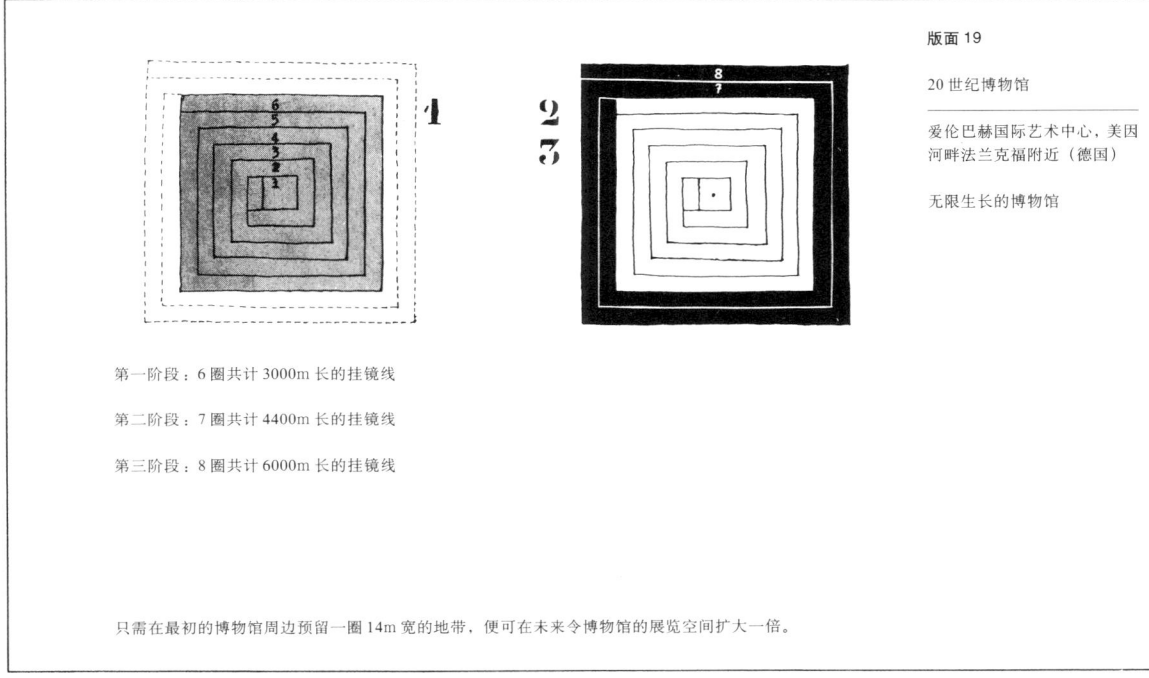

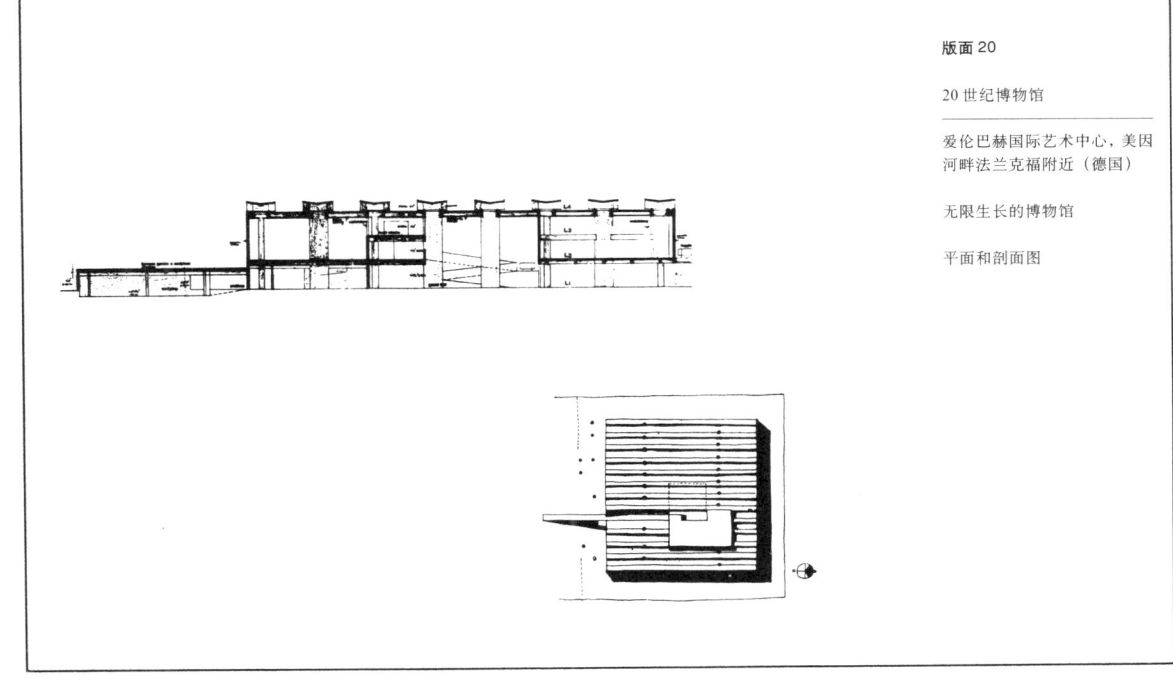

爱伦巴赫国际艺术中心的平面和剖面图

174　爱伦巴赫国际艺术中心，美因河畔法兰克福附近，1963年

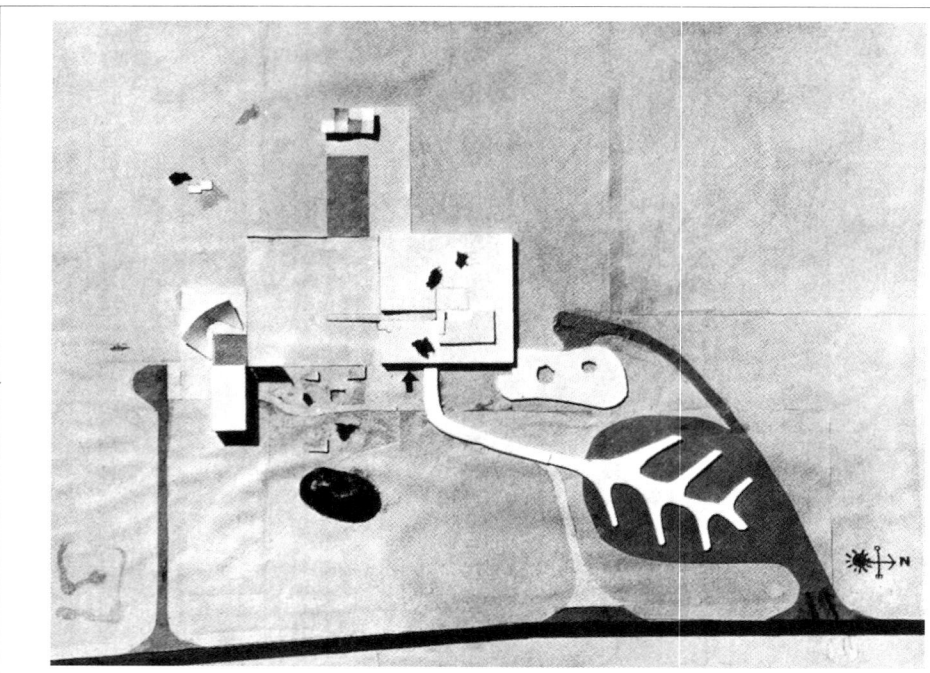

版面 21

20 世纪博物馆

爱伦巴赫国际艺术中心，美因河畔法兰克福附近（德国）

总平面图

国际艺术中心总平面图

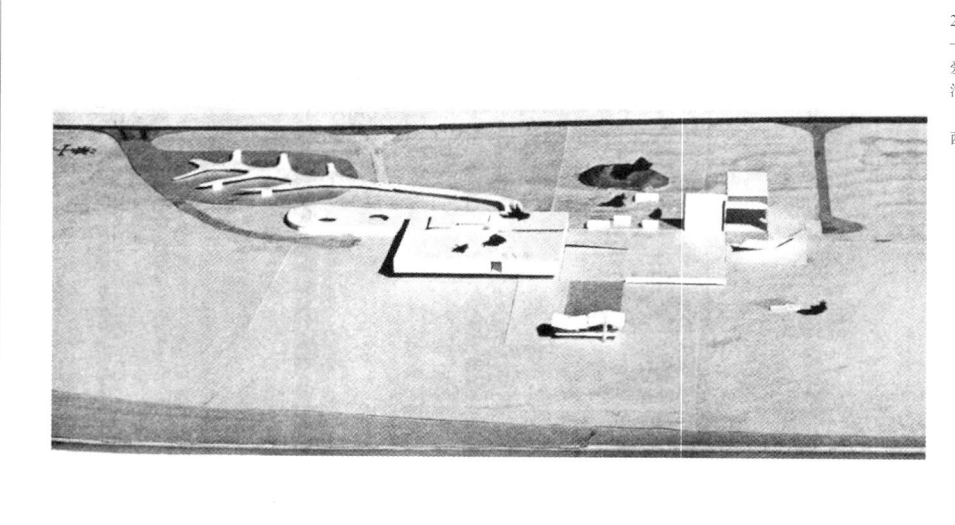

版面 22

20 世纪博物馆

爱伦巴赫国际艺术中心，美因河畔法兰克福附近（德国）

西侧全貌。自美因河望去

西侧全貌，自美因河望去

爱伦巴赫国际艺术中心，美因河畔法兰克福附近，1963年

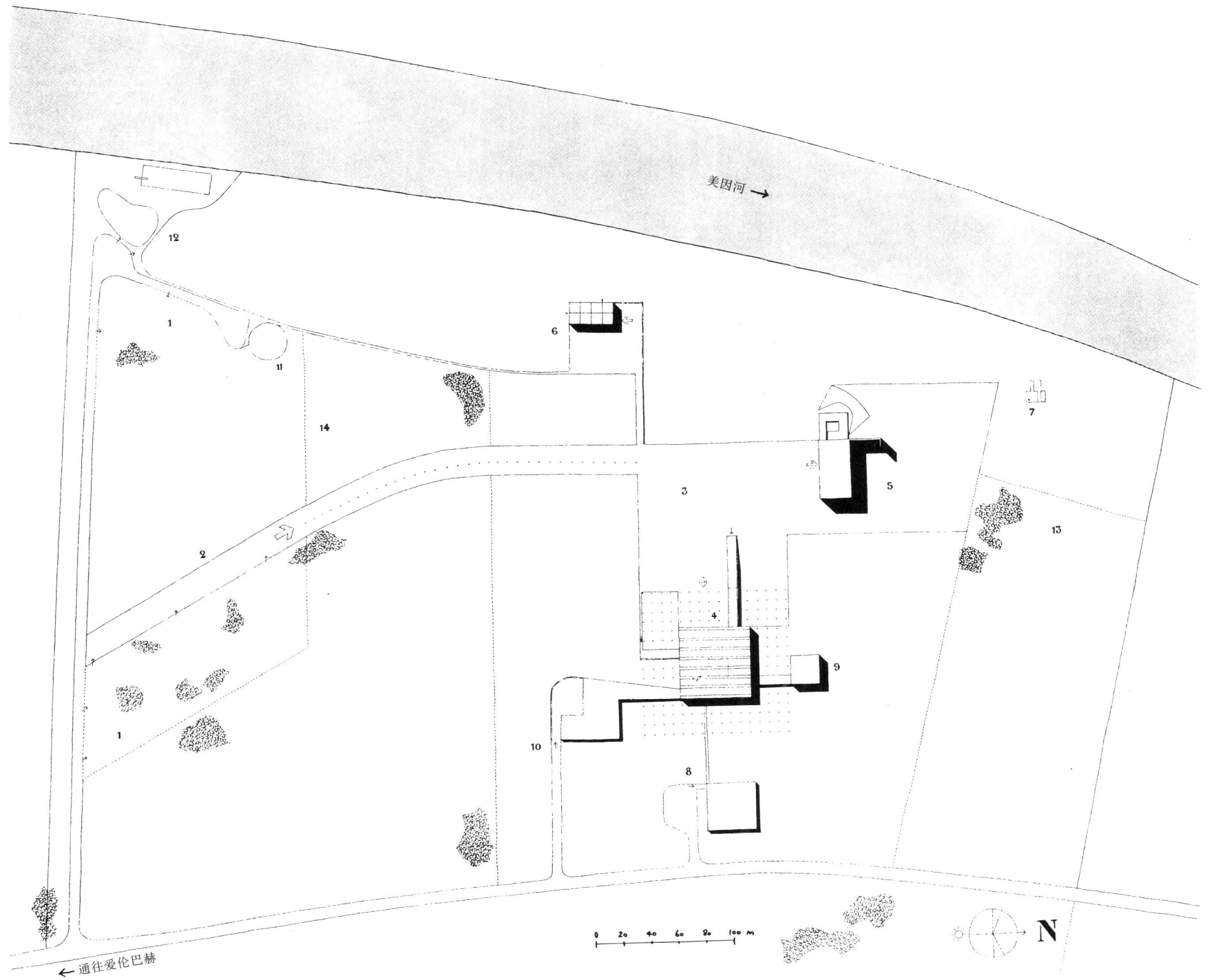

爱伦巴赫国际艺术中心，美因河畔法兰克福附近，1963年

方案合成照片

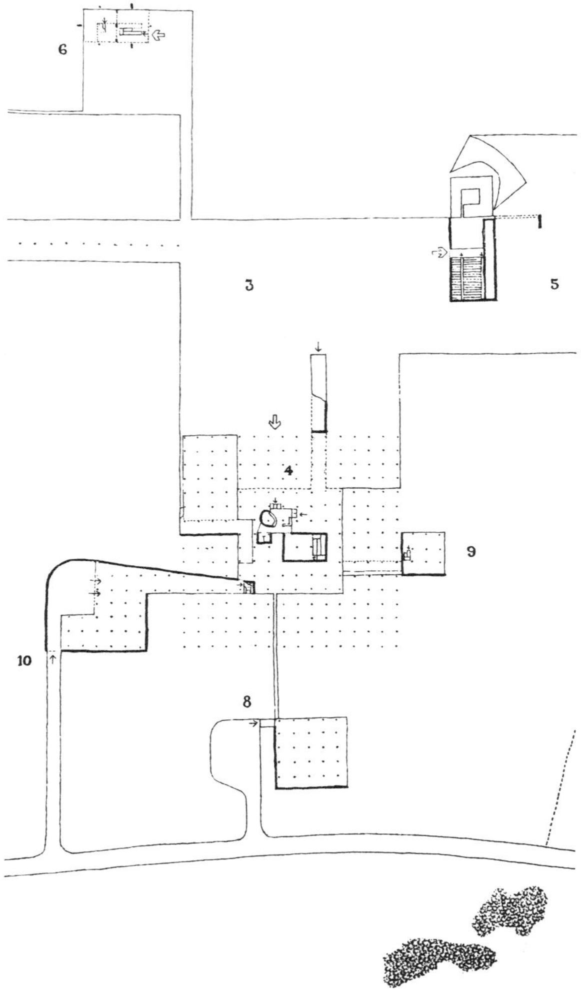

上页及本页：
1 停车场
2 入口
3 广场
4 无限生长的博物馆
5 魔盒
6 巡回展馆
7 自生剧场
8 行政管理
9 报告厅
10 博物馆工作室和库房
11 旅馆
12 餐厅及游泳池
13 住宅
14 艺术家工作室

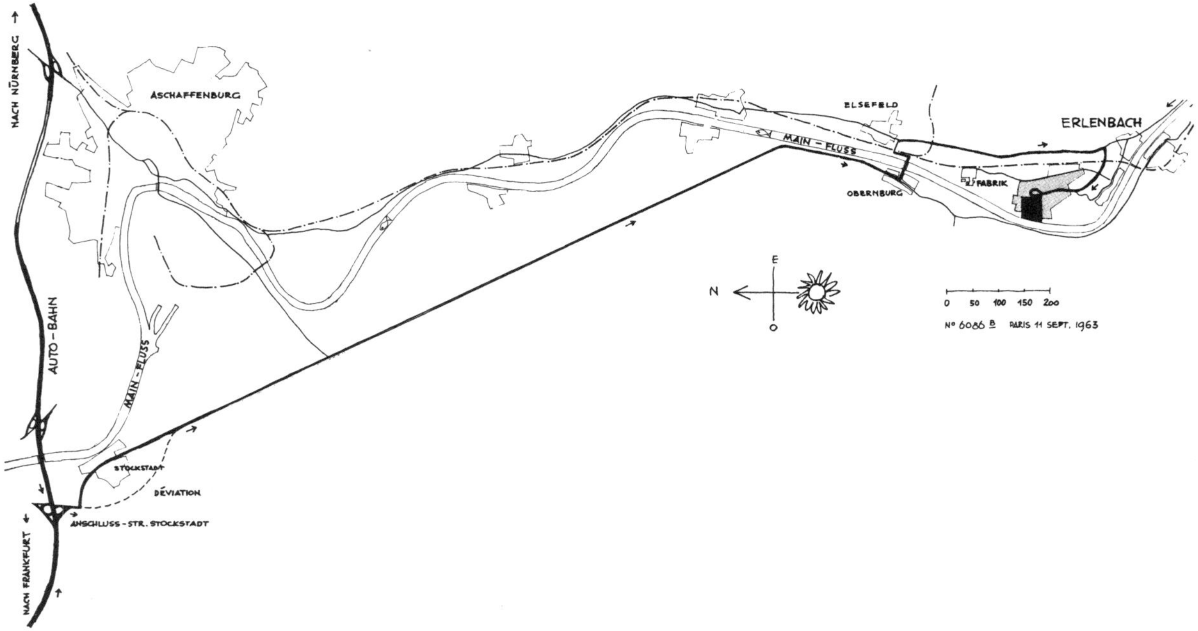

斯德哥尔摩展览馆（Ahrenberg宫），1962年

"于此见证了城市规划首创精神的独到见解：Theoder Ahrenberg先生，一名商人，一位智者，怀着对他的城市的爱，他作出了一个积极且富创造性的决定：他要让他的城市——斯德哥尔摩——再次充分地、明确地感受先锋的力量。在造型艺术的创造者之中，他选择了3位：毕加索，马蒂斯，柯布西耶。（我得说，他的选择与我毫无干系，此前，我们从未谋面）

他将方案的设计委托于我。这是一栋坐落在海水中的建筑，面向码头，通过一座步行桥与陆地相连。3位艺术家，每人拥有一个专设的展厅。通过建筑的构思，展厅将提供墙面、顶棚及可移动屏壁的各种组合。总之，这个建筑将以一种前所未有的方式展示3位艺术家各自的艺术。看看方案，读者便会理解这意味着什么——展示，以人的尺度展示。

命运的手指轻轻一弹，一切都破灭了（'显而易见'——一首脍炙人口的歌中唱道）。命运专爱惩罚创造者。看见－注视－观察－想像－创造——创造是一宗罪。上帝，创世的上帝，怎能容忍凡夫俗子以与他类似的激情——尽管是以人的尺度——创造生命……"

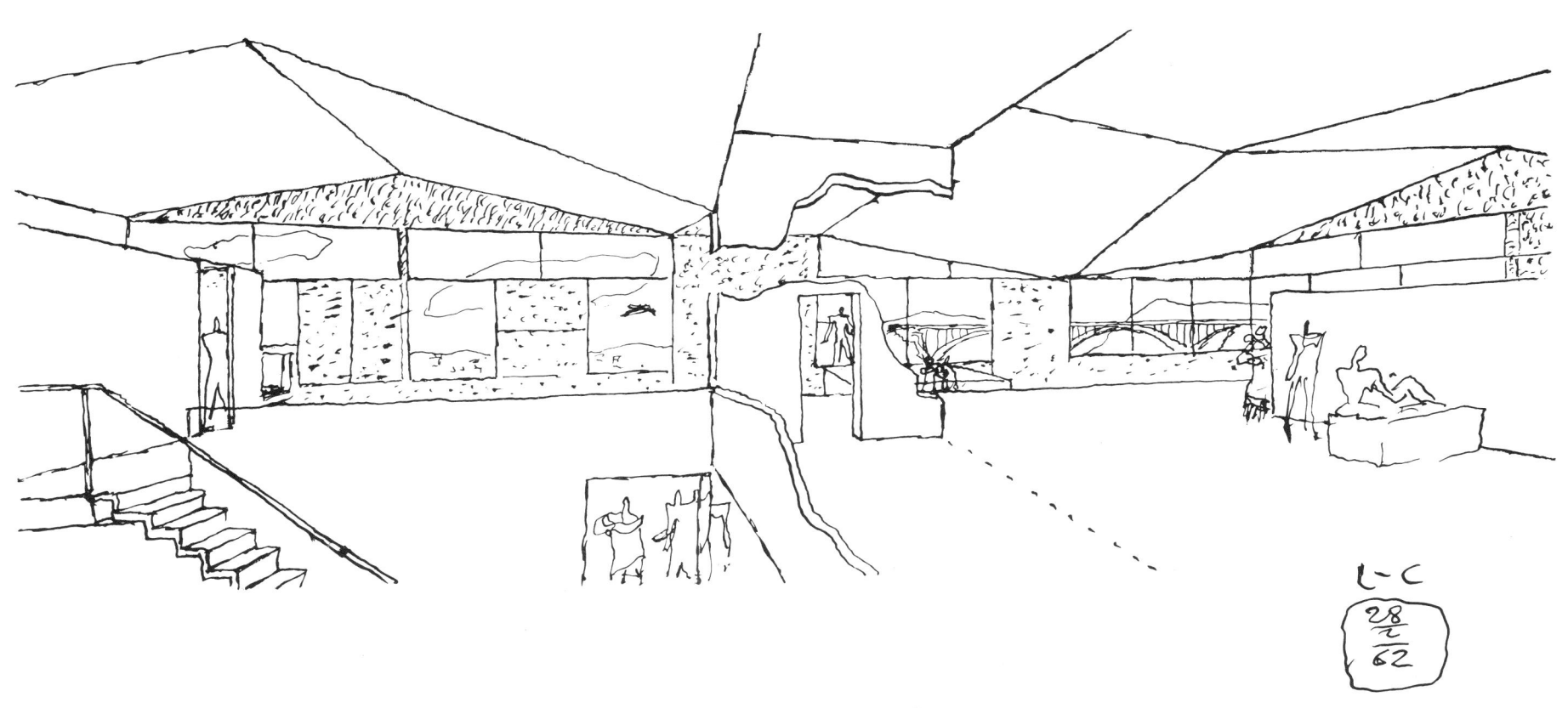

178　斯德哥尔摩展览馆（Ahrenberg官），1962年

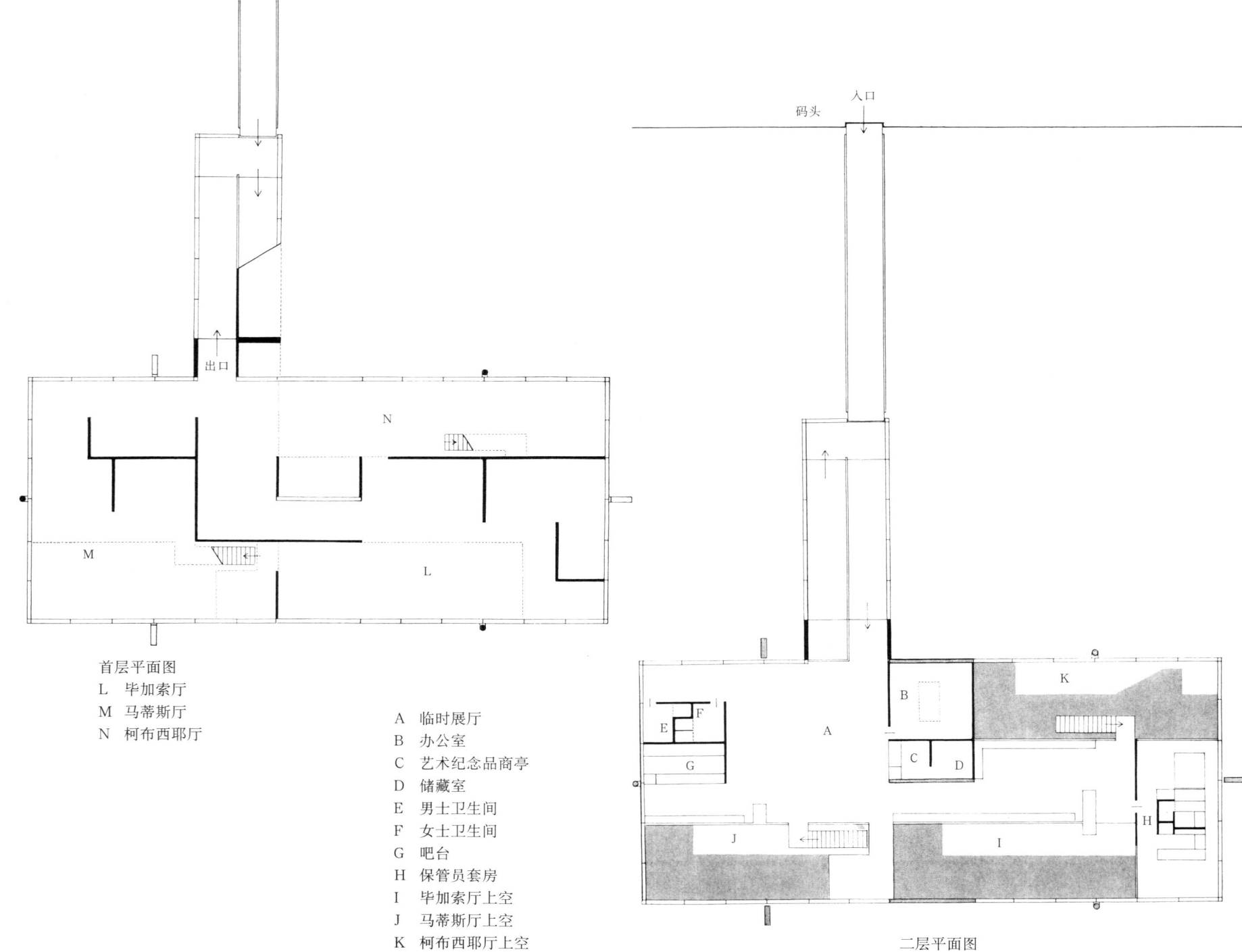

首层平面图
L　毕加索厅
M　马蒂斯厅
N　柯布西耶厅

A　临时展厅
B　办公室
C　艺术纪念品商亭
D　储藏室
E　男士卫生间
F　女士卫生间
G　吧台
H　保管员套房
I　毕加索厅上空
J　马蒂斯厅上空
K　柯布西耶厅上空

二层平面图

斯德哥尔摩展览馆（Ahrenberg宫），1962年

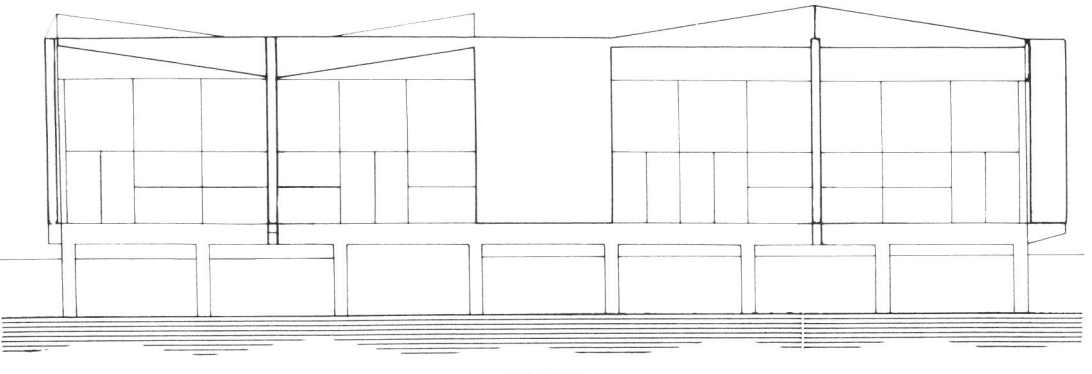

南立面图

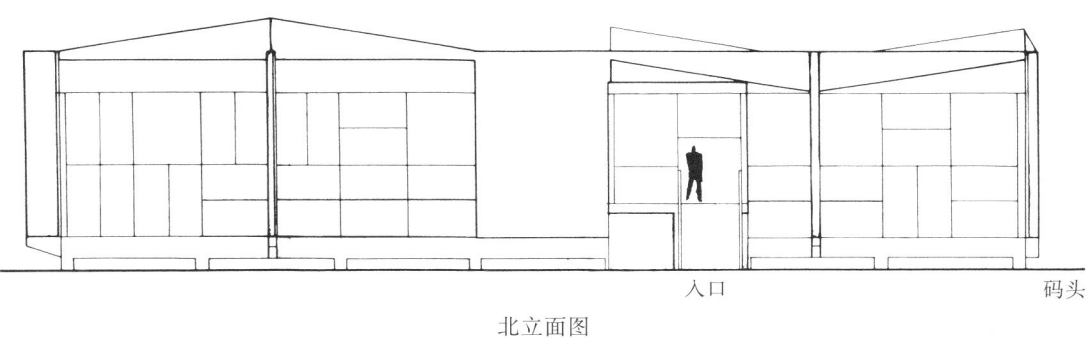

入口　　　　码头

北立面图

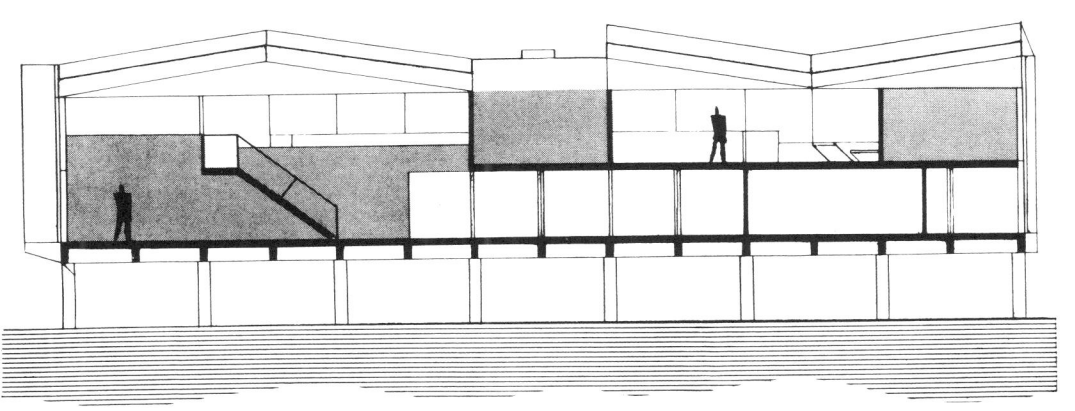

东-西纵剖面图

180 斯德哥尔摩展览馆（Ahrenberg官），1962年

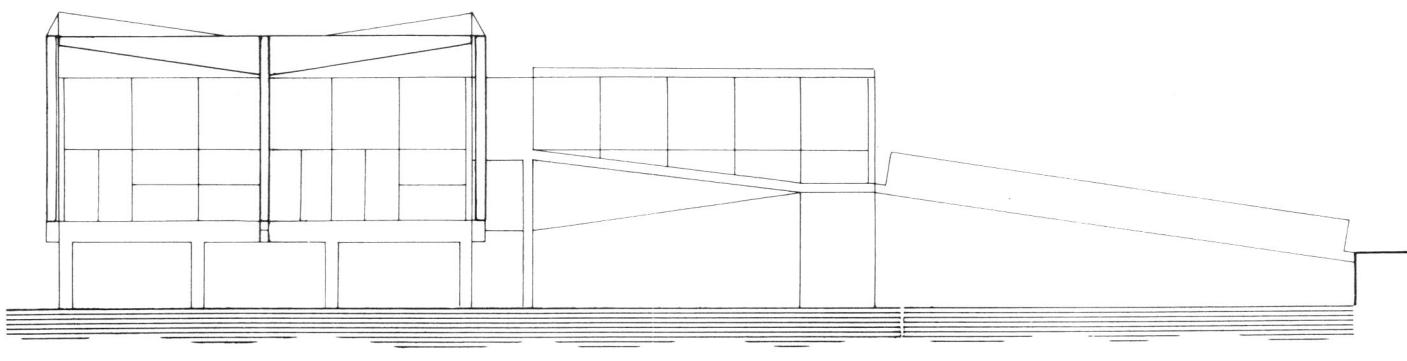

东立面图

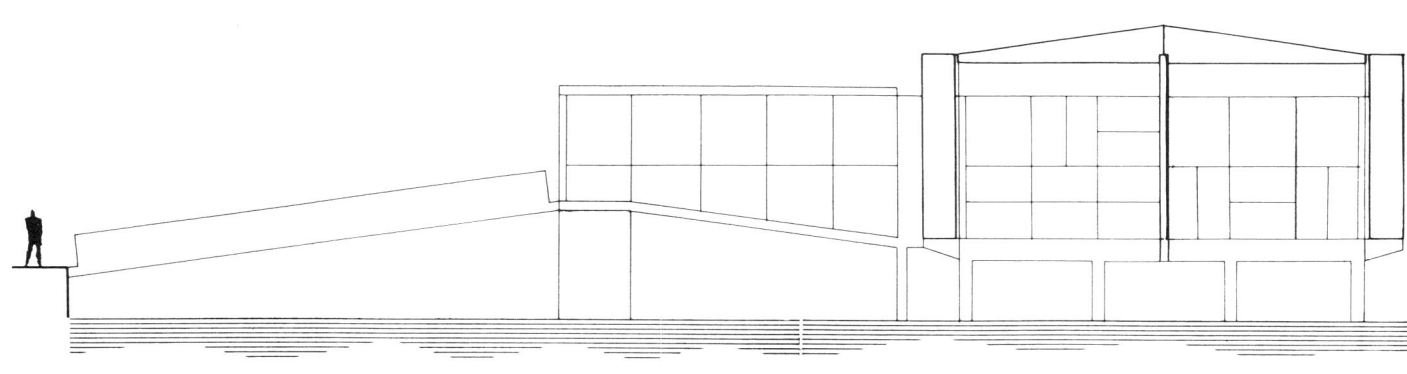

西立面图

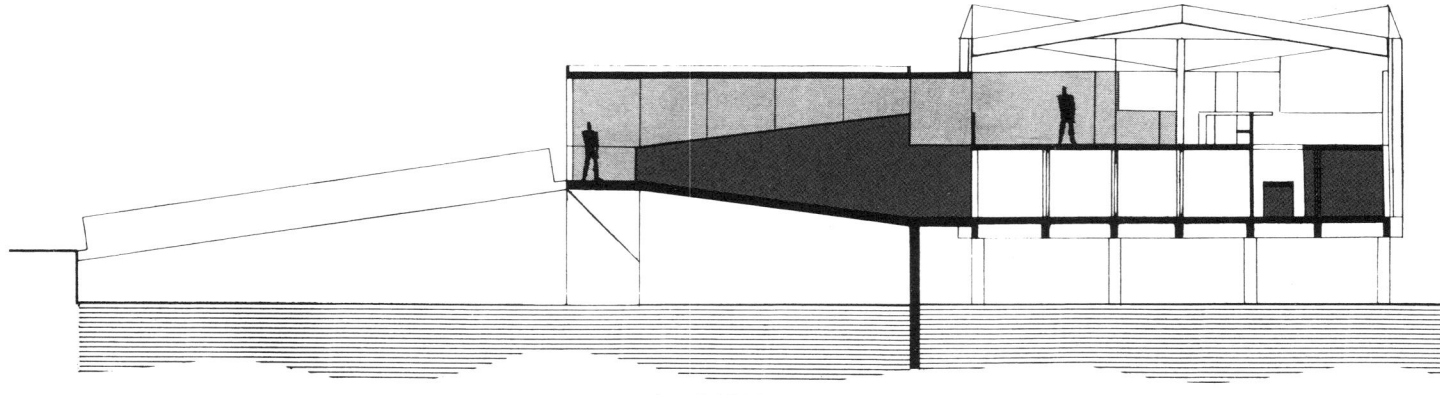

南－北横剖面图

东京国家西方美术馆，1957~1959年

Matsukata先生，一位旅居巴黎的富有的日本人，他收藏了数量惊人的印象派作品：绘画和雕塑。1939年战争期间，这些收藏品被法国政府收缴。经过有效的磋商，它们将被交还日本政府，条件是：在东京兴建一座用于存放这些艺术品的"国家西方美术馆"，以科学的方式让日本人民了解以印象派为原点的西方艺术过去、现在及未来的演变。

日本政府委托柯布承担这座美术馆的设计任务，并提供了一块位于公园中的基地（毗邻已经落成的自然、艺术及科学等各类博物馆）。基地位于一片高地的边缘，掩映在美丽的树丛之中，从那里可以一览无余地俯瞰整座城市。

柯布于此延续了他始于25年前的研究，他将一种版本的"方螺旋博物馆"安置在东京的这片基地上；同时出现的还有一个服务于临时展览的展馆和一个献给戏剧及新型戏剧实验的建筑，长久以来柯布称其为"魔盒"。依日本政府的愿望，该建筑群将构成一个文化中心。方案的构思直接源自1950年针对巴黎迈罗门基地所作的研究[参见《勒·柯布西耶全集（第5卷·1946~1952年）》]，那是一次由于贪婪和缺乏耐心而未能如愿的尝试……

在东京，该美术馆的建造将由两名日本建筑师完成，这两位建筑师于1928年、1931年及二战以后在柯布西耶塞维大街35号的事务所工

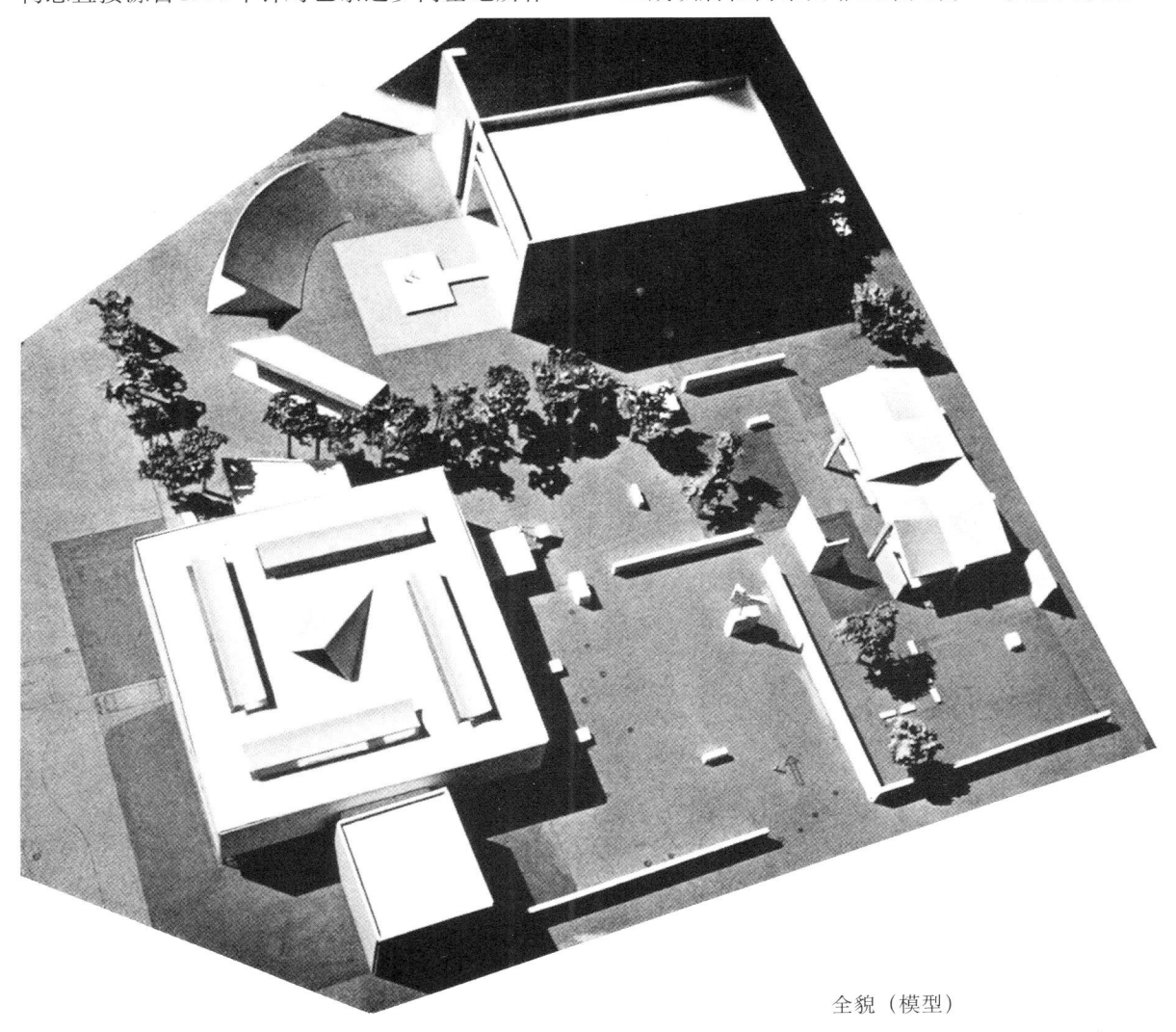

展厅（模型）

全貌（模型）

作了多年,他们是前川国男(Maekawa)和坂仓准三(Sakakura)。

在美术馆、临时展览馆和"魔盒"前方将展开3个石材铺砌的广场。尽管总体具备统一的构成,其中的每一栋建筑却有着根本的不同,保持着它们各自完整而鲜明的个性。

架空的首层及入口区

底层架空柱

浇筑混凝土的模板以木材制成。可见日本人独具的精细——一丝不苟的工人,令人钦佩的传统。日本人用木头建造可爱的住宅,他们熟悉木材的使用,了解木头的肌理。一旦需要,完美的木纹便浮现在混凝土的表面

184　东京国家西方美术馆，1957~1959年

大型展示庭院及主入口

东京国家西方美术馆，1957～1959年

二层展厅1

展厅1

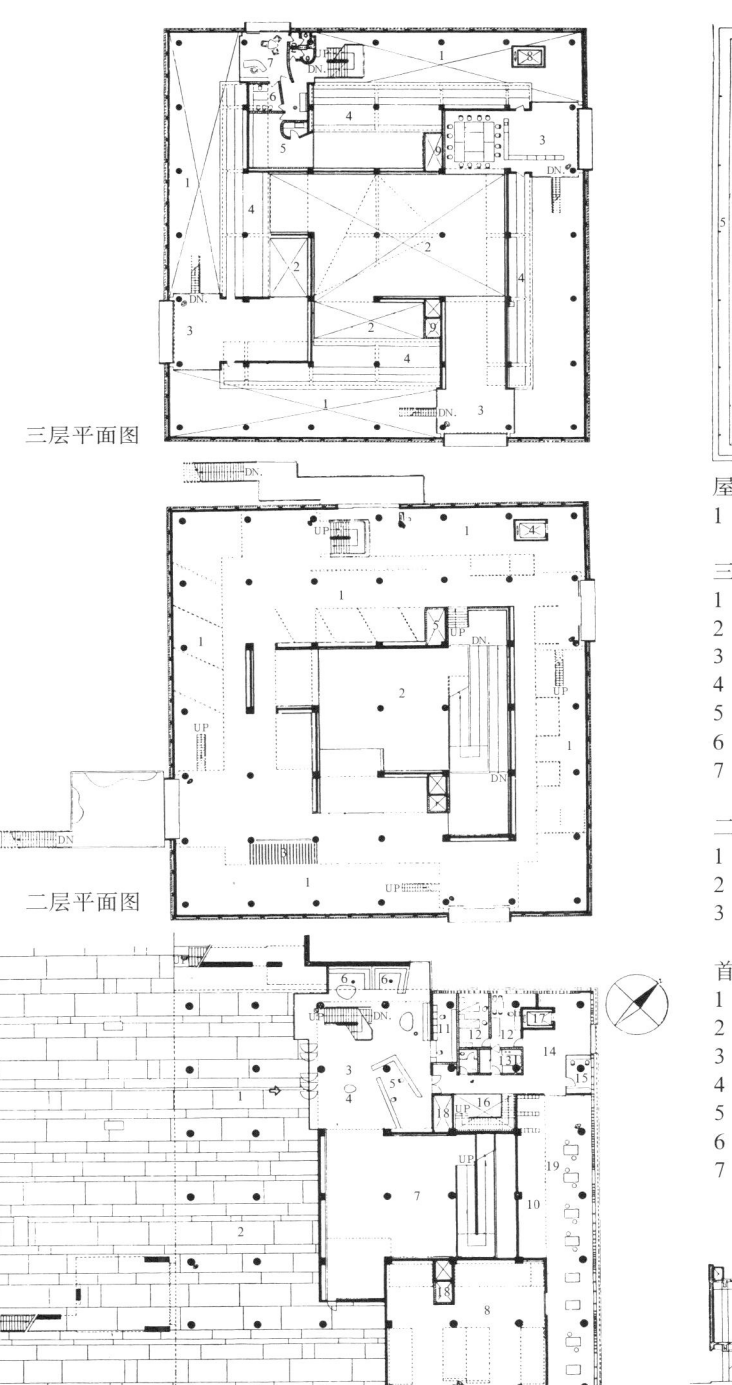

三层平面图

二层平面图

首层平面图

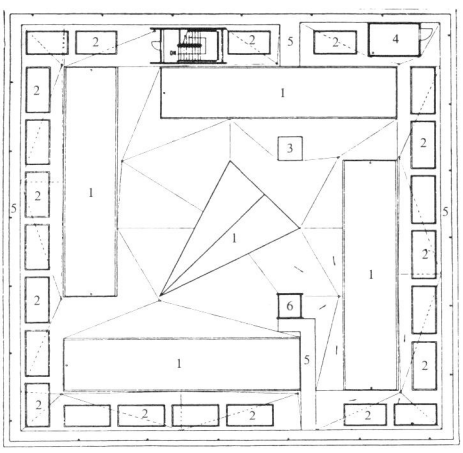

屋顶层平面图
1　天窗　2　花池

三层平面图
1　展厅上空
2　中央展览大厅上空
3　楼厅
4　技术人员检修廊道
5　职员办公室
6　秘书办公室
7　馆长办公室

二层平面图
1　展厅
2　19世纪中央展览大厅
3　露台

首层平面图
1　美术馆入口
2　入口柱廊
3　入口门厅
4　票箱
5　书店
6　等候厅
7　19世纪中央展览大厅

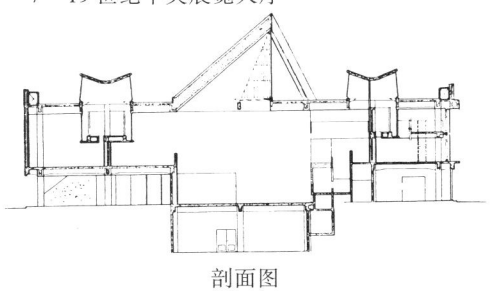

剖面图

东京的这座美术馆采用了柯布于1931年创立的"无限生长的博物馆"的原型。这个原型在他为许多城市所做的城市化方案中频频出现。

参观者从地面层的底层架空柱之间进入。正门位于建筑中央,向着美术馆的中央展览大厅敞开。一根通高的中柱矗立在大厅中。沿着大厅一侧的坡道缓步上行,便来到位于地面以上5m高处的美术馆展厅层。展厅的高度约为5m,局部可分隔为两层(2.26m + 2.26m),构成阁楼,排列成"卍"型。这种"卍"型的布局会将观众引向美术馆的中央,从那里沿着坡道可以下达位于首层的出口;而沿着"卍"的每一个分支,将导向位于展厅层朝向花园敞开的出口

架空的首层,美术馆入口

入口门厅

中央展览大厅

北立面

大型展示庭院

柯布的方案中包含一种巨幅的照片壁画，它们将布满中央大厅的整个墙面。这些照片壁画题献给辉煌的19世纪——探索的世纪。

照片壁画的首次呈现是在巴黎大学城瑞士馆（这幅壁画于1943年被德军毁掉了），随后又应用于1937年巴黎世界博览会的新时代馆。照片壁画是现代技术的美好馈赠，是视觉艺术在当代的一项重要收获，应当受到艺术家们的关注

188　东京国家西方美术馆，1957～1959年

19世纪中央展览大厅及坡道

柯布就照片壁画所绘制的草图

自坡道望中央展览大厅

屋顶及天窗

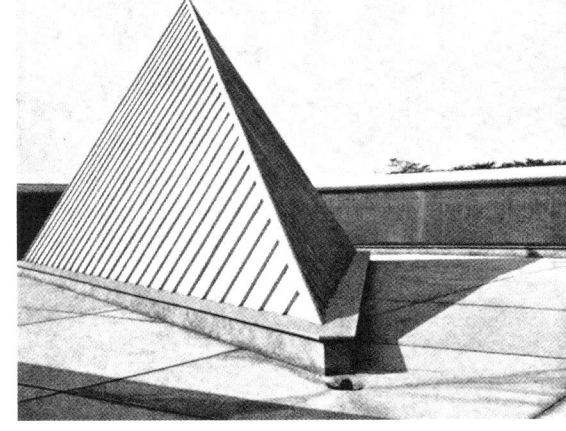

屋顶中央的天窗

展厅中的采光天窗

技术人员检修廊道

东京国家西方美术馆,1957~1959年

立面预制构件

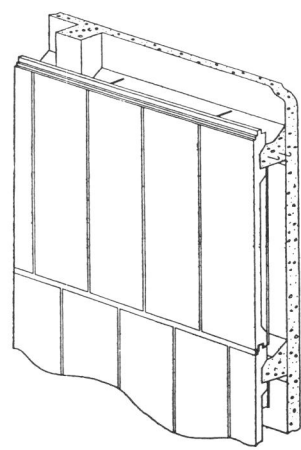

立面墙体构造详图

以混凝土浇筑的立面预制构件中嵌有鹅卵石

建筑东北角

巴西学生公寓，巴黎大学城，1957~1959年
（与卢西奥·科斯塔合作）

原方案出自里约热内卢建筑师卢西奥·科斯塔之手；柯布西耶事务所负责方案的调整与最终的实施。

学生宿舍朝西，配备了"遮阳"。

瑞士馆位于该公寓西侧，这个柯布1930年完成的作品至今仍在现代建筑的舞台上扮演着重要的角色。

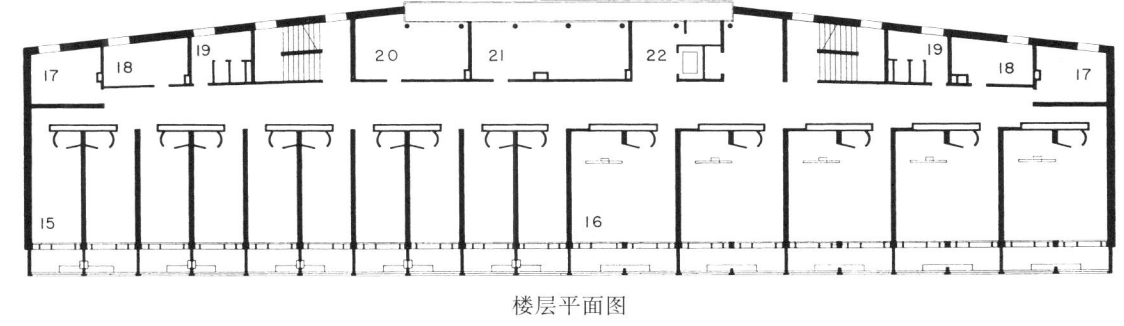

楼层平面图

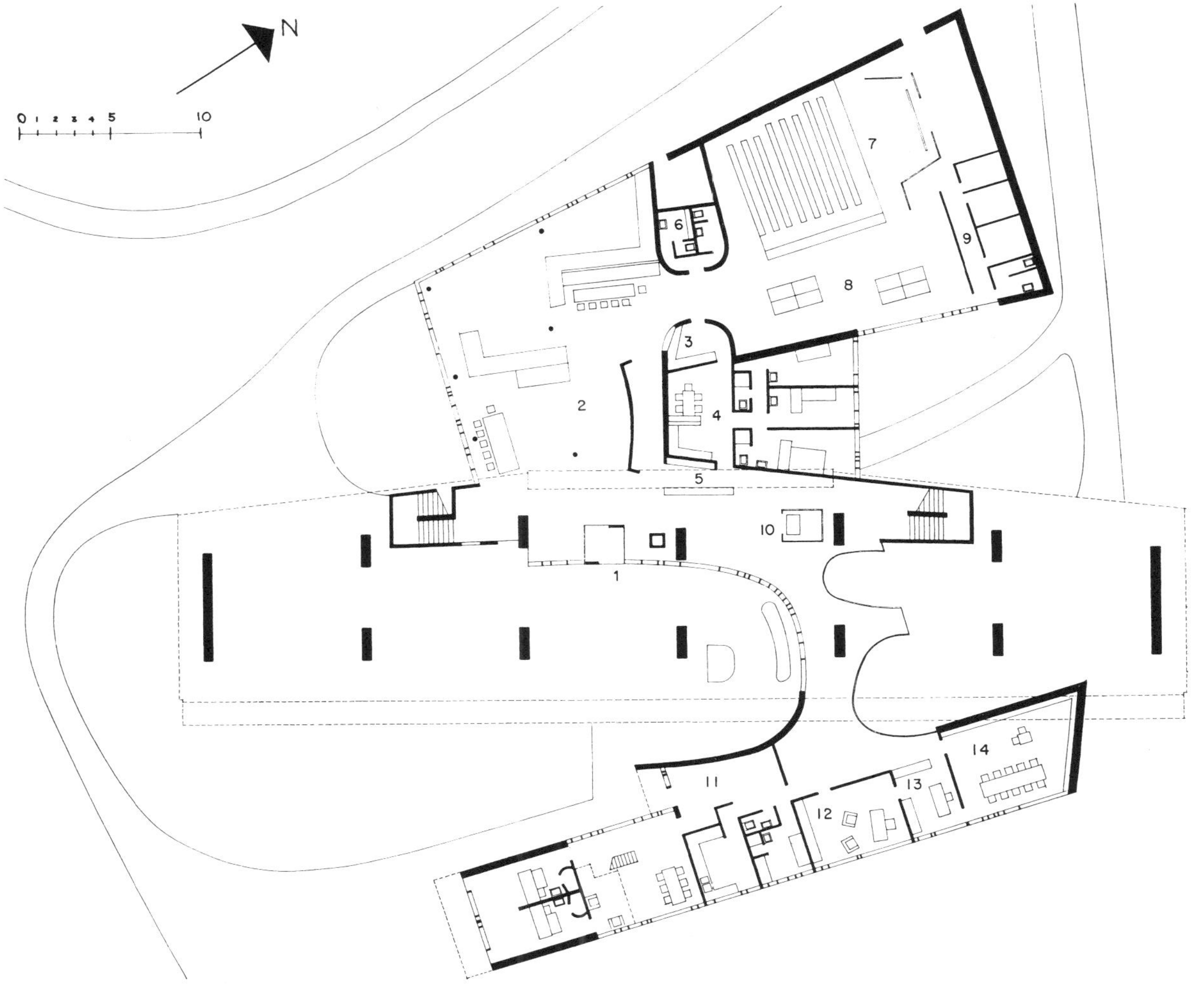

1 入口
2 门厅
3 吧台
4 门房
5 隔间
6 卫生间
7 观演厅
8 游艺厅
9 更衣室
10 电梯
11 楼长套房
12 楼长办公室
13 秘书办公室
14 阅览室
15 单人学生宿舍
16 双人学生宿舍
17 音乐室
18 公共厨房
19 卫生间
20 工作室
21 自习室
22 电梯

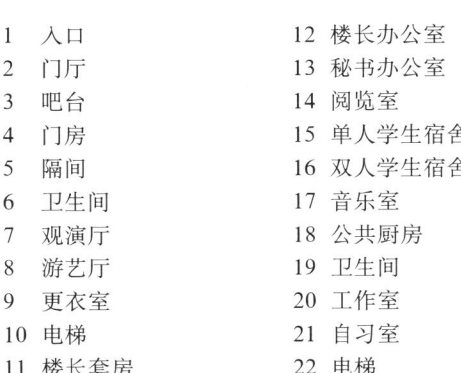

首层平面图

192　巴西学生公寓，巴黎大学城，1957~1959年

东立面图（柯布绘制）

东立面及楼长住所

楼长住所东立面

南侧

入口位于架空的底层

门厅

公寓下方的入口庭院

东立面细部

靠北的楼梯间

北侧

楼长套房的起居室

入口玻璃门

靠南的楼梯间

巴西学生公寓,巴黎大学城,1957~1959年

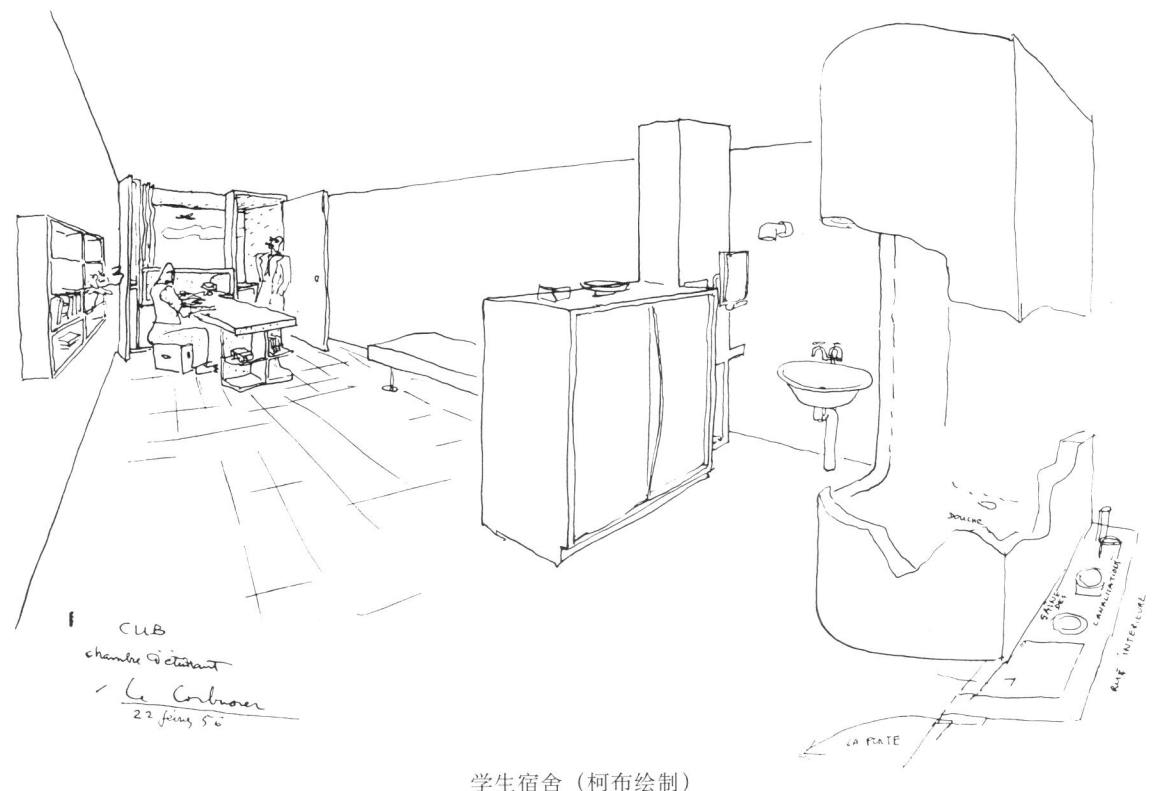

学生宿舍(柯布绘制)

学生宿舍

198　巴西学生公寓，巴黎大学城，1957~1959年

西立面（柯布绘制）

西立面，前景为观演厅及门厅

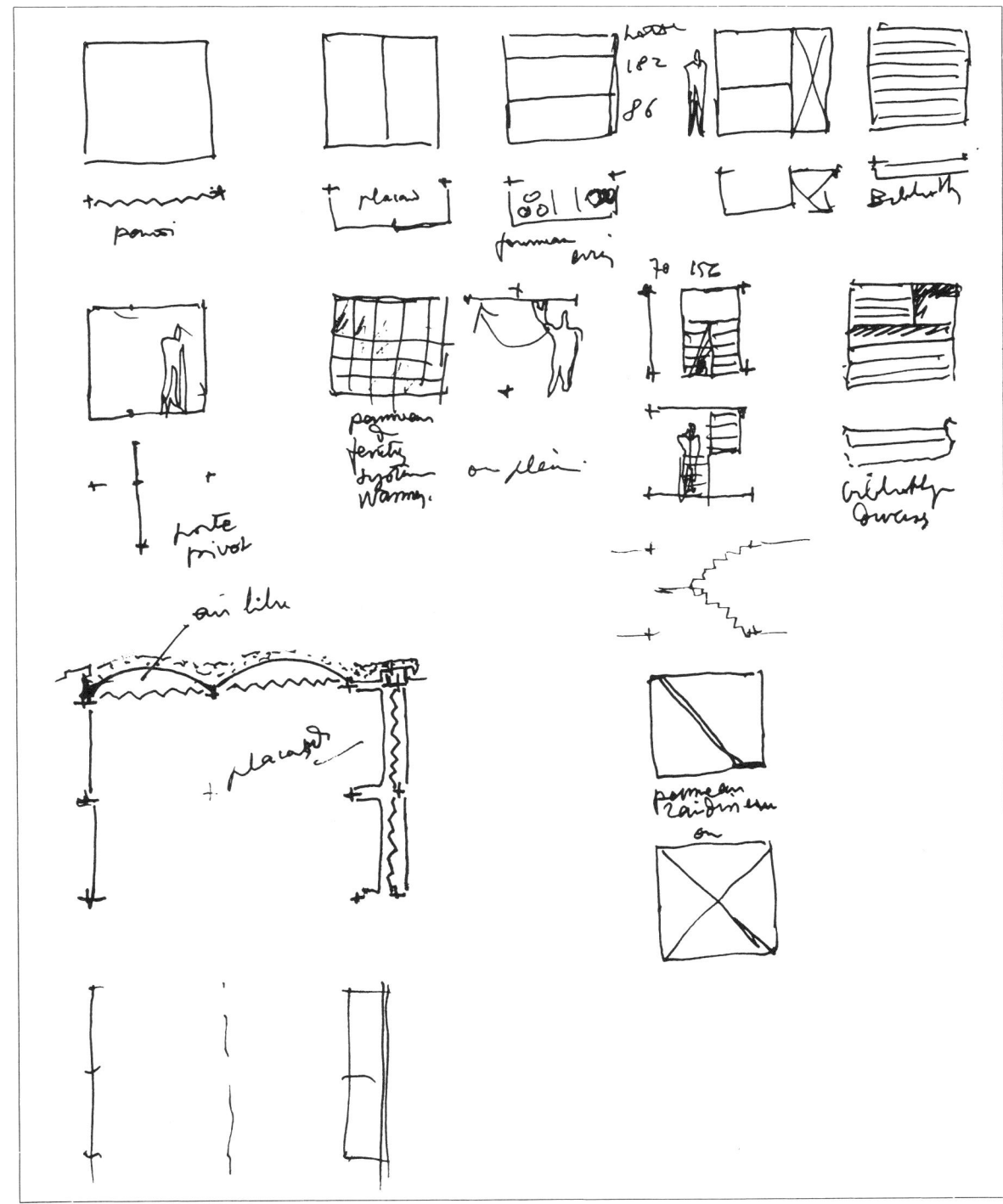

226 × 226 × 226 蜂房式体量的专利 [参见《勒·柯布西耶全集（第 5 卷·1946～1952 年）》]。226cm × 226cm 可应用于以下元素：
隔墙，楼梯间，玻璃墙面，家具设施等等

民俗学考察，于 Peille（尼斯以北的一个小村庄）：村庄秀丽的景致令人震惊，然而道路和住宅乃是真正的居住的机器——依据阳光、空间以及最经济的流线组织起来。蜿蜒的道路指引我们步入方方正正的住宅，每一扇窗都向着奇妙的风景敞开

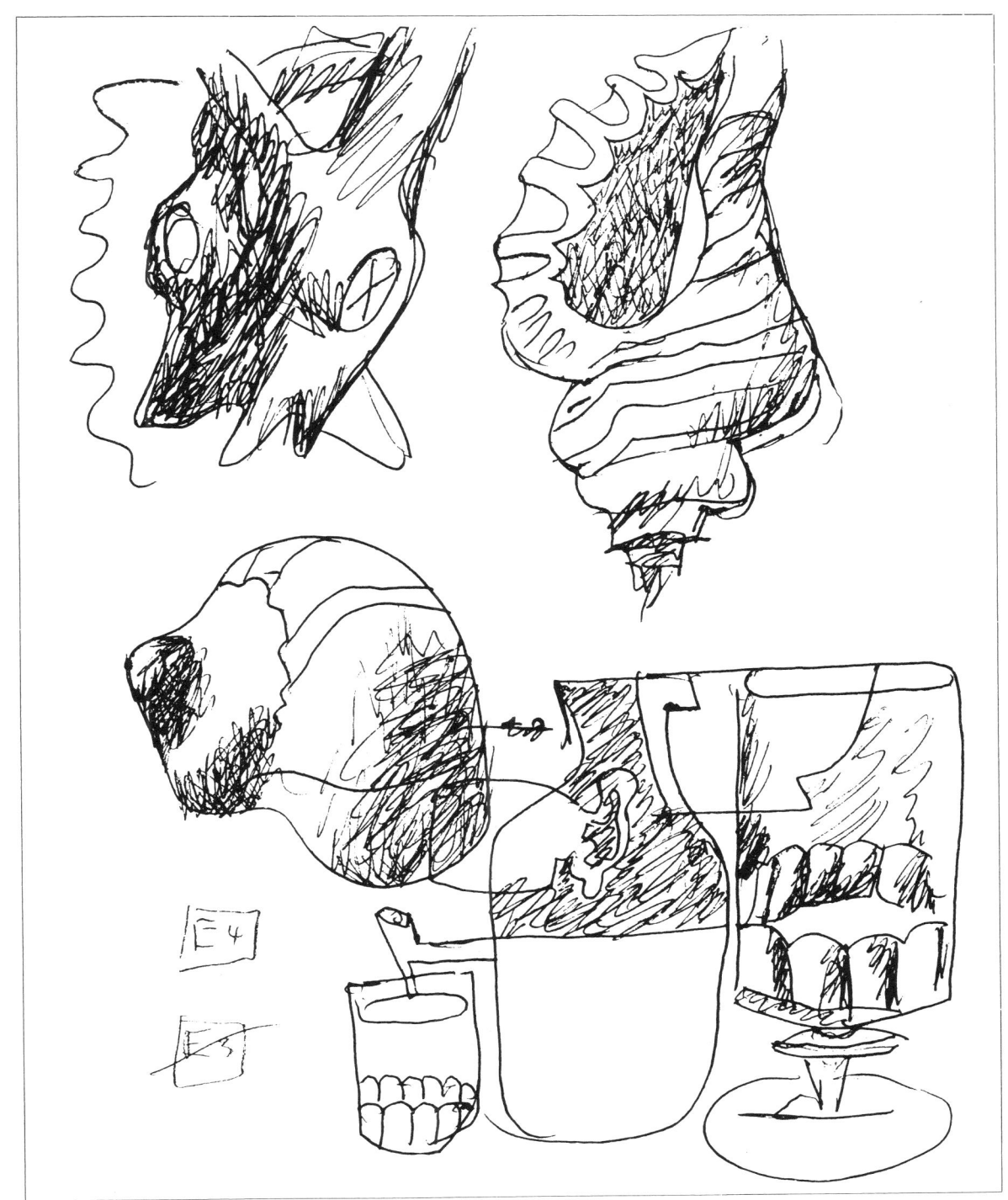

摘自速写本：酒瓶，酒杯，海螺，无花果树……
自然教授的课程——形式与功能的组织

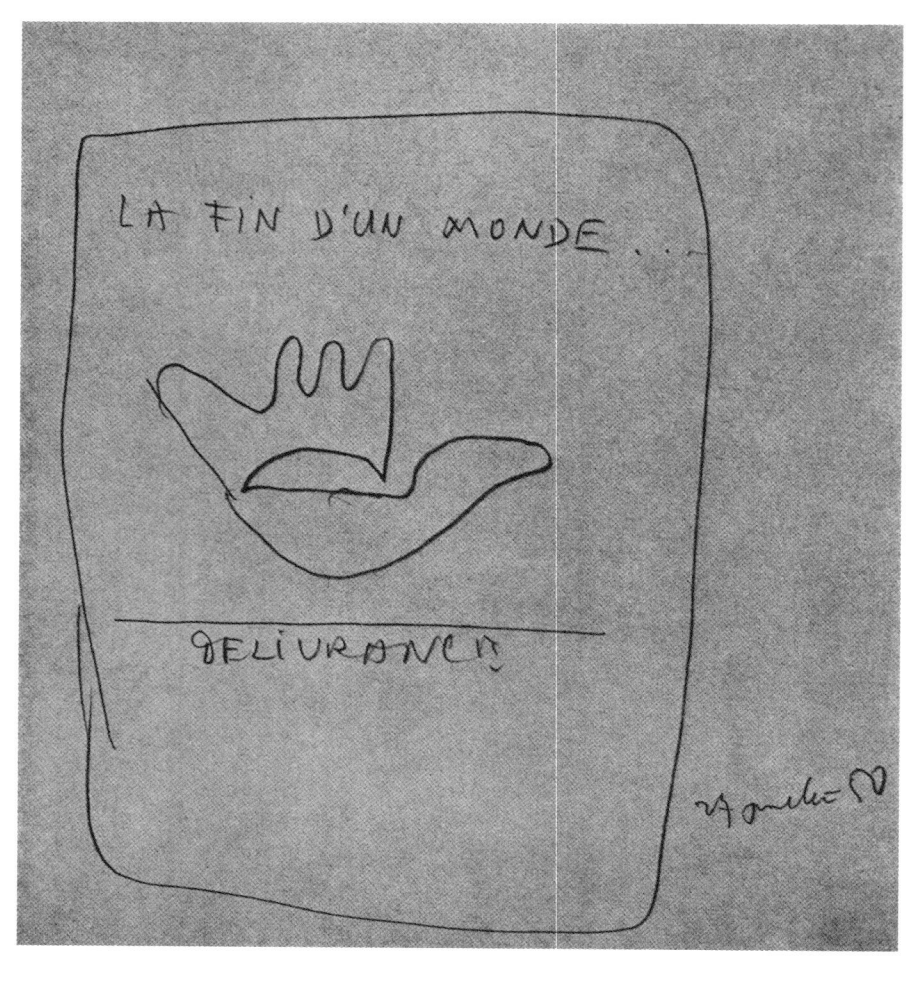

《一个世界的终结》

一次报告的纲要

有关欠发达地区问题的国际研讨会，1954年10月10～15日于米兰

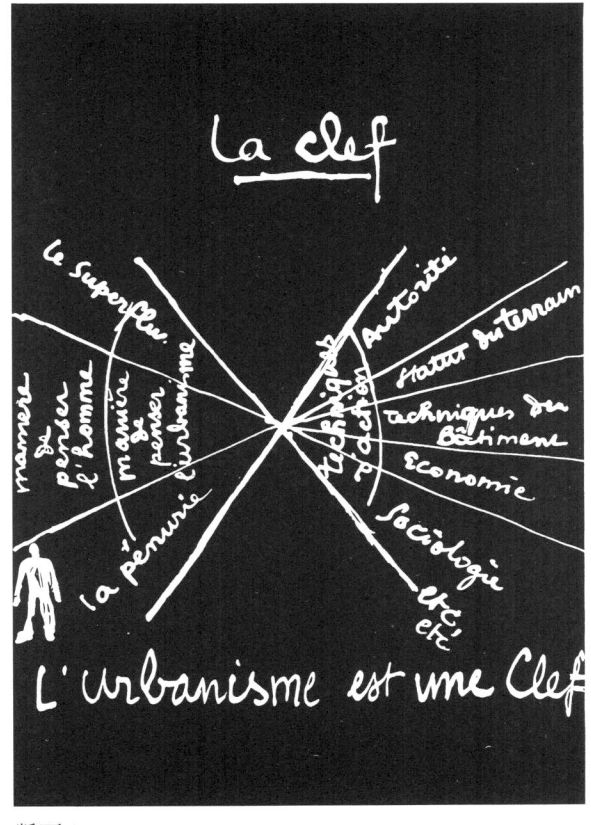

版面1

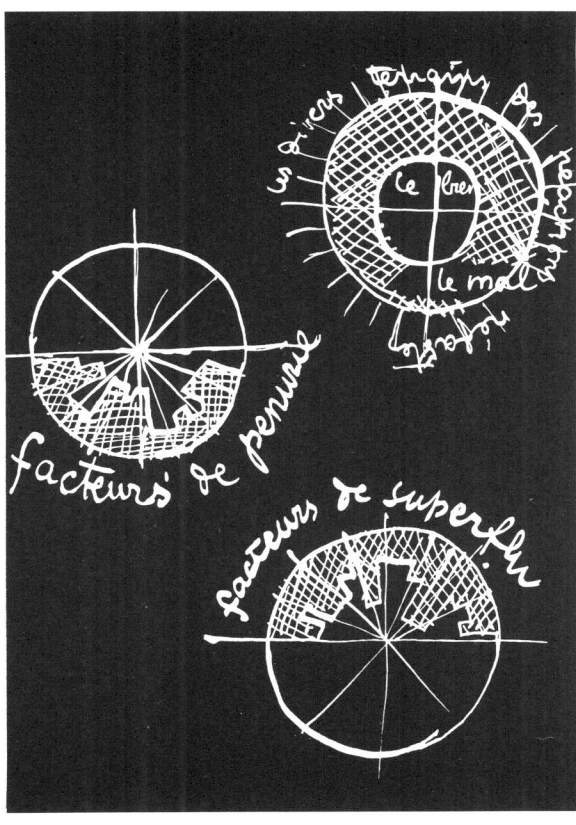

版面2

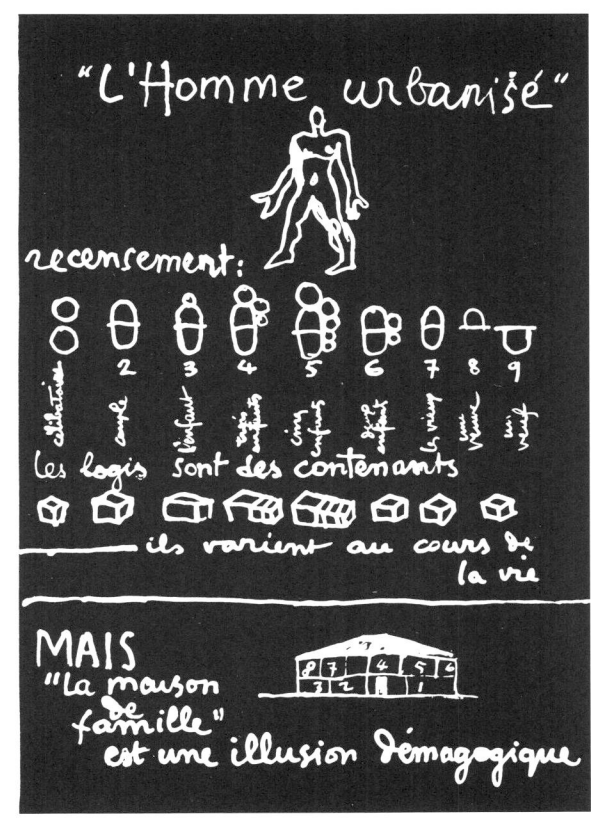

版面3

　　城市规划是一把钥匙，它是思考的方式，是行动的方法。这把钥匙将为人类事业启开美好的前景。

　　城市规划即人类的活动，以及相应的对土地的占有和使用。因此，城市规划最根本的基础是人与土地。

　　对使用者的定义。家庭是社会的基本细胞，它要经过形成－生长－萎缩－消亡的历程。

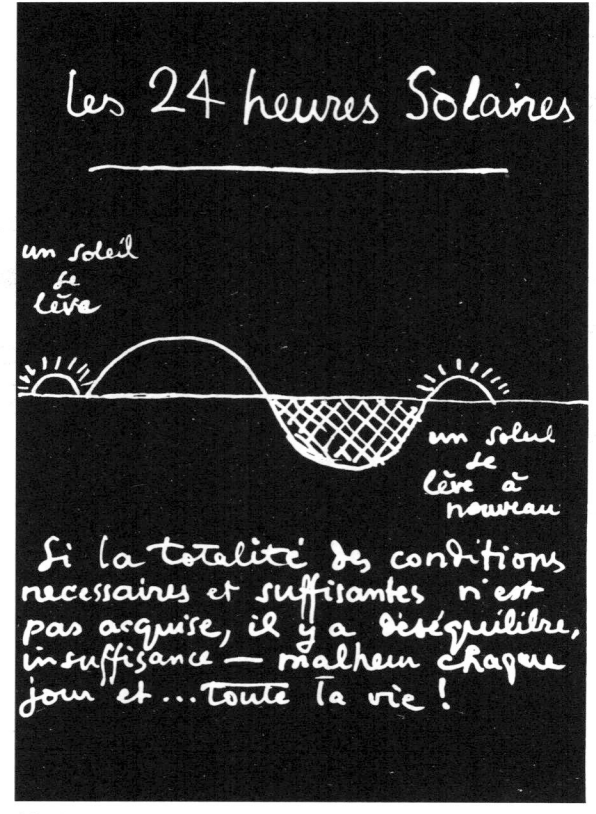

版面4

24小时太阳日,控制人类生活节奏的基本事件。

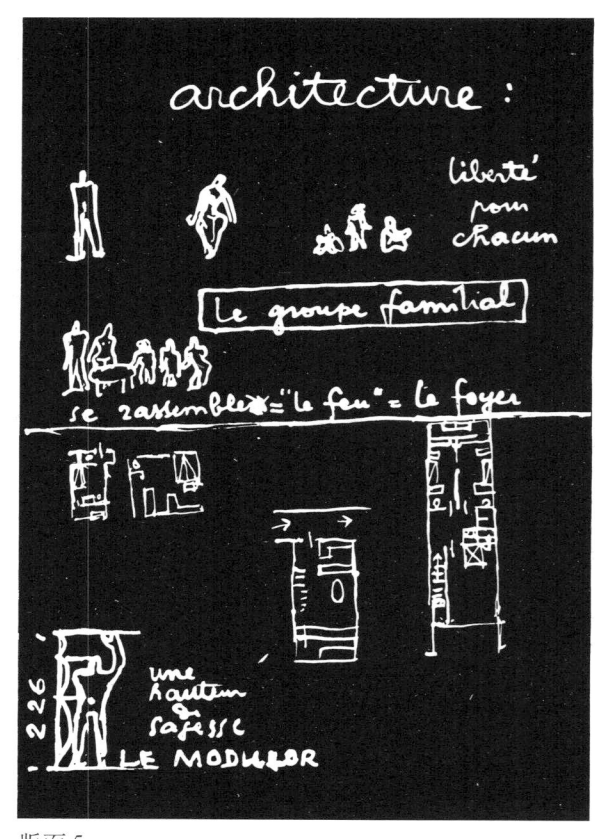

版面5

包含家庭组织的容器在不断地演进。模度以人的身体为基础,在英制与米制之间建立了联系。

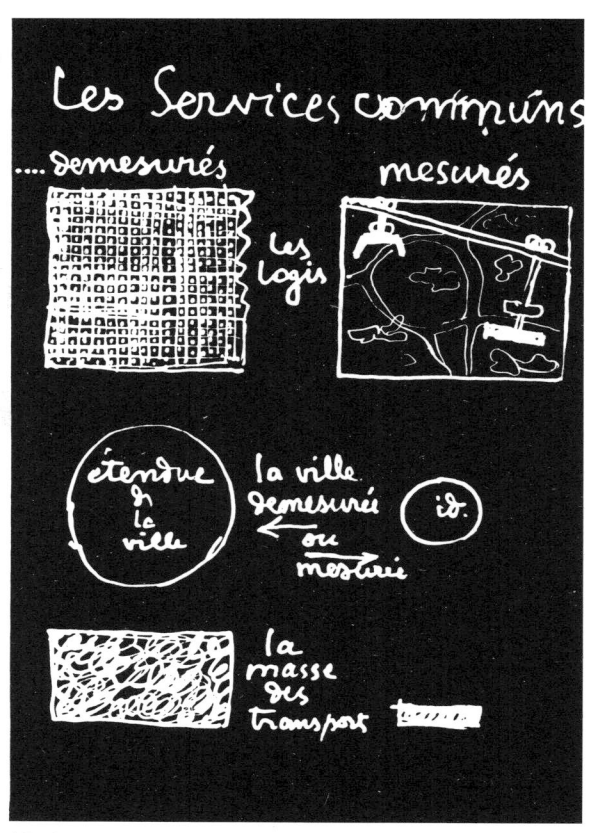

版面6

无度的公共服务,有度的公共服务;无度的城市,有度的城市;无度的交通,有度的交通。

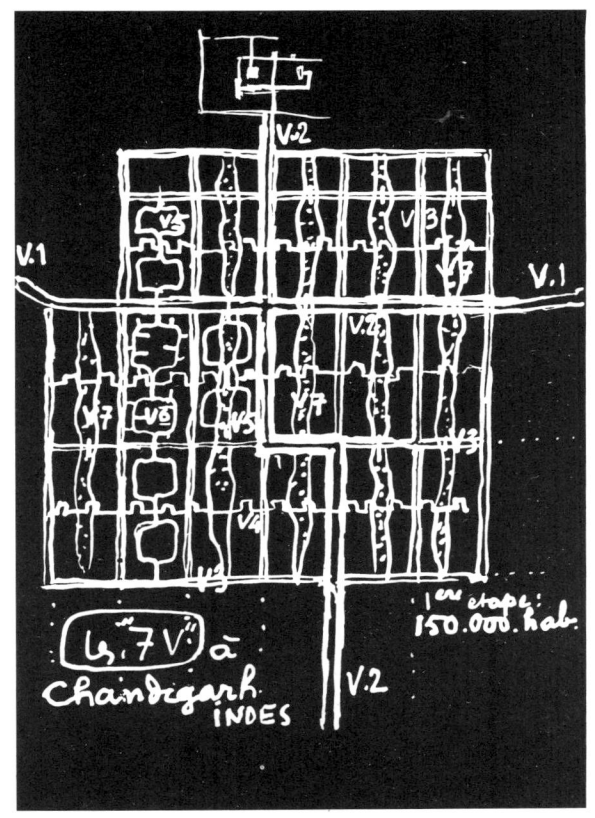

版面7

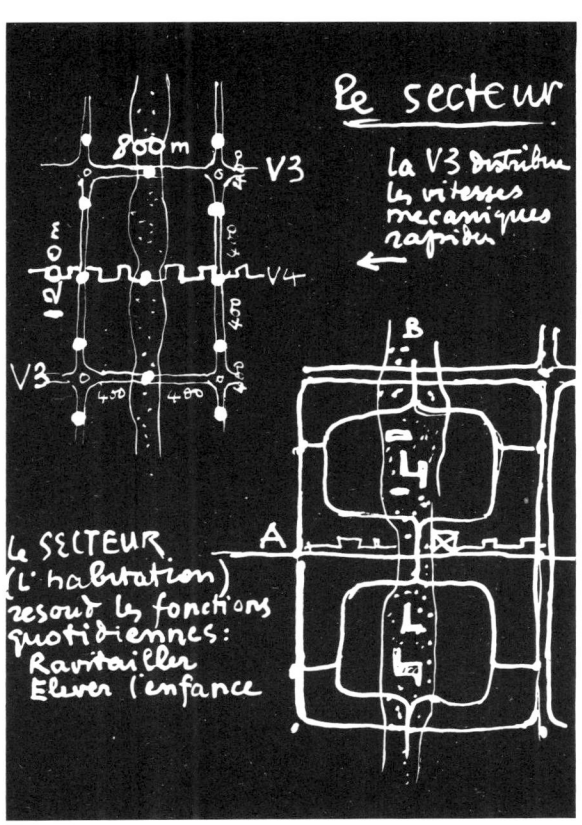

版面8

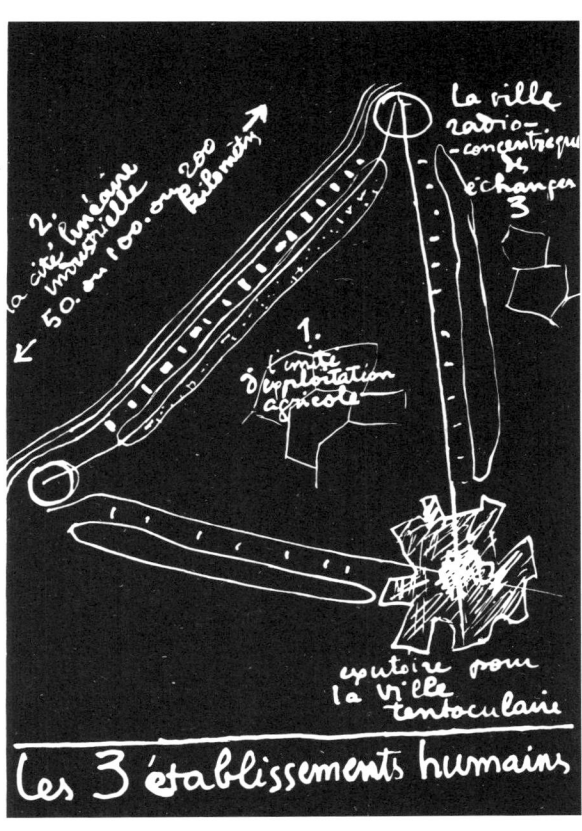

版面9

按照"7V（道路交通循环）规则"组织城市，于是便得到了"区"。

"区"，现代城市规划的关键所在。居民的生活在区内展开，彻底摆脱了高速机动交通的侵扰。

这些原则确定了以贸易和文化活动为主的"同心辐射型城市"，并自然而然地提出了"线形工业城"的概念，同时获得了以"农垦单位"为基础的广袤的土地储备。

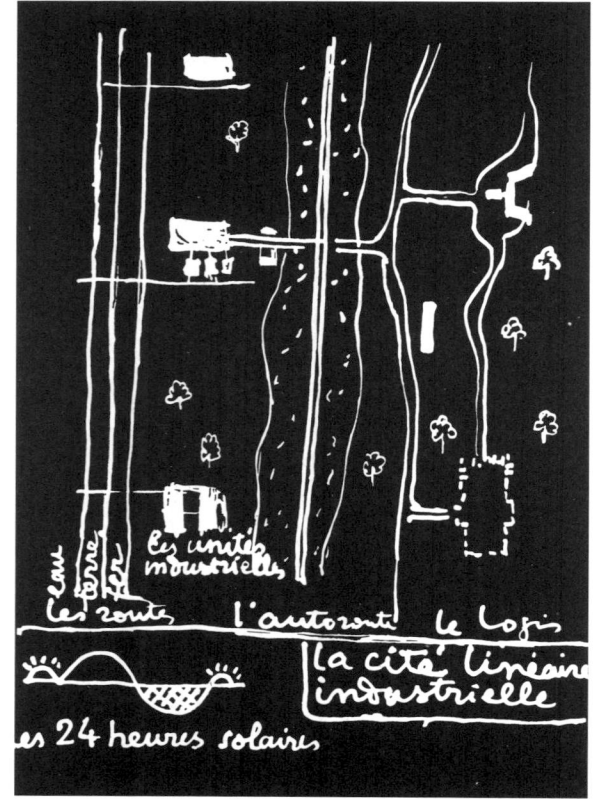

版面 10

版面 11

线形工业城是尺度相当的人类机构，它符合人的尺度和太阳的运行，它是现时代城市规划的伟大创造。农垦也将实现机械化，广阔的农田和绿地将在为辖区提供给养的线形工业城之间延展开来。

这张图（1943年ASCORAL绘制）反映了机器文明社会人类活动对土地自然的占有。这样的提案在当时（1943年）是危险且受诅咒的。今天，枪炮划定的界线渐渐淡化，贸易区域自然地显现出来。线型工业城的干线将从大西洋一直通达中国。这是命定的永恒之路：在人类社会初期，在除了人的双脚再无其他交通工具的时代，这同样的路线就被一遍一遍地走过。

据此，我们写下"一个世界的终结"：3种人类机构。

居住单位

阳光，空间，绿色——一项革命性的事件。P203～206 的 11 幅图是对这一事件的描述。接下来的 12 页中（P207～218）将给出建筑的解答。一名小学生这样说："如果你想在自然中安一个舒适而宁静的家，那么就和2000人一道，手拉着手通过同一扇门；门厅里将设有4部电梯，每部可以载20人……你的家将位于50m高处，走上几步便可以乘坐上下运行的电梯，在享受宁静的同时可以保持"内外"之间方便快捷的联系；房子将被花园环绕，可以在其中游戏……城市是绿色的，楼顶还有一座很棒的幼儿园！"

惟有城市规划的革命能够为居住艺术的革命创造条件

黑色，马赛的居住单位
白色，以水平花园城的方式安排等量人口的占地情况

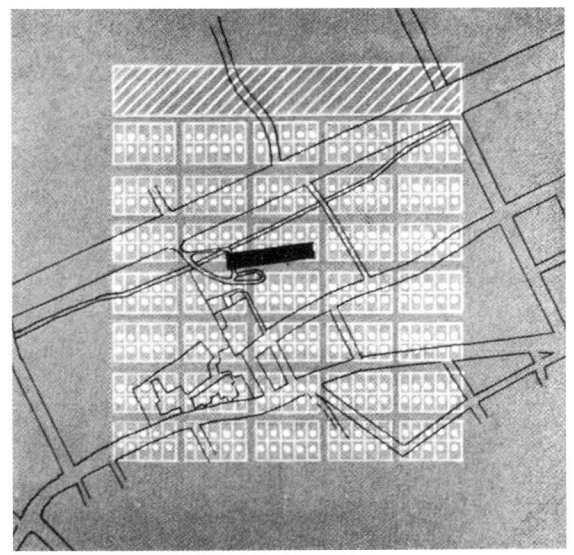

马赛居住单位总平面图

马赛居住单位东立面

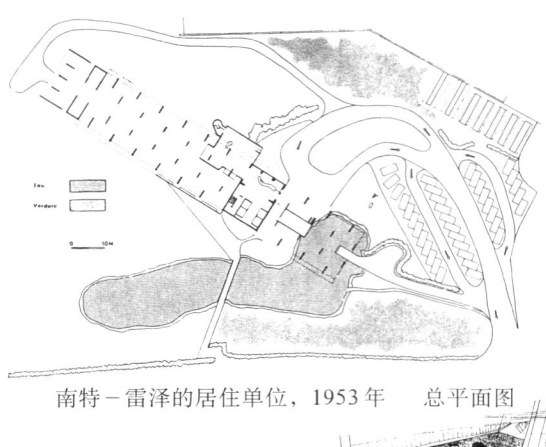

南特-雷泽的居住单位，1953年　总平面图

柏林的居住单位，1958年　总平面图

南特-雷泽的居住单位　东立面局部及建筑脚下的池塘

柏林的居住单位（模型）　东立面

柏林的居住单位　西立面

横剖面图 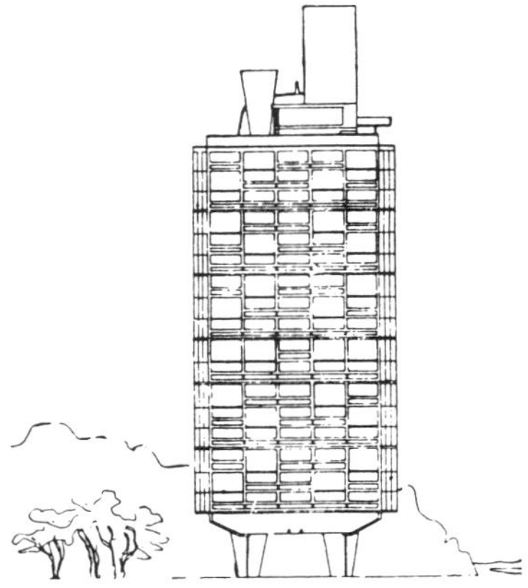　　　南立面图

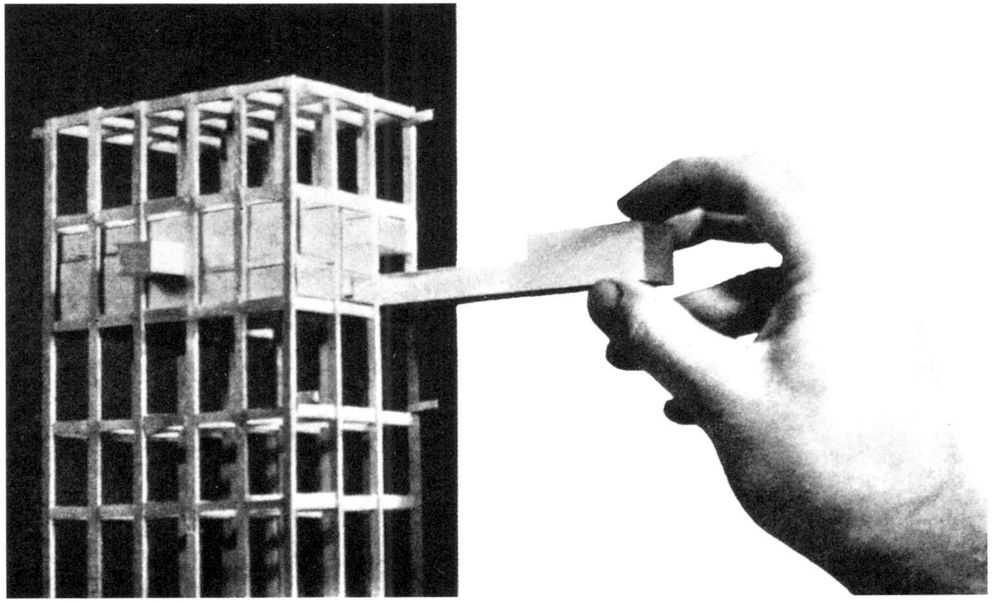

马赛居住单位，1950年

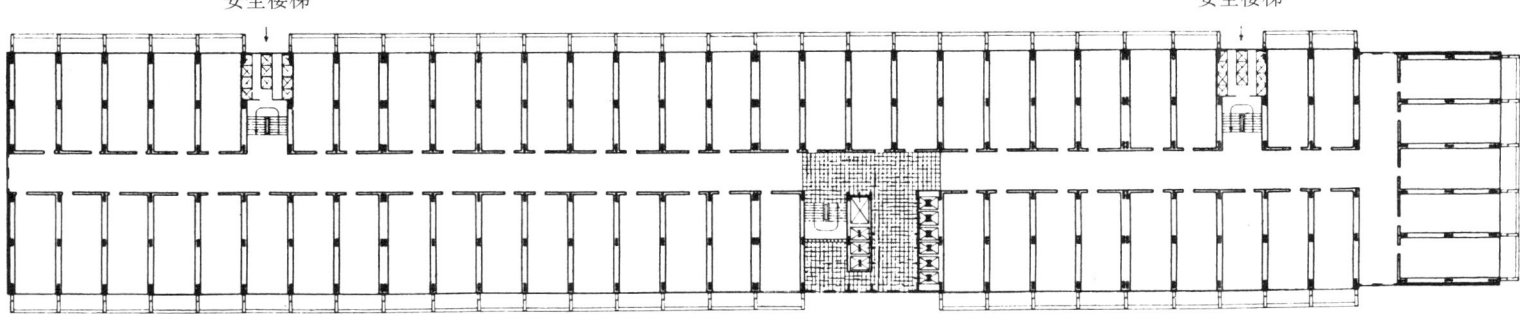

内部街道层平面图。标准公寓层包含3个楼层。内部街道位于中间层平面。
每套公寓有两层，占据内部街道层的一个开间及其上层或者下层的1、2或者3个开间

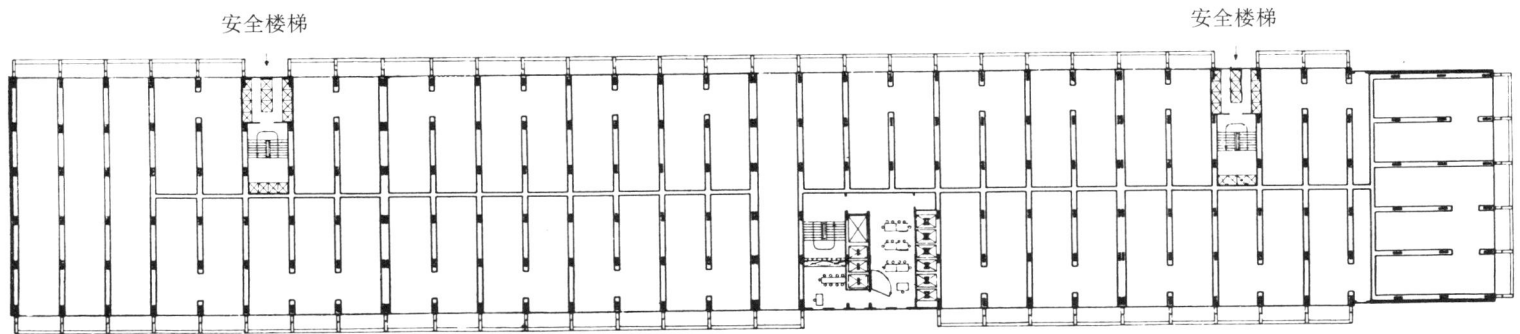

标准公寓层上层平面图。下层平面与此相似。候梯厅上层和下层的自由空间用作青年俱乐部

有2~4个孩子的家庭（上层）

"互"字型对生公寓纵剖面图。
一条内部街道连通各个公寓

有2~4个孩子的家庭（下层）

典型上行公寓平面图

1　内部街道
2　门厅
3　起居室及厨房
4　父母卧室及浴室
5　格架、壁橱、干燥室、
　　熨衣板、儿童淋浴
6　儿童房
7　起居室上空

典型下行公寓平面图

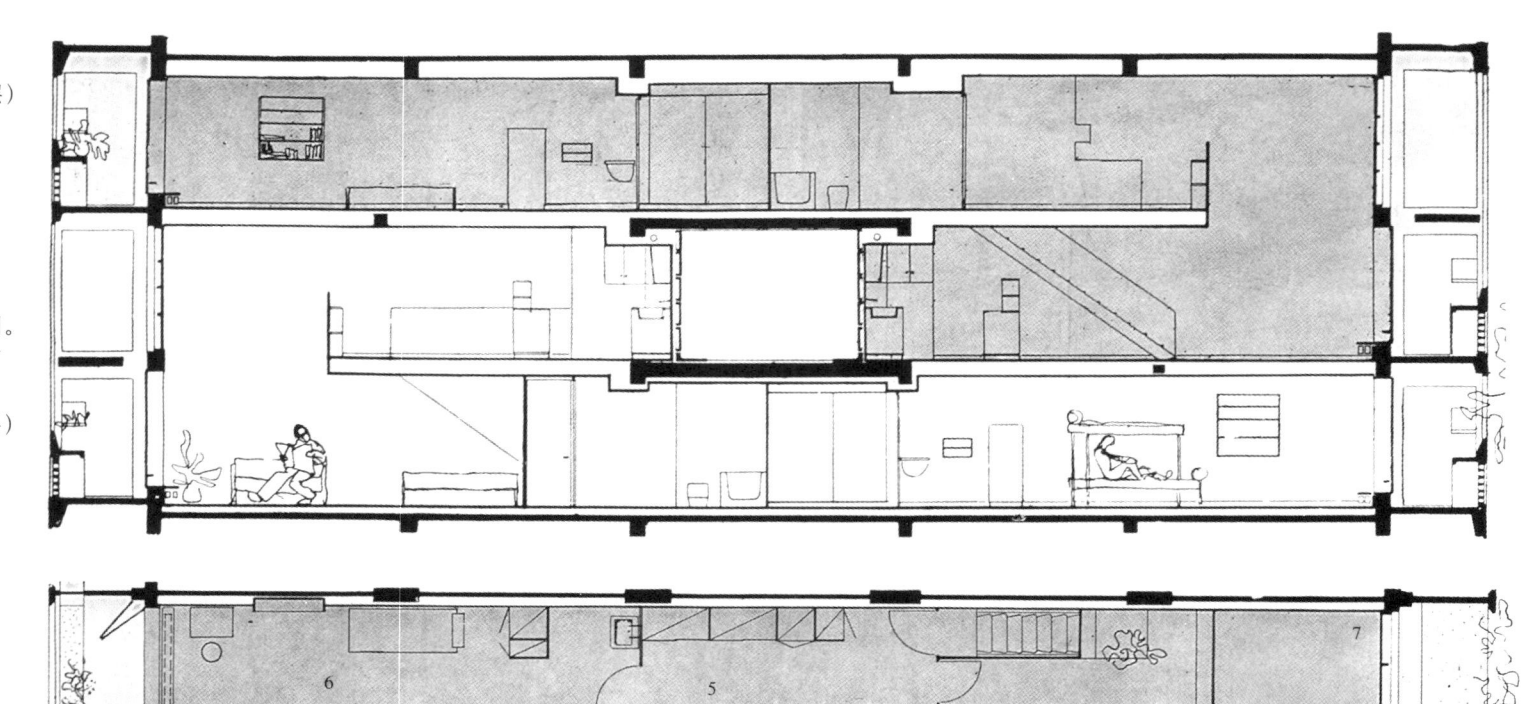

布里埃森林的居住单位，1957 年

底层架空柱

布里埃森林居住单位的模型

布里埃森林的居住单位，1957年

居住单位　213

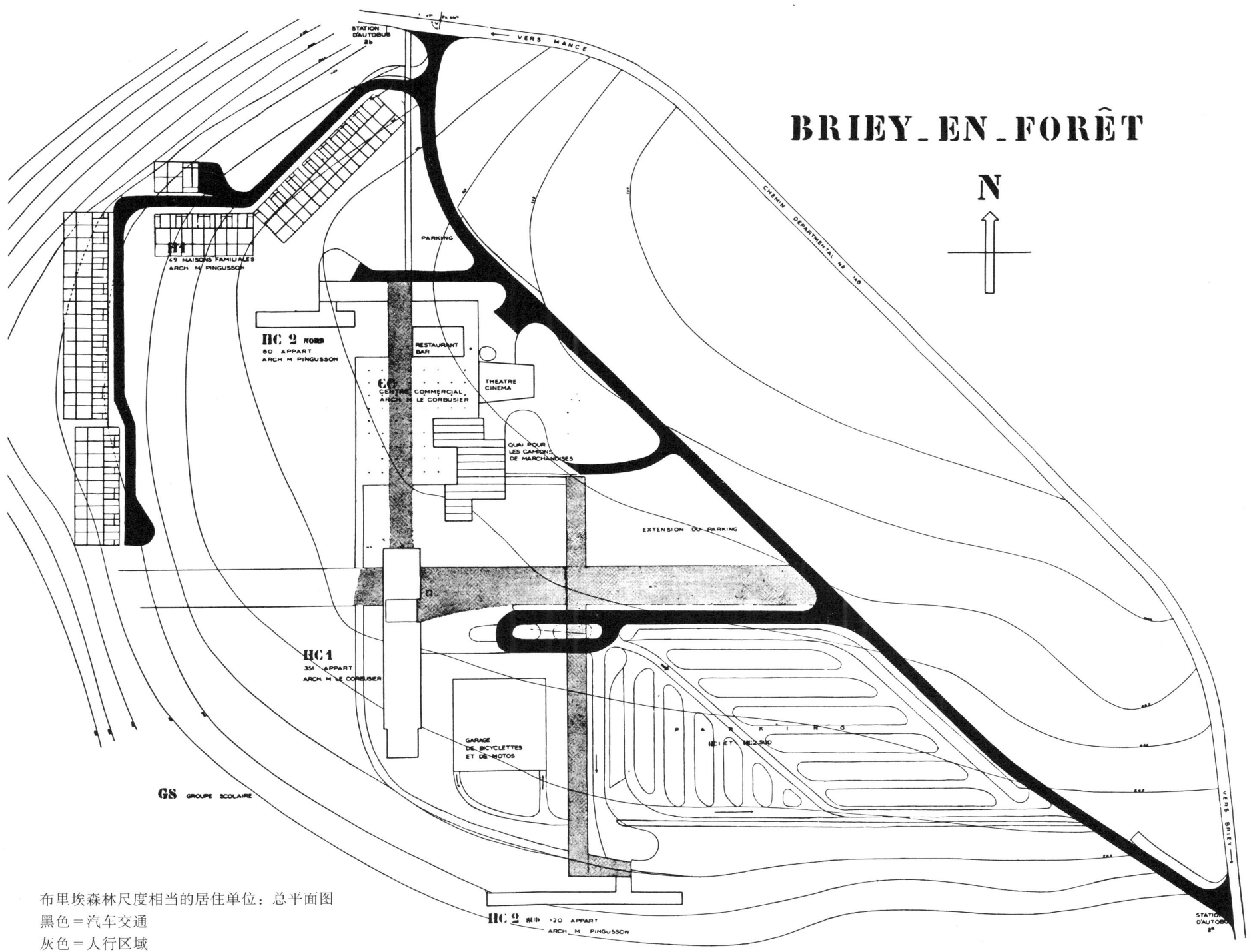

布里埃森林尺度相当的居住单位：总平面图
黑色＝汽车交通
灰色＝人行区域

布里埃森林的居住单位，1957 年

决定"玻璃幕墙"存亡的紧要关头，人们将意识到我们持久努力的价值所在。一开始我们便在住宅的玻璃墙面前方设立了有效控制阳光入射的装置（春秋分之间，一天之中最热的几个小时不会有阳光直射玻璃的表面）。凹阳台自建筑伊始即被创造出来，它在内与外、住所与自然之间建立了联系。

朝向确定下来：在东向和西向由玻璃墙面构成的立面前设置了凹阳台"遮阳"。

（理论终于有了实践的机会：1945年，法国第一任重建部部长Raoul Dautry先生委托柯布建造一栋公寓大厦。柯布接受了委托，但前提是要拥有绝对的自由，不受任何规范的限制。以此为契机，模度被引入到大型居住建筑中来，住宅再度回到人体的尺度。这便是柯布在穿越各个民俗地区的旅行中，经过观察整理重新建立的一套尺寸系列——模度）

居住单位中的公寓内景

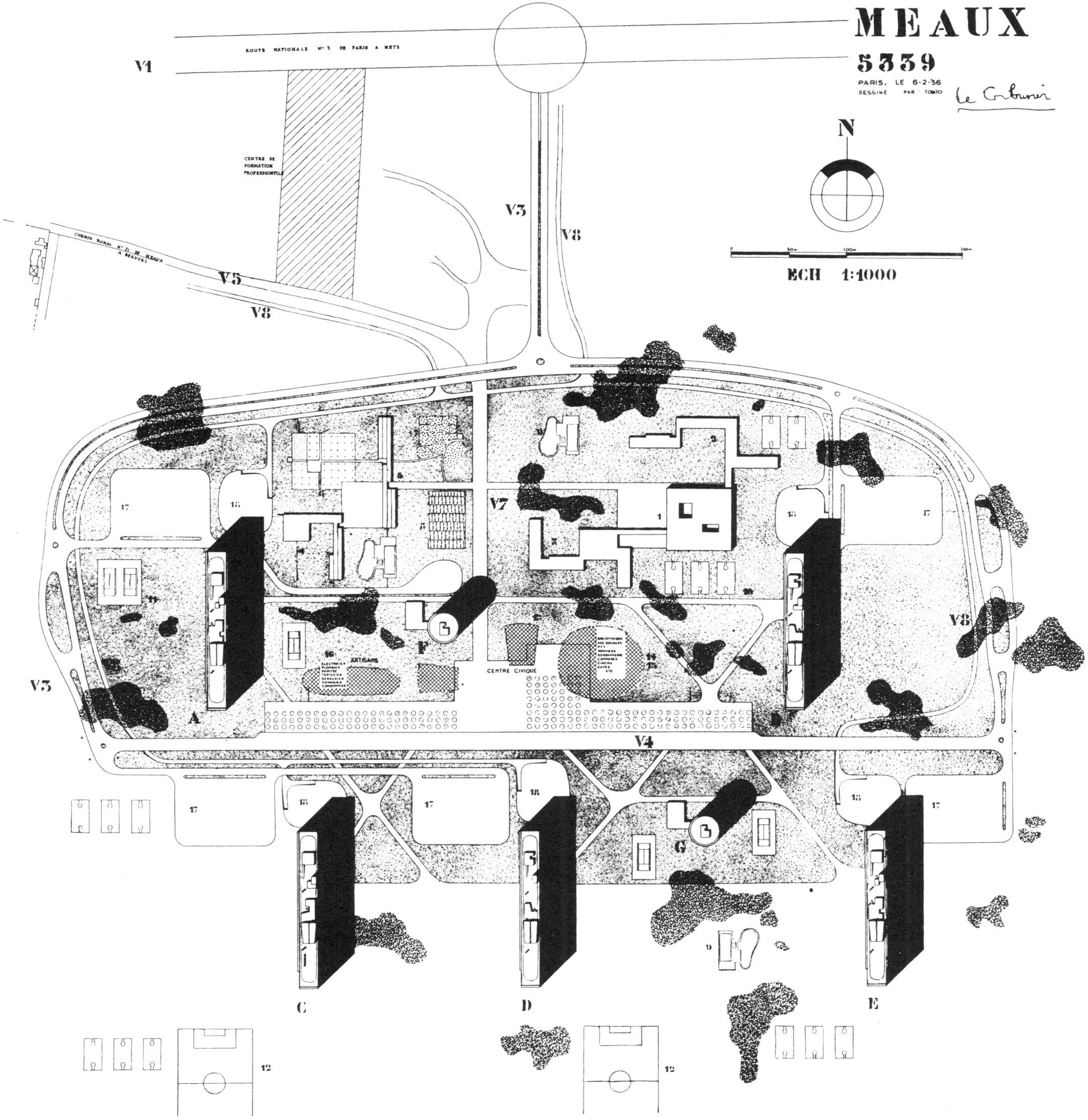

莫城规划方案总平面图：5个尺度相当的居住单位和两座"柱塔"

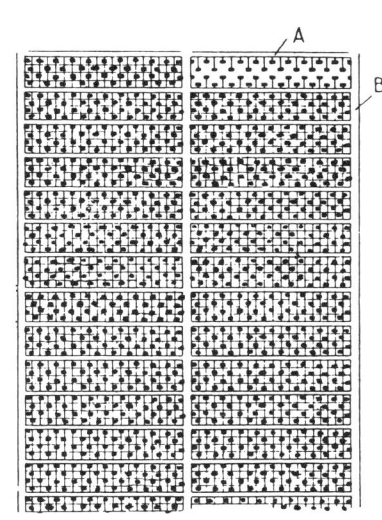

通常所采用的独户住宅的建造方式

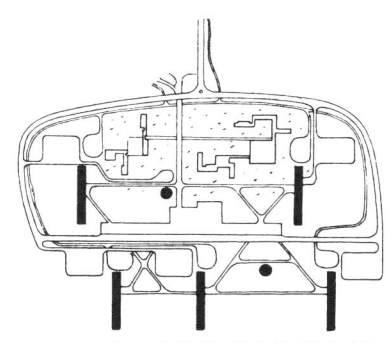

莫城的5个居住单位以垂直花园城的形式安置同等数量的居住者

莫城规划方案，1956年：这里将安置35000名居住者

P217为莫城规划第一阶段的方案，其中包括5个尺度相当的居住单位和两座柱塔——它们将在阳光下展现建筑的辉煌，它们将构成光辉的城市，它们将带来洋溢着幸福的生活。两张小图以相同的比例反映了（安置同等数量的居住者）独户住宅构成的水平花园城与居住单位构成的垂直花园城之间惊人的差异。

巴黎－奥赛，1961年
一个文化中心的方案

"巴黎－奥赛"——一项举足轻重的事业，它启示了这座城市未来所要肩负的使命。

这方水土，这些构成巴黎风景的非凡的元素——塞纳河，图伊乐宫，残废军人院，巴黎圣母院，以及位于山岗之上的蒙马特尔、星形广场和先贤祠——是呈献给眼睛和精神的一席盛宴，是各个历史时期的杰作。（吕底西岛时期：巴黎圣母院，皇桥，新桥；路易十四时期：卢佛尔宫，图伊乐宫；路易十五时期：协和广场；拿破仑时期及其后：星形广场的光辉，圣心教堂的纯净，残废军人院的宏伟，埃菲尔铁塔的崇高，先贤祠的肃穆……）这一切的一切共同构成一场呈现于世人面前的壮观表演。

这里，将崛起一座"城"，它是会议、展览、音乐、戏剧的中心，是文化的中心；它将装备当代一切可能的品质最优的声学、空气循环以及交通循环设施；通过水路、公路和铁路，它将与整个巴黎完美地结合在一起，甚至可以通过铁路直接与奥利机场相连，那里是巴黎之港——不是海港，而是航空港。

它完美无瑕。是时间，是经过几个世纪砺炼的精神，是现代的建造技术使我们得以在此创造这样一件非凡的动人的乐器。

这是摆在巴黎面前的一次机会，只要它懂得去"享用"，而不是将这席盛宴作为献给愚昧的祭品。

惟有凭借这项事业的发起者对巴黎炽热的爱，这个崇高——但并非不可企及——的目标才能得以实现。

方案的研究已历时数月。它以一种精神为导引，这种精神源自绝对的忠诚，源自有组织有建设性的一丝不苟的严格；它为一种欲望所驱策，在巴黎非摆脱奸诈的投机商与思想轻浮之辈不可的时候，这种欲望要求作出最终的建筑的宣言。

纵观历史，巴黎是一个中心辐射型城市，它是商业、贸易、政治与思想的中心。

但如今，它却变成了一个盲目扩张的城市！一个危机重重的城市！！

巴黎的问题与解答：通过东－西向脊柱的创建，开发可观的城市资源，以挽回毫无希望的"凯旋大道"。这才是真正的拯救巴黎的事业：重新组织由于"拉德方斯"的错误决策而陷入危机的交通。

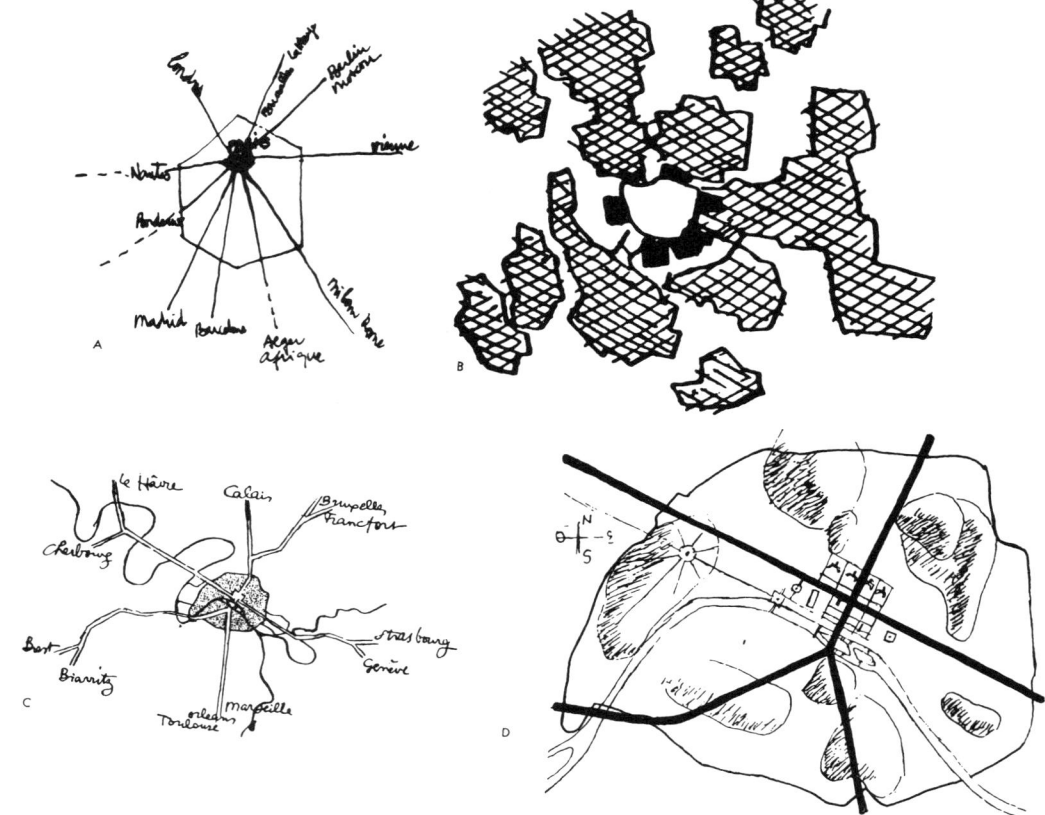

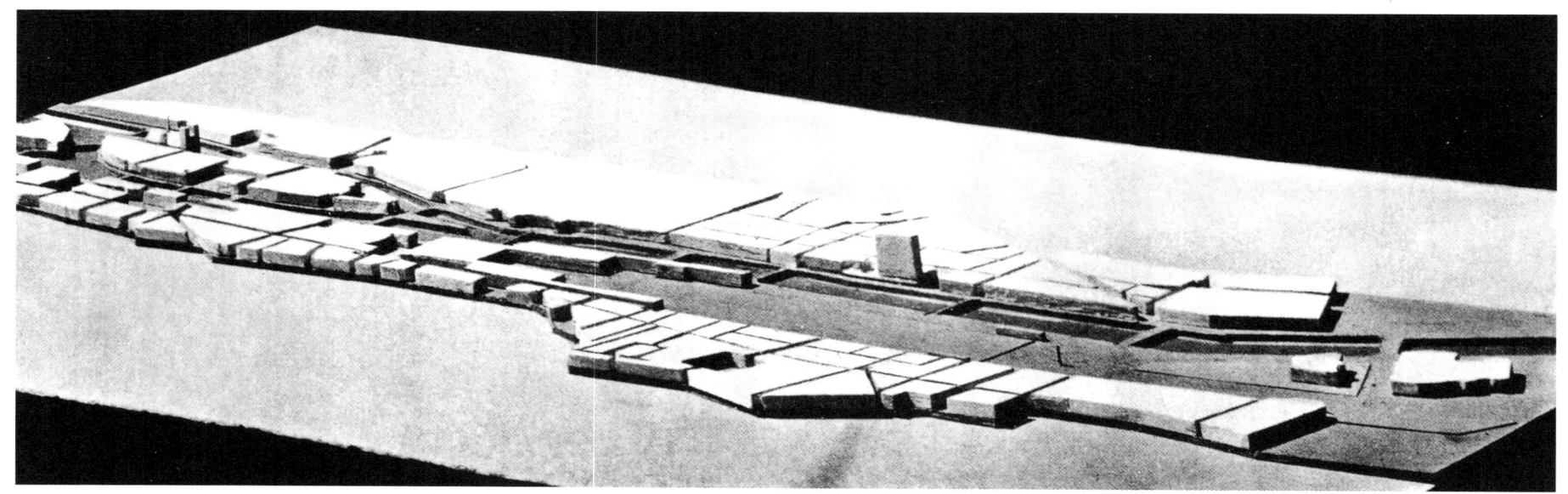

塞纳河畔的巴黎－奥赛文化中心（模型）

旅馆区
1　旅馆入口门厅
2　银行、商店及航空公司分理处
3　通往旅馆的坡道
4　行李寄存处

会议区
5　会议区入口门厅

文化区
6　文化区入口门厅

公共设施
7　酒吧
8　咖啡厅

9　厨房
10　停车场
11　停车场办公室

旅馆服务区
12　服务入口
13　考勤打卡处
14　卸货平台
15　验收处
16　衣帽间
17　职员办公室
18　员工餐厅
19　厨房
20　废纸回收处

21　垃圾回收处
22　酒瓶回收处

机器及维修用房
23　机房
24　监控室
25　机械仓库
26　机修车间
27　配电室
28　木工车间
29　绘画工作室
30　挂毯工作室

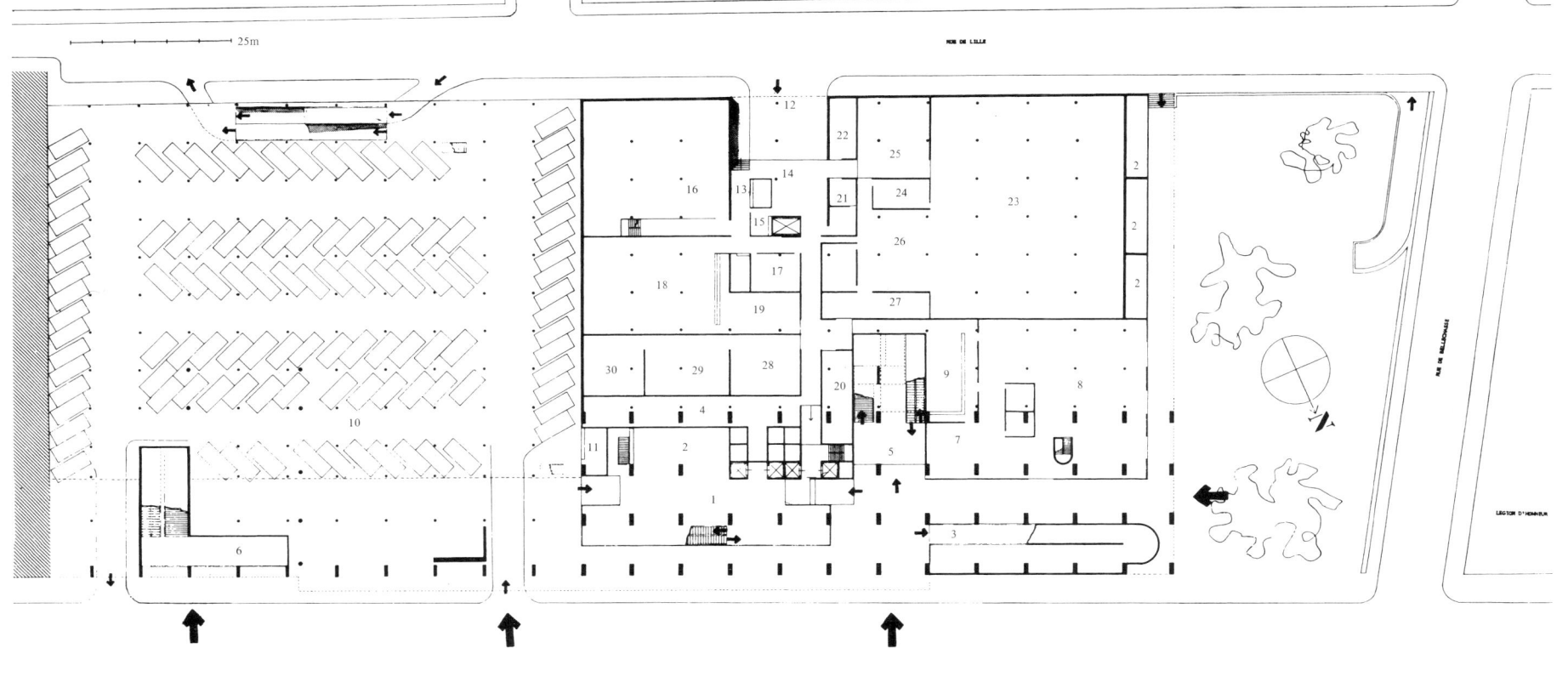

首层平面图，Anatole-France 码头，贝莱萨斯大街与里尔大街

222　巴黎-奥赛，1961年

旅馆区
1　旅馆入口
2　前台
3　大堂
4　酒吧
5　餐厅
6　餐厅露台
7　厨房
8　宴会沙龙
9　小宴会厅
10　大宴会厅

会议区
11　会议室
12　"广场"
13　酒吧
14　衣帽寄存处

文化区
15　艺术画廊
16　"魔盒"
17　舞台下方

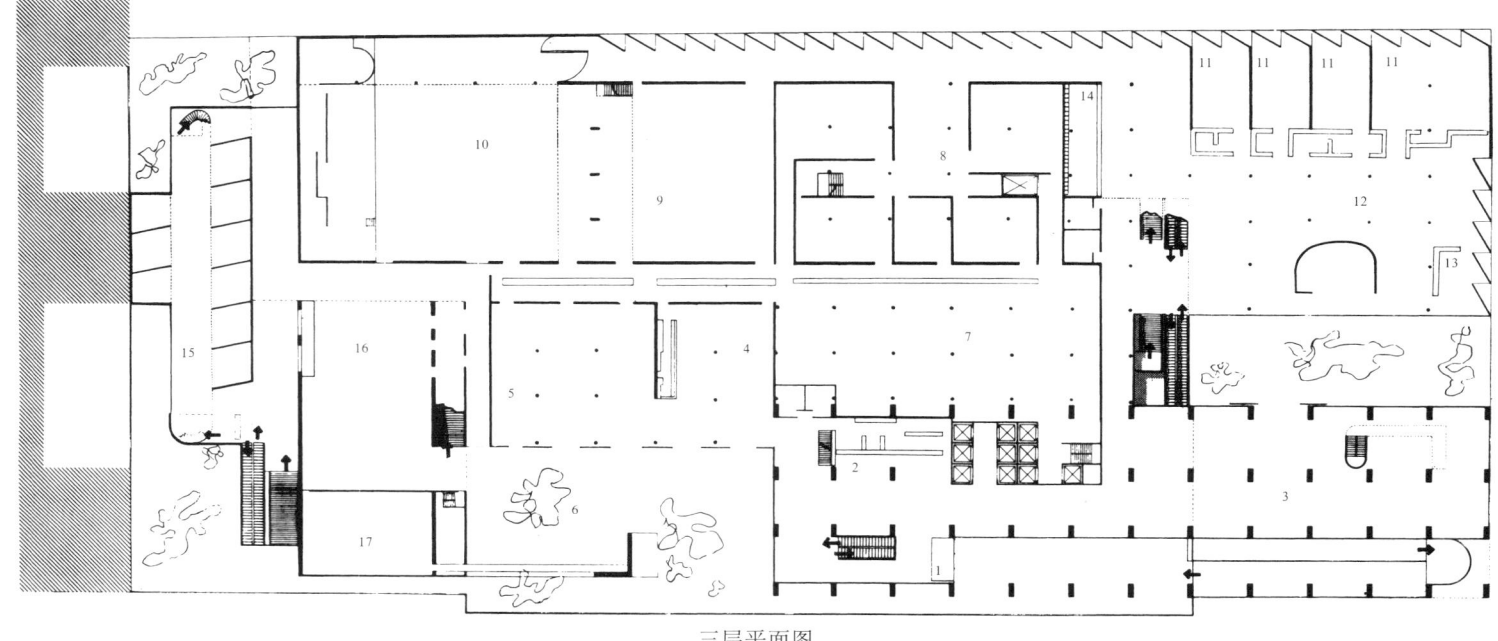

三层平面图

旅馆区
1　入口门厅上空

会议区
2　入口门厅上空

文化区
3　入口门厅上空

旅馆服务区
4　物资库
5　食品库
6　冷藏库
7　酒水库
8　备餐室
9　制冰室
10　食品监制室
11　衣物接收处
12　洗衣及熨衣房
13　清洁衣物贮存及换发处
14　会计及出纳室
15　机房上空
16　机房夹层
17　停车场（位于二层的110个车位）

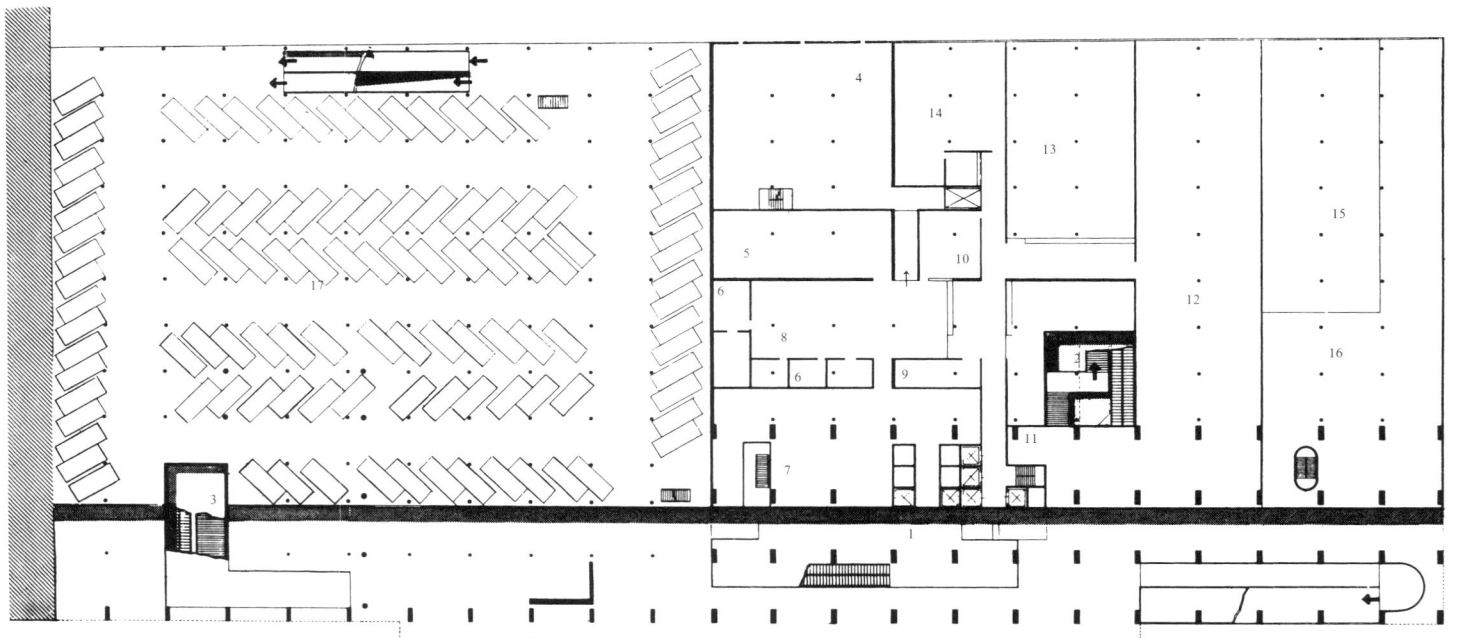

二层平面图

客房标准层及屋顶花园层平面图

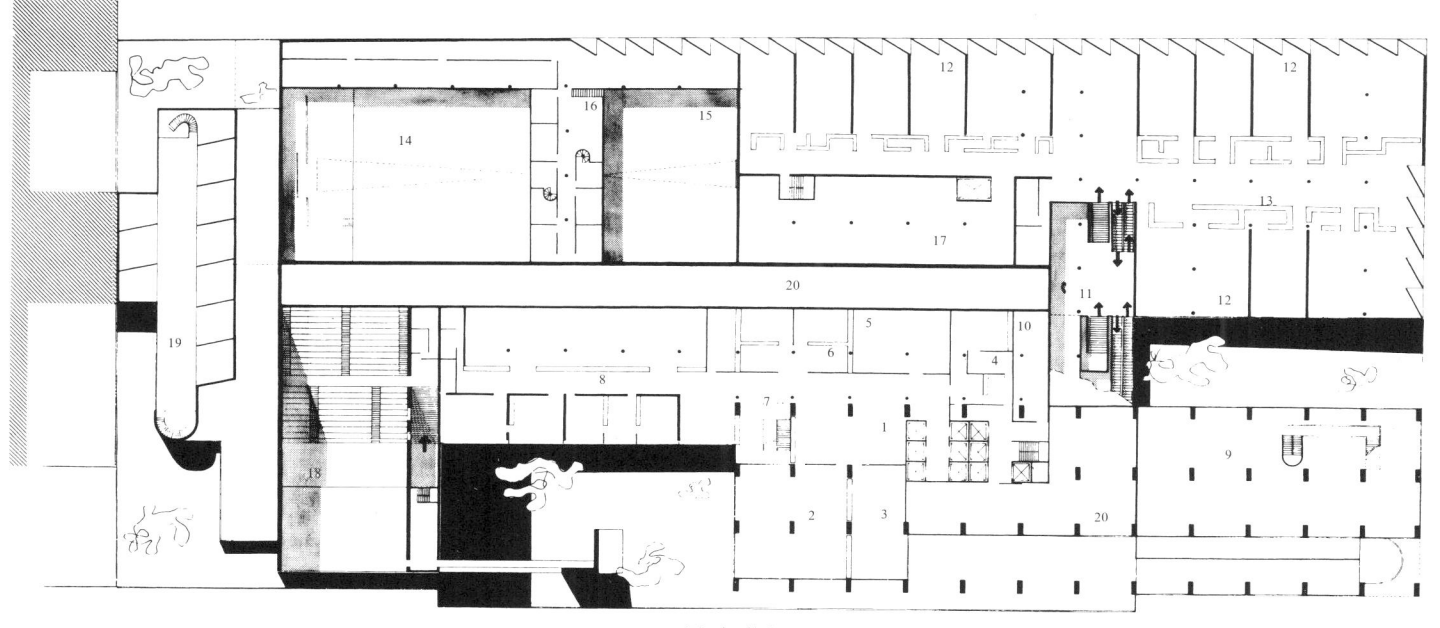

四层平面图

旅馆区
1 前厅
2 美容沙龙
3 美发沙龙
4 医生办公室
5 电话、广播及电视控制中心
6 订票处
7 行政管理接待处
8 办公室
9 大堂上空
10 医务室

会议区
11 "广场"上空
12 会议室
13 办公室
14 大宴会厅
15 小宴会厅
16 夹层办公室及放映室
17 家具库

文化区
18 "魔盒"
19 艺术画廊夹层
20 空调机房

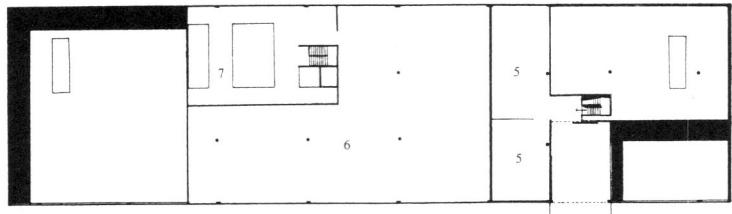

屋顶餐厅层平面图（大厅及花园露台）
1　餐厅　　2　鸡尾酒厅　3　厨房
4　花园露台　5　宴会厅
机房
6　空调机房
7　电梯机房

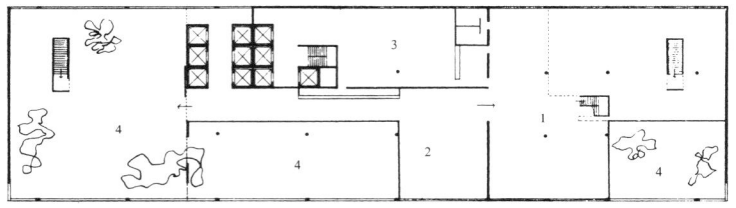

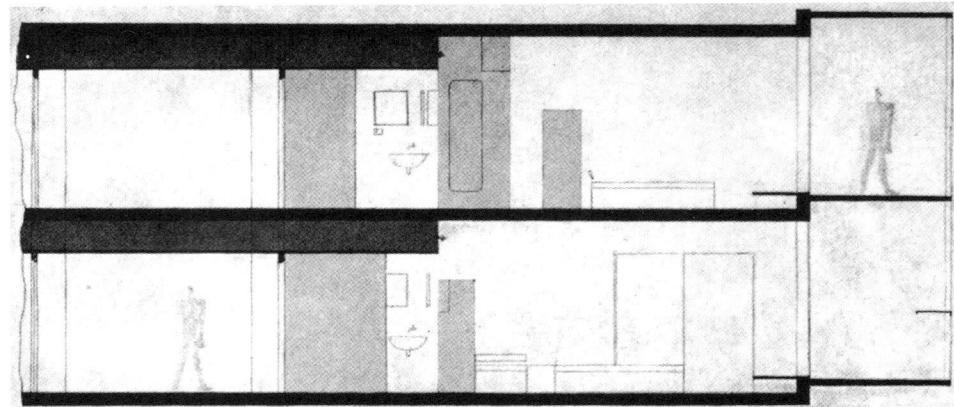

纵剖面图

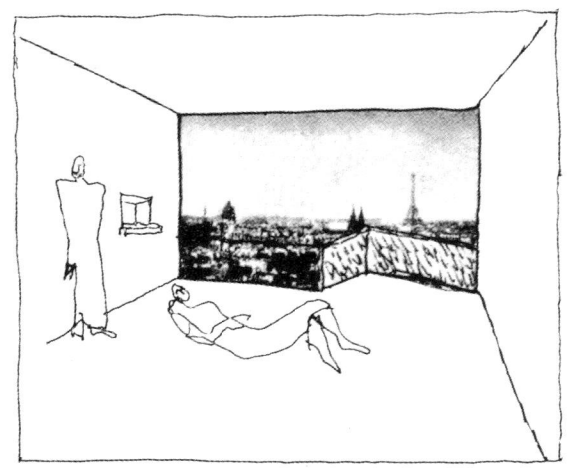

每间客房都设有阳台

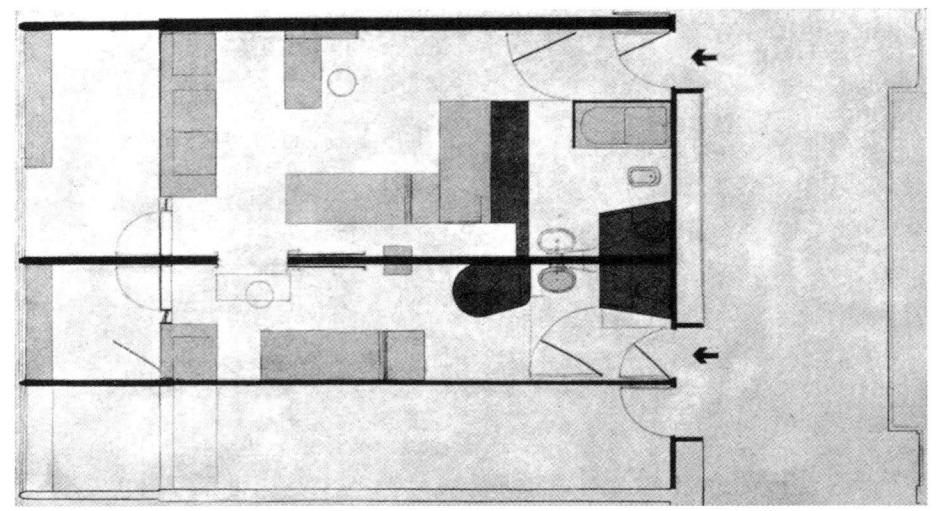

标准间的布局，设有南向或北向的阳台，个别房间有半个开间作为补充

1 会议室	10 物资库
2 宴会沙龙	11 会计及出纳室
3 小宴会厅	12 清洁衣物贮存
4 大宴会厅	及换发处
5 放映室	13 洗衣及熨衣房
6 艺术画廊	14 机房
7 停车场	15 商店
8 女士衣帽间	16 服务入口
9 男士衣帽间	

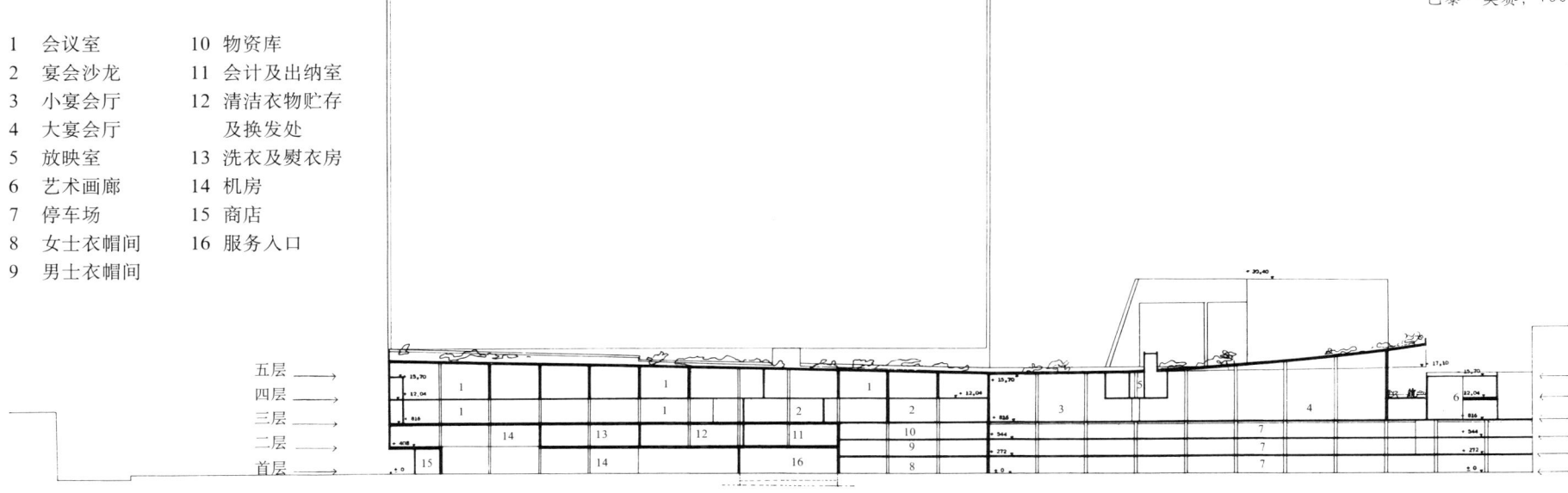

临里尔大街一侧会议室剖面图

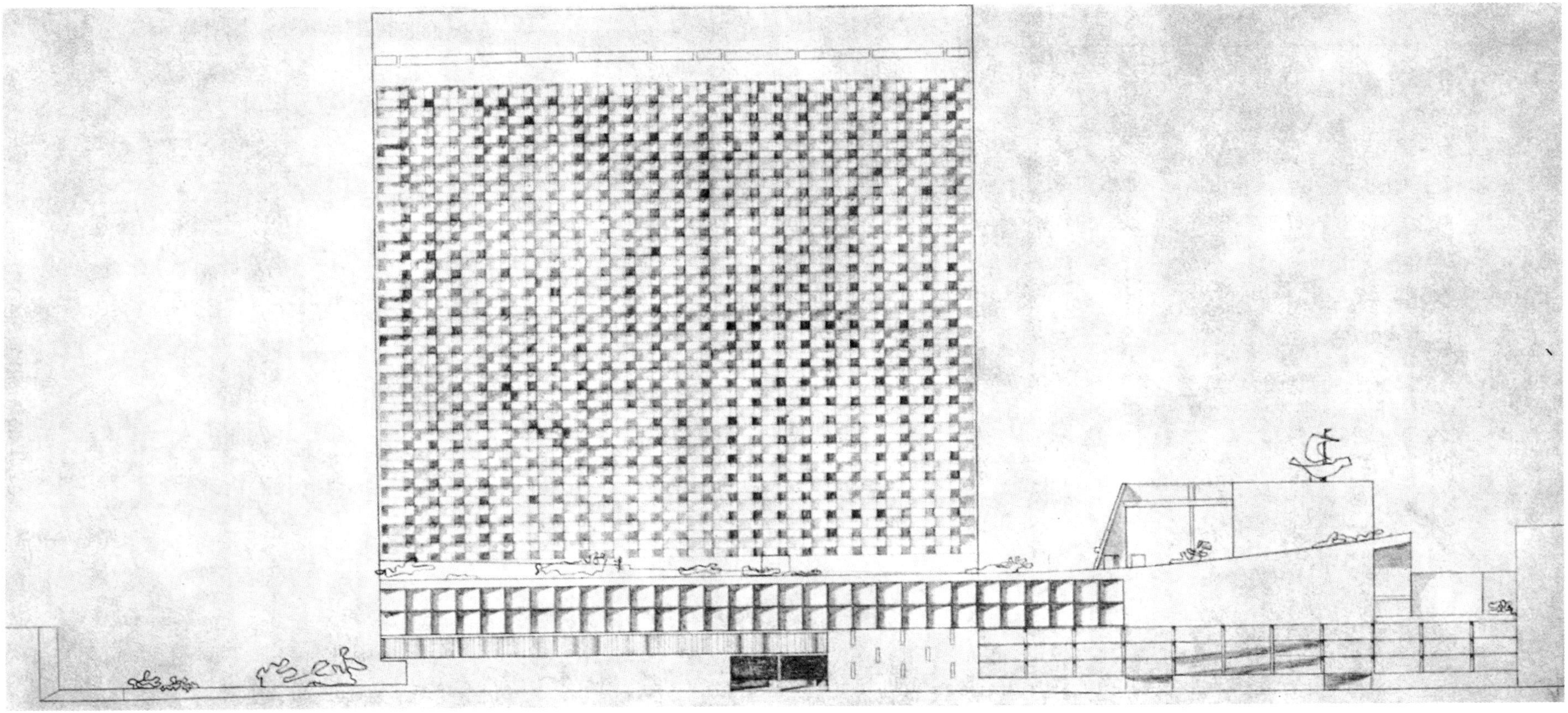

面向里尔大街的立面图

226　巴黎－奥赛，1961年

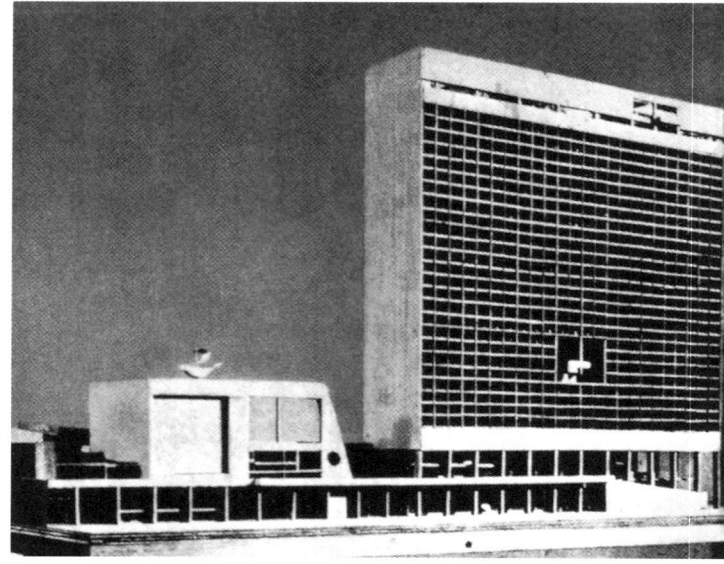

木制模型：邻 Anatole-France 码头一侧

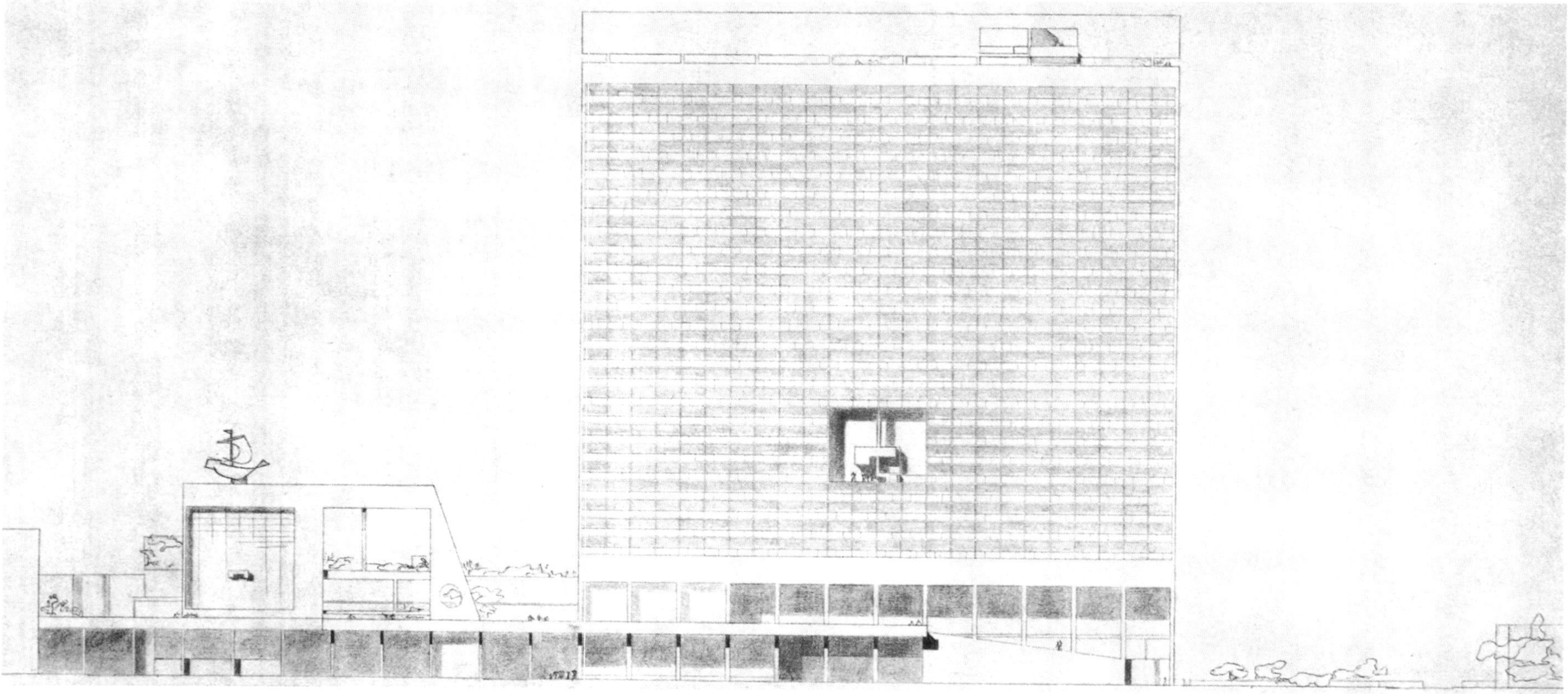

正立面图（邻 Anatole-France 码头一侧）

临里尔大街一侧

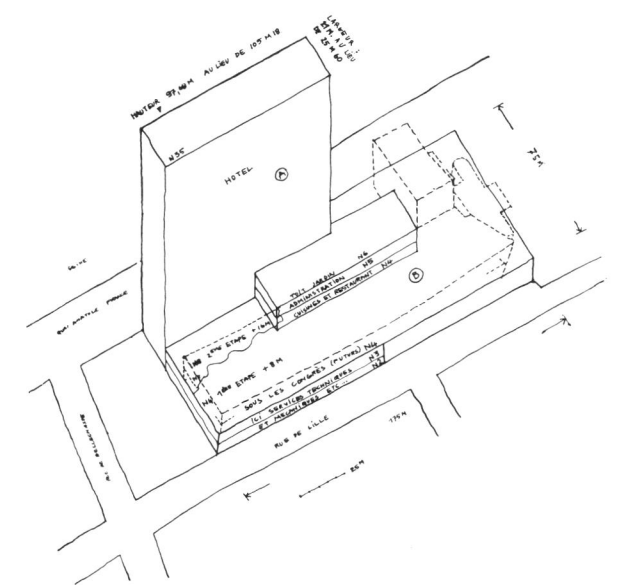

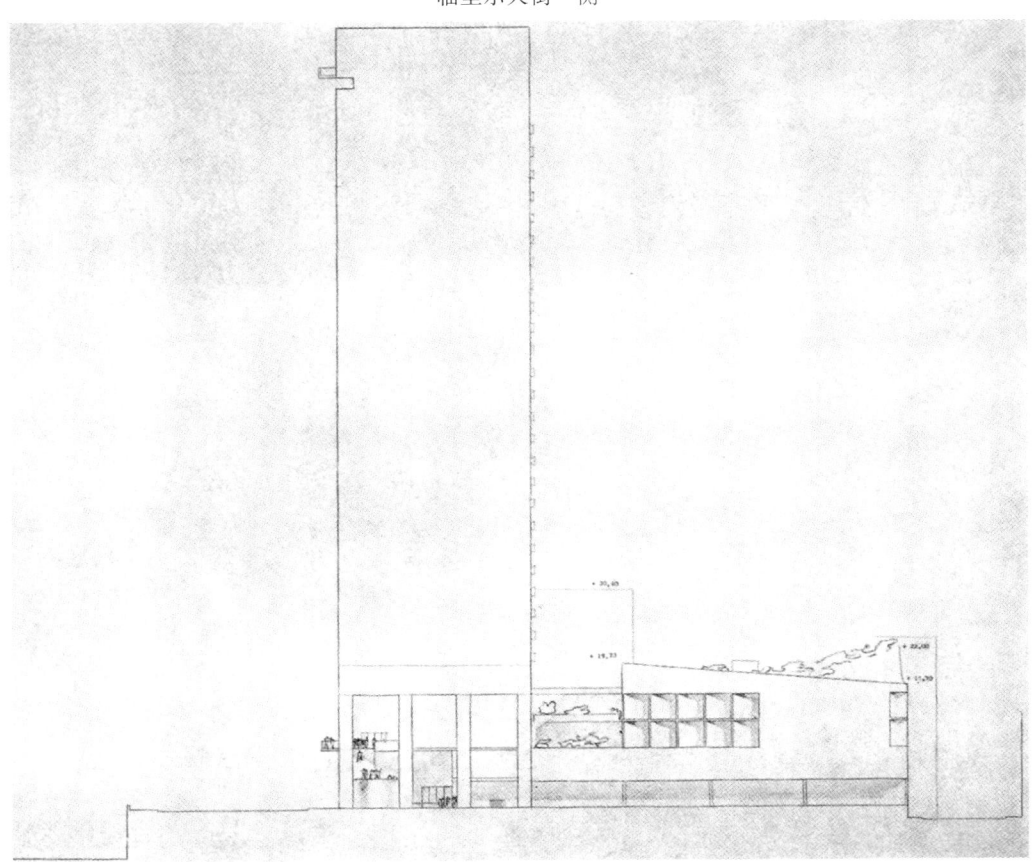

面向贝莱萨斯大街的立面

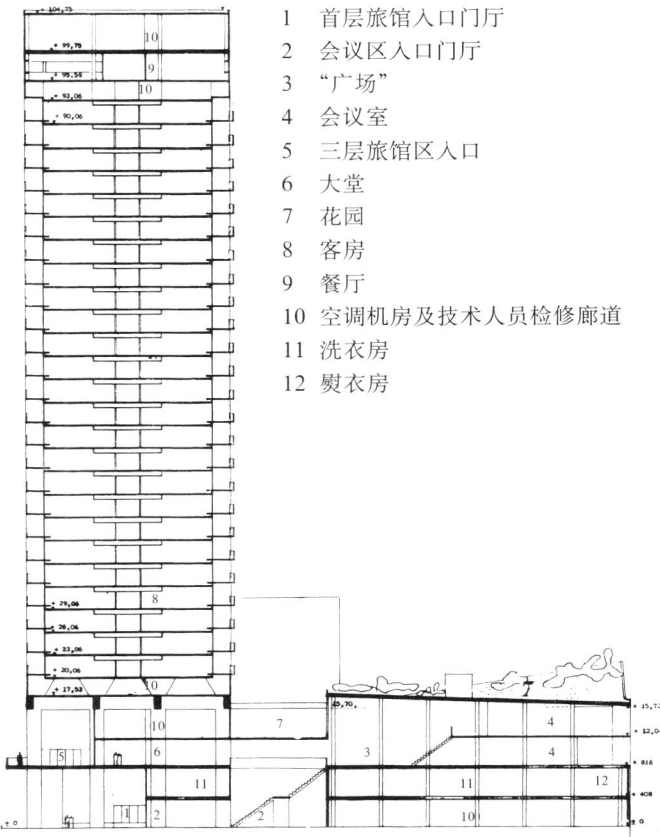

1　首层旅馆入口门厅
2　会议区入口门厅
3　"广场"
4　会议室
5　三层旅馆区入口
6　大堂
7　花园
8　客房
9　餐厅
10　空调机房及技术人员检修廊道
11　洗衣房
12　熨衣房

横剖面图

228　巴黎-奥赛，1961年

自塞纳河对岸的图伊乐宫望（合成照片）

柏林城市规划国际竞赛，1961年

竞赛的目的是毁于战火的柏林中心的重建。

不必说，人们不会为了重建而拆除以往的杰作，是飞机大炮将柏林的中心夷为平地。柯布受德国政府之邀参加了竞赛。于此，柯布发现柏林与巴黎的中心面临着同样的问题，而针对后者他已进行了长达40年的研究。

没有在勃兰登堡森林和市郊田野散步的机会。当局已拟定了一份相当完备的任务书。研究工作就在巴黎塞维大街35号的事务所展开，非常现实且十分细致。在建筑和城市规划方面展开的40年不懈的实验和研究，现在到了从中收益的时候了。

然而，从3个维度思考城市规划的问题反倒成了一条罪名。86份参赛方案中有13份入选，柯布的方案排在第13位，并最终遭到了淘汰。评审委员会的报告宣称：该方案彻底解决了像柏林这样的大城市的交通问题；但是，规划中某一栋建筑过高，它将遮住位于斯比里河对岸的市政办公楼。而实际上，在柏林遭到轰炸之前，所有像这种高度的建筑只有在与之邻近的周边才看得到。一项可观的三维的以CIAM 30年来（1928～1958年）所倡导的理论为基础的现时代的城市规划方案，就这样被拒绝了。沃尔特·格罗皮乌斯本该在评委会中占有一席之地（正是出于这一原因柯布才同意参加该竞赛），但由于身体不适，他留在美国没有参评。不过，评委会中有阿尔瓦·阿尔托，有 Van Eesteren，还有 Pierre Vago……

获奖方案均为平面规划（没有三维的表达），这样的表达如何能够回应现代城市的发展？！

柏林及其周边的水体与公路网络
（点及斜线填充代表工业区）

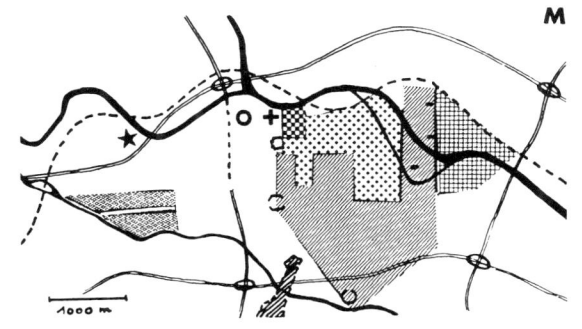

柯布规划的中央政府区布局示意图

★ 国家元首所在地
○ 国会所在地
+ 司法部所在地
▨ 部委所在地
▦ 使馆区
▤ 市政厅
⋮ 文化区
▨ 贸易区

230　柏林城市规划国际竞赛，1961年

柏林规划区位图
黑色：全部被毁
灰色：部分被毁
斜线：保存完好
竞赛范围以白色带圈定出来

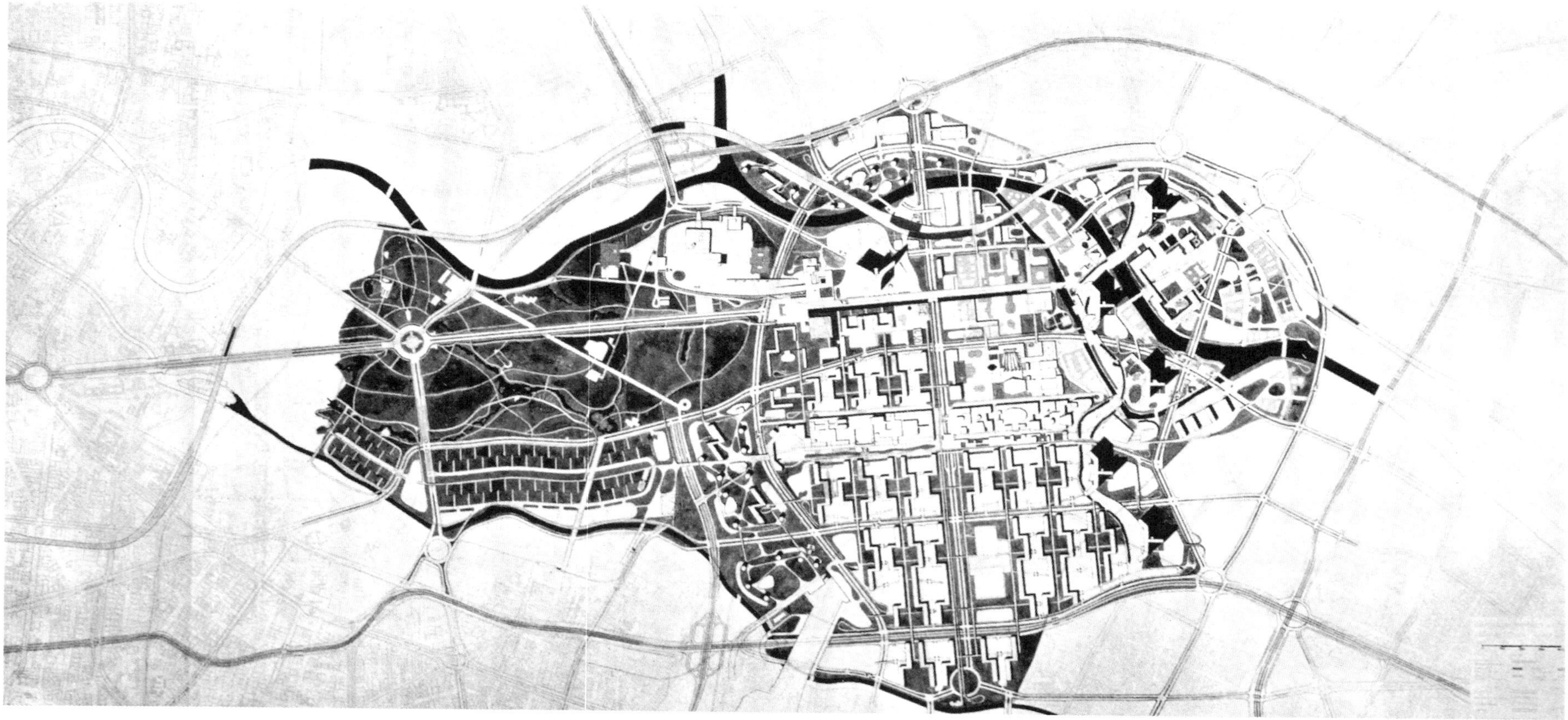

柯布规划方案总平面图

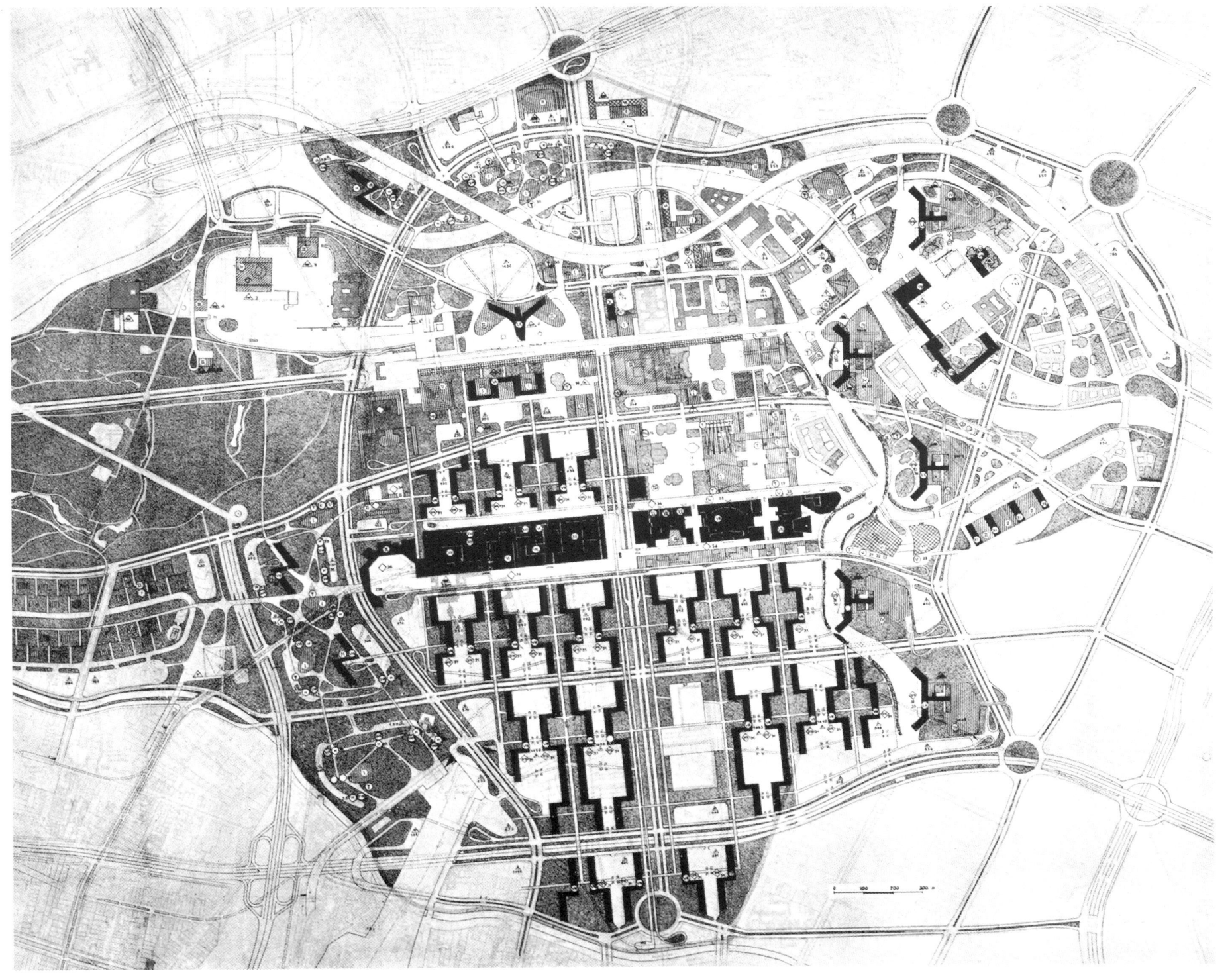

建筑体量布局平面图

交通系统布局平面图　点阵部分：内部交通　斜线部分：过境交通　方格部分：轻轨及铁路

柏林城市规划国际竞赛,1961年

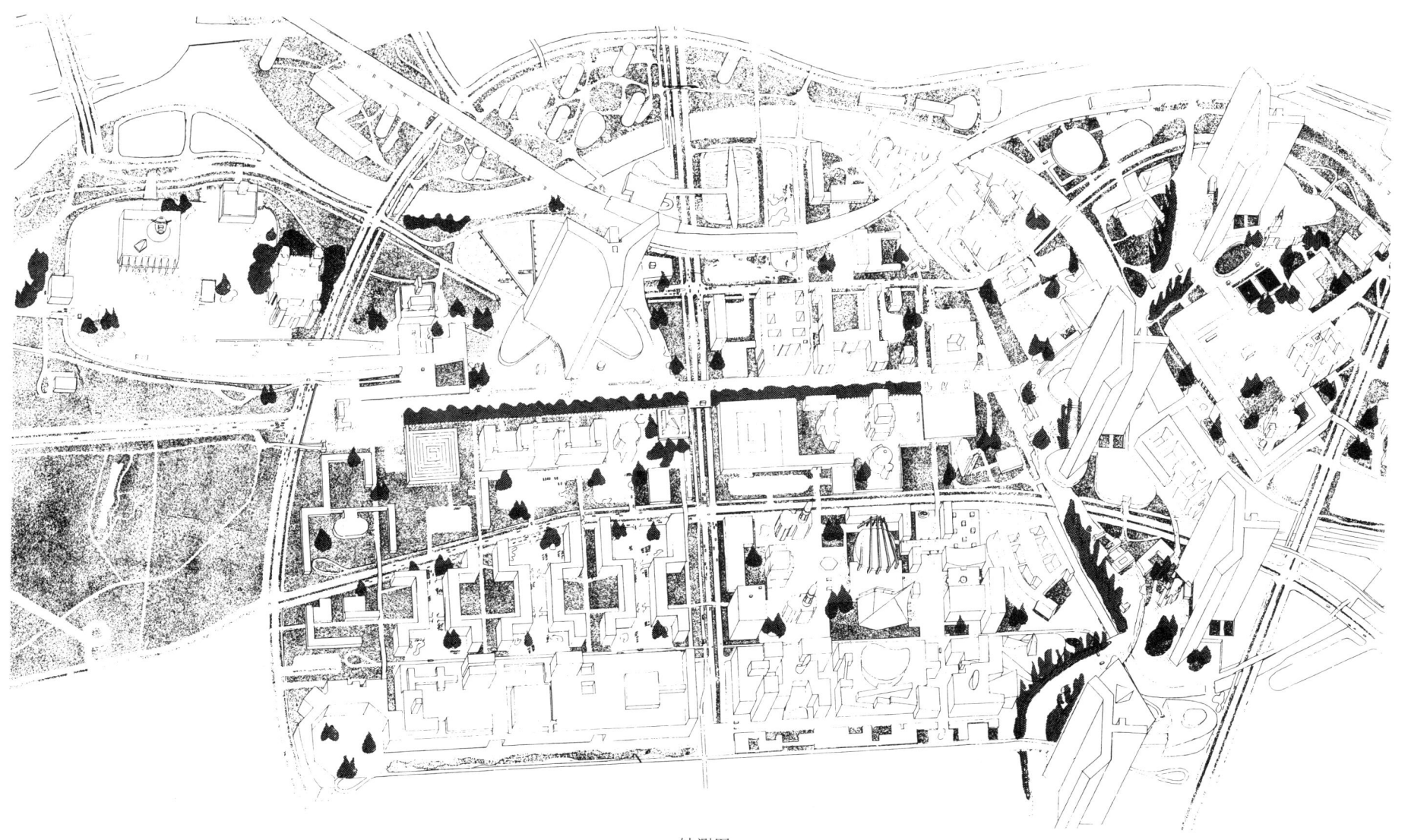

轴测图

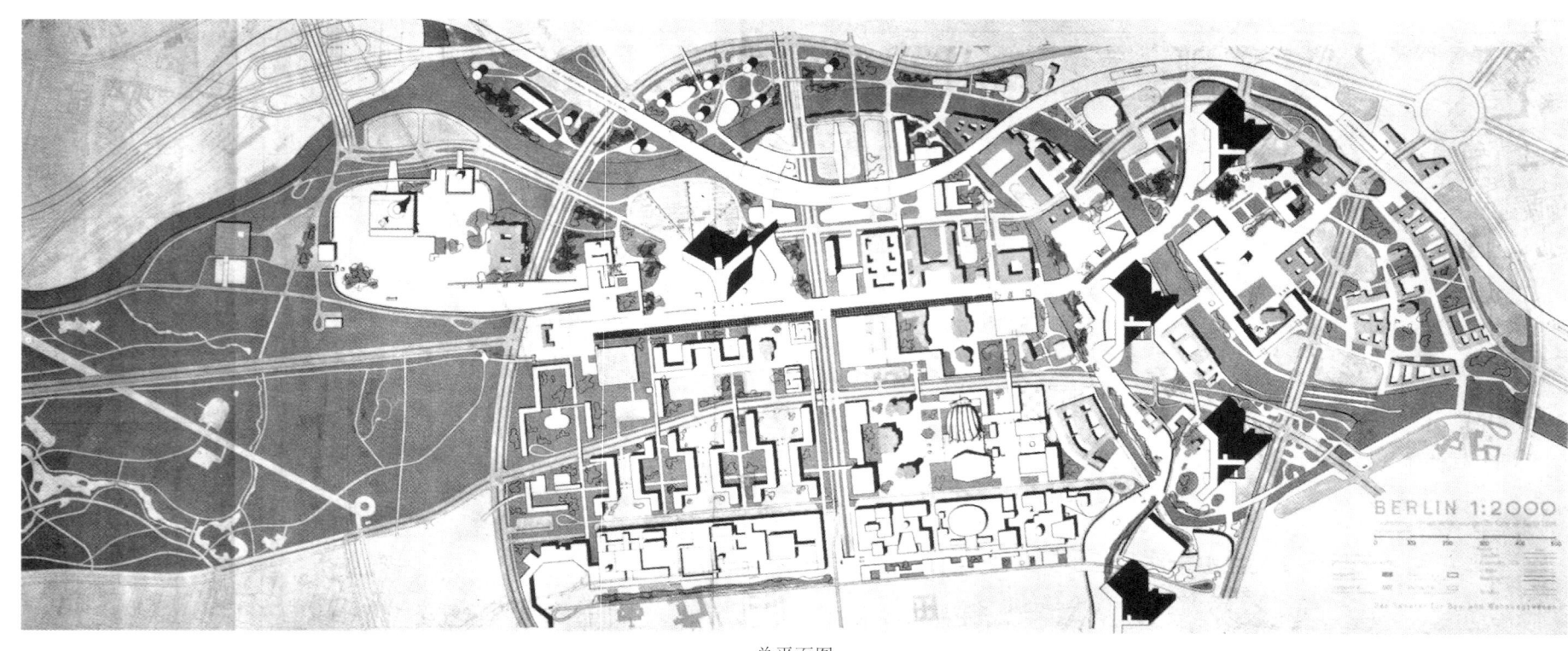

总平面图

罪？

在柯布的城市规划方案中，横向的"菩提树下"大道[1]成为行人专用的大道（本页图纸中以白色标出）。纵向贯通的机动车交通以高架高速路的形式精确地建立起来，一直通达住宅前的汽车港（立体停车场）。"菩提树下"大道往昔（在汽车主宰道路之前）就是散步者的大道，今后这里将以现代的方式恢复往日的风采。但评委会的委员们觉得"菩提树下"大道不该成为例外，那上面不该见不到汽车……

[1] "菩提树下"大道东起马克思恩格斯广场，西至勃兰登堡门，是柏林的一条著名的街道。——译注

柏林城市规划国际竞赛，1961年

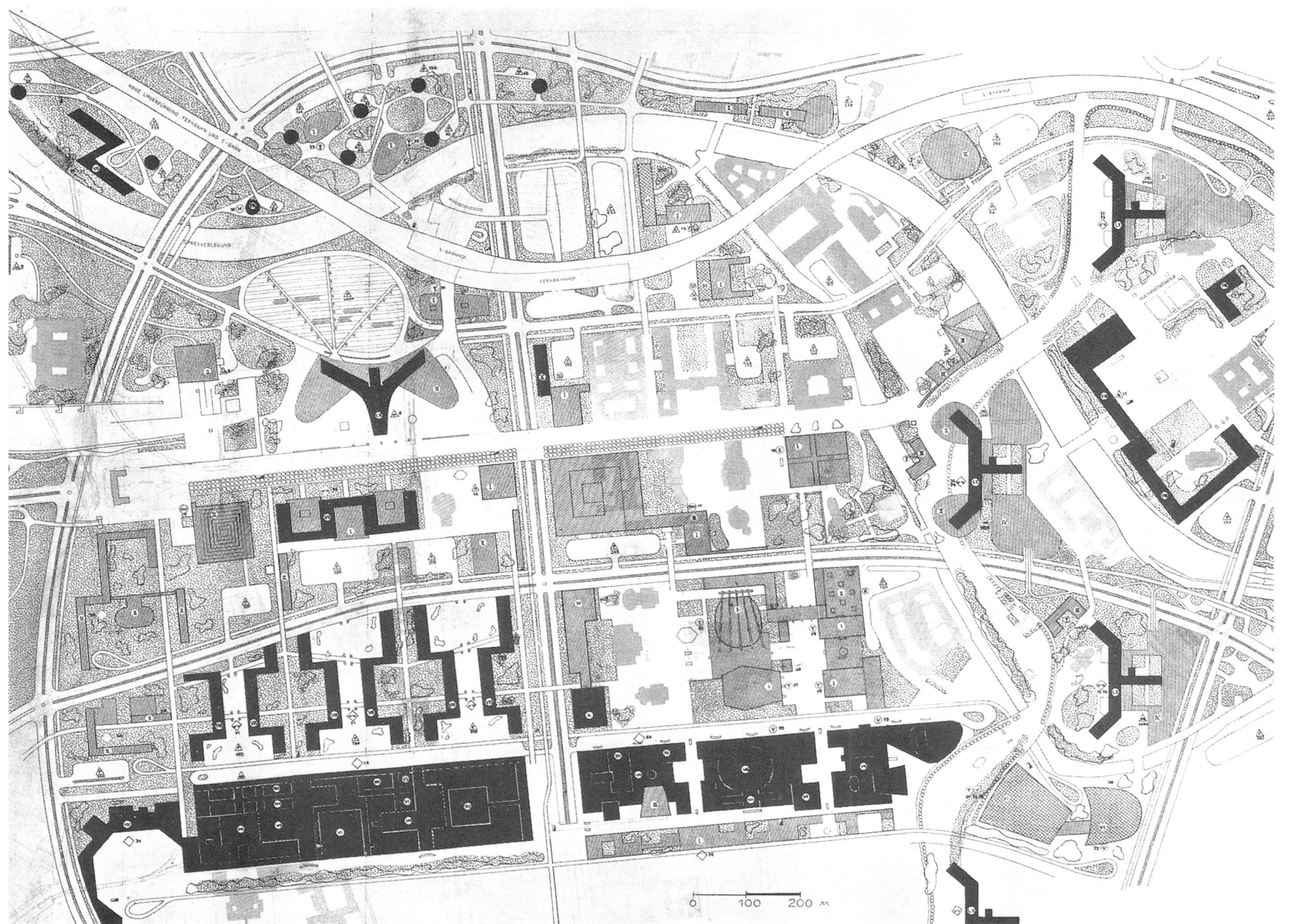

中央政府区平面图

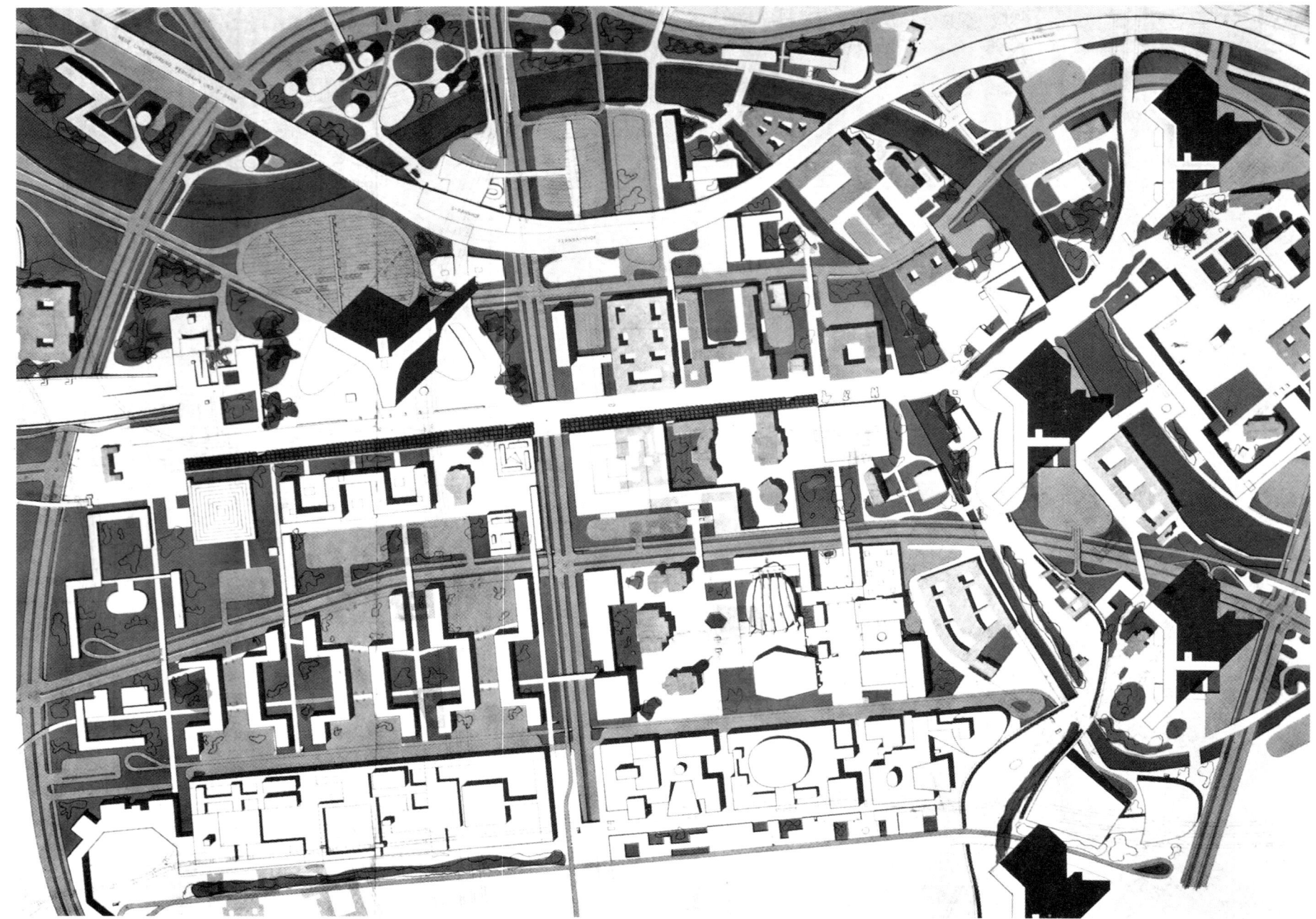

柯布曾在柏林居住过将近1年的时间。他相当了解这座城市。他的方案不是空中楼阁,而是对症下药

勒·柯布西耶全集
8卷总目录
（按年代排序）

第1卷·1910~1929年
W·博奥席耶 O·斯通诺霍 编著

第二版引言	
第一版引言	
1907年	学习和旅行速写
1910年	艺匠作坊
1914~1915年	"多米诺"住宅
1915年	罗讷河上的Butin桥，毗邻日内瓦
1916年	滨海别墅
1919年	Troyes现浇混凝土住宅
1920年	整体"Monol"住宅
	雪铁龙住宅
	《新精神》
1922年	300万人口的当代城市
	"别墅公寓"
	雪铁龙住宅（秋季沙龙展）
	Vaucresson别墅
	艺术家住宅
	批量生产的工匠住宅
	画家奥赞方住宅，巴黎
	欧特伊的双宅（初稿方案）
1924年	秋季沙龙：朗布耶的周末住宅（模型）
1923~1924年	欧特伊的双宅(拉罗歇－让纳雷住宅)
	标准化住宅
1924年	里普希茨－米斯查尼诺夫住宅，塞纳河畔的布洛涅区
1925年	Audincourt居住区
	大学城学生公寓
	莱芒湖畔小别墅
	花园城的"蜂房"居住区
	《呼吁工业家》
	佩萨克
	迈耶别墅，巴黎
	"别墅公寓"
	"新精神馆"，巴黎
	巴黎"瓦赞规划"
1926年	布洛涅的艺术家小住宅
	巴黎救世军"人民宫"宿舍
	"最小"住宅方案
	《新建筑五点》
	库克住宅，塞纳河畔的布洛涅区
	Guiette住宅，安特卫普
1927年	加歇别墅
	魏森霍夫居住区的两栋住宅，斯图加特
	家具
	巴黎Plainex住宅
1927~1929年	日内瓦国际联盟宫方案
1928年	雀巢亭
	CIAM萨尔茨堡首届年会
	迦太基别墅
	莫斯科中央局大厦
1928~1929年	日内瓦"别墅公寓"（Wanner项目）
	出租公寓
	艺术家公寓
	Avray城的别墅扩建
1929年	萨伏伊别墅，普瓦西
	Mundaneum方案
	世界城方案
	卢舍尔住宅
	M.X.别墅，布鲁塞尔
	"世界城"全景

第2卷·1929~1934年
W·博奥席耶 编著

专业术语表（法英汉对照）	
序 言	
引 言	
1929~1931年	萨伏伊别墅，普瓦西
1929年	救世军的漂浮庇护所，巴黎
1928~1935年	莫斯科中央局大厦
1929年	秋季沙龙（家具）
1930年	Errazuris先生的住宅，智利
1930~1931年	Charles de Beistegui先生的寓所，巴黎
	Mandrot女士的别墅，Pradet
	巴黎迈罗门规划方案
1930~1932年	"光明"公寓，日内瓦
1931年	当代艺术博物馆，巴黎
1930~1932年	巴黎大学城瑞士馆
1932年	巴塞罗那"Macia规划"
1922~1930年	巴黎"瓦赞规划"
1932年	苏黎世出租公寓方案，苏黎世角
1932~1933年	巴黎庇护城
《一种新的城市要素的数量级，一种新的居住单位》	
1931年	苏维埃宫，莫斯科
1929年	南美城市化研究
1930年	阿尔及尔的城市化，方案A
1933年	Molitor门的出租公寓，巴黎
	日内瓦河右岸的城市化
	斯德哥尔摩的城市化
	埃斯考河左岸的城市化，安特卫普
1933~1934年	Oued-Ouchaïa居住区，阿尔及尔
1933年	阿尔及尔的出租公寓
1933~1934年	阿尔及尔的城市化，方案B和方案C
1933年	人寿保险公司大厦方案，苏黎世
1934年	农田改组：合作村庄
1933年	阿尔及尔的两座"高架桥"
	阿尔及尔的小住宅
	巴塞罗那临时工人居住区
1932~1933年	苏黎世工人公寓方案
1934年	勒·柯布西耶在意大利

第 3 卷・1934~1938 年
马克思・比尔　编著

序　言
勒・柯布西耶：生物学家，社会学家
《关于福特的思考》
《巨大的浪费》

1934 年	讷穆尔的城市化，北非
1935 年	"光辉城市"居住区的一个局部
	海洛考特的城市化
	Zlin 谷的控制性规划方案
1936 年	关于当代城市规划构成要素的研究，里约热内卢
	巴西大学城规划，里约热内卢
	"巴黎 1937 规划"
	不洁的住宅群 No.6，巴黎
1938 年	St-Cloud 桥头的城市化，塞纳河畔的布洛涅区
	指导性规划，布宜诺斯艾利斯

《当局不知情》
《给曼哈顿的建议》

1922 年	笛卡儿摩天楼，法国
1936 年	国家教育与公共卫生部大厦，里约热内卢
1935 年	巴黎城市及国家博物馆方案
1936~1937 年	10 万人国民欢庆中心方案，巴黎
1935 年	激浪泳场方案，业主 Badjarah，阿尔及尔
	讷穆尔的拓殖建筑，北非
	Fabert 大街出租公寓，巴黎
1938 年	阿尔及尔城市化续篇（商业城）
1934~1938 年	农田改组：合作村庄
1936 年	Bat'a 专卖店（标准化）
1935 年	青年公寓的家具构成，布鲁塞尔博览会
	巴黎市郊的一栋周末住宅
1929 年	"我的家"
1935 年	芝加哥一位中学校长的寓所方案
	Mathes（临海）住宅
1932~1936 年	巴黎 1937 年国际博览会：
	方案 A：温森纳国际居住展（1932 年）
	方案 B：凯勒芒棱堡的一个居住单位（1934~1935 年）
	方案 C：当代审美中心（1935 年）
1935 年	"原始"艺术展
1936 年	方案 D：迈罗门的新时代馆
1937 年	巴黎国际博览会"Bat'a"展馆方案
1939 年	"水季"，列日博览会
	旧金山或列日的法国馆方案

第 4 卷・1938~1946 年
W・博奥席耶　编著

序　言
第二版引言

1937~1938 年	瓦扬・库迪里耶纪念碑
1937 年	贾奥尔住宅，塞纳河畔的讷伊
1938~1939 年	伦敦"理想家园"展
1939 年	无限生长的博物馆方案，北非菲利普维尔
	罗斯科夫生物研究所
	政府广场，塞纳河畔的布洛涅区
	克拉克・阿朗戴尔住宅
	Vars 山谷的冬夏体育活动中心
1940 年	S.P.A. 兰尼美赞工头住宅
	S.P.A. 兰尼美赞工程师住宅
1939~1940 年	M.A.S. 装配式住宅
1942 年	阿尔及尔指导性规划
1938~1942 年	阿尔及尔马林区

《走向综合》
线形工业城

1944 年	"绿色工厂"
1936~1945 年	国家教育及公共卫生部大厦，里约热内卢
1946 年	奥斯卡・尼迈耶和卢西奥・科斯塔的来信
1940 年	巴黎"海外法兰西"展
	"Murondins"住宅
	便携式学校

《采光问题："遮阳"》
"遮阳"
没有设"遮阳"的例子

1942 年	农垦区内的宅邸，北非
1944 年	临时居住单位
	"临时"建筑
	解放期间的过渡性临时住宅
1945 年	圣迪埃的城市化

《关于一个屋顶花园的报告》；《屋顶花园？》

1945 年	巴黎规划

第 5 卷 · 1946~1952 年
W·博奥席耶 编著

1946 年	城市规划	
《造型》		
画家柯布西耶		
柯布西耶的壁画		
1945~1946 年	圣果当的城市化	
	拉罗歇尔-帕利斯的城市化	
模度（Modulor）		
1945 年	"尺度相当的居住单位"（初稿方案）	
1946 年	"尺度相当的居住单位"（实施方案）	
1947~1949 年	"马赛尺度相当的居住单位"	
1946 年	纽约联合国总部大厦	
1947 年	纽约联合国常驻总部规划	
1946 年	建筑和现代机场	
作家柯布西耶		

序　言
引　言

1946~1951 年	圣迪埃制衣厂
1948 年	圣博姆（"徒安事件"）
1947 年	纽约联合国总部大厦
	CIAM 城市规划表格
1950 年	波哥大的城市化方案，哥伦比亚
1949 年	库鲁切特医生住宅，阿根廷
	燕尾海角的"Roq"和"Rob"
1952 年	燕尾海角的小木屋
1950 年	富埃特教授的住宅，瑞士恒湖湖畔
	主导艺术的综合——"迈罗门 1950"方案，巴黎
1950~1954 年	朗香教堂，圣母高地
1947 年	马赛-维伊合和马赛老港的城市化方案
	城市规划和 7V（道路交通循环）规则
1951 年	马赛南的城市化
	斯特拉斯堡 800 户住宅的设计竞赛
1951~1954 年	旁遮普新首府的诞生，昌迪加尔
	最初的研究
	议会大厦
	城市化方案和政府广场的定稿方案
	大法院
	秘书处（部委所在地）
	总督府
	为大法院设计的一张挂毯
	标志
	"张开的手"
	雇工住宅
1952 年	艾哈迈达巴德 1 个博物馆和 4 个住宅，印度
1952~1953 年	南特-雷泽的居住单位
1951 年	柯布西耶作品展，纽约现代艺术博物馆
1952~1953 年	贾奥尔住宅，塞纳河畔的讷伊

模度（Modulor）	
"酒瓶"	
保温，通风，隔声	
阳光与阴影	
1946~1952 年	马赛的居住单位
造型与诗意	
绘画	
1947 年	巴黎塞维大街 35 号的壁画
1948 年	巴黎大学城瑞士馆内的壁画
挂毯	
勒·柯布西耶与萨维纳	

第6卷·1952～1957年
W·博奥席耶　编著

引　言

造型作品

1950~1955 年	朗香教堂，圣母高地
1957 年	拉图雷特修道院（建造中），埃沃
1951~1957 年	昌迪加尔
	政府广场
	大法院（1952~1956 年）
	秘书处（1952~1956 年）
	"张开的手"
	议会大厦（建造中）
	总督府（建造中）

柯布西耶事务所的气候表格

昌迪加尔的树木种植

1955 年	马诺拉玛·萨拉巴伊女士的别墅，艾哈迈达巴德

挂毯

1955~1956 年	肖特汉别墅，艾哈迈达巴德
1954~1957 年	艾哈迈达巴德棉纺织协会总部
	艾哈迈达巴德文化中心：博物馆（建造中）
1957 年	东京国家西方美术馆

"尺度相当的居住单位"

	南特（1952~1953 年）
	布里埃森林（1957 年）
	柏林（1956 年）
	莫城（1956 年）
1958 年	布鲁塞尔博览会飞利浦馆
	巴黎大学城巴西学生公寓

50 个金属盒子构成的居住区

1954~1956 年	贾奥尔住宅，塞纳河畔的讷伊

第7卷·1957～1965年
W·博奥席耶　编著

《致我的巴西朋友》

勒·柯布西耶

1964~1965 年	巴西利亚法国大使馆方案
	苏黎世的一个展览馆
1957~1960 年	拉图雷特修道院，埃沃
1961~1964 年	哈佛大学视觉艺术中心，马萨诸塞州坎布里奇，美国
1950~1965 年	昌迪加尔：旁遮普的新首府
1963~1964 年	奥利维蒂电子计算中心，米兰－罗城
1960~1965 年	斐米尼青年文化中心
	斐米尼－维合特居住单位
	斐米尼－维合特的圣皮埃尔教堂
1965 年	新威尼斯医院
1964 年	斯特拉斯堡国会大厦
1963 年	爱伦巴赫国际艺术中心，美因河畔法兰克福附近
1962 年	斯德哥尔摩展览馆（Ahrenberg 宫）
1957~1959 年	东京国家西方美术馆
	巴西学生公寓，巴黎大学城

《一个世界的终结》

居住单位

1961 年	巴黎－奥赛
	柏林城市规划国际竞赛

第8卷·1965～1969年
W·博奥席耶　编著

序　言

1960~1969 年	斐米尼－维合特
	居住单位（1963~1968 年）
	青年文化中心（1960~1965 年）
	圣皮埃尔教堂方案
	体育场（1965~1969 年）
1959~1962 年	坎贝－伲佛闸口
1952~1969 年	昌迪加尔，旁遮普的新首府
	政府广场（1952~1965 年）
	认知博物馆方案
	阴影之塔方案
	大法院的附属建筑（1960~1965 年）
	苏克那湖水上俱乐部（1963~1965 年）
	苏克那湖和散步大道（1958~1964 年）
	城市中心商业区（1958~1969 年）
	艺术品陈列馆（1964~1968 年）
	建筑学校和艺术学校（1964~1969 年）
	住宅（1952 年）
	雇工住宅
	议会大厦和大法院的挂毯与声学环境
1964~1965 年	新威尼斯医院方案
1963~1967 年	苏黎世柯布西耶中心
1958~1965 年	喜马拉雅山中的帕克拉大坝，印度
1965 年	20 世纪博物馆，楠泰尔，巴黎

《惟有思想可以流传》

皮埃尔·让纳雷

缅怀柯布西耶

勒·柯布西耶生平概述